FOSFORESCÊNCIA

Julia Baird

Fosforescência
Como encontrar alegria quando o mundo escurece

TRADUÇÃO
Débora Landsberg

Copyright © 2022 by Julia Baird

Grafia atualizada segundo o Acordo Ortográfico da Língua Portuguesa de 1990, que entrou em vigor no Brasil em 2009.

Título original
Phosphorescence: A Memoir of Finding Joy When Your World Goes Dark

Capa
Joana Figueiredo

Imagem de capa
s_oleg/ Shutterstock

Preparação
Diogo Henriques

Revisão
Camila Saraiva
Ingrid Romão

Dados Internacionais de Catalogação na Publicação (CIP)
(Câmara Brasileira do Livro, SP, Brasil)

Baird, Julia
    Fosforescência : Como encontrar alegria quando o mundo escurece / Julia Baird ; tradução Débora Landsberg. — 1ª ed. — Rio de Janeiro : Objetiva, 2022.

    Título original: Phosphorescence : A Memoir of Finding Joy When Your World Goes Dark.
    ISBN 978-85-390-0729-5

    1. Baird, Julia — Saúde 2. Esperança 3. Filosofia da natureza 4. Fosforescência 5. Ovários — Câncer — Pacientes — Estados Unidos — Autobiografia I. Título.

22-105461   CDD-616.99465092

Índice para catálogo sistemático:
1. Pacientes : Câncer : Ovário : Autobiografia   616.99465092
Cibele Maria Dias — Bibliotecária — CRB-8/9427

[2022]
Todos os direitos desta edição reservados à
EDITORA SCHWARCZ S.A.
Praça Floriano, 19, sala 3001 — Cinelândia
20031-050 — Rio de Janeiro — RJ
Telefone: (21) 3993-7510
www.companhiadasletras.com.br
www.blogdacompanhia.com.br
facebook.com/editoraobjetiva
instagram.com/editora_objetiva
twitter.com/edobjetiva

Para meus luminosos filhos,
Poppy e Sam,

para minha mãe, Judy,
a candeia que iluminou nossa família,

e para Jock,
que é, ela mesma,
incandescência na escuridão.

*Fosforescência. Essa sim é uma palavra de se tirar o chapéu...
Achar essa fosforescência, essa luz interior, é a genialidade por trás da poesia.*[1]

Emily Dickinson

Sumário

Prelúdio: A luz que vem de dentro 11

PARTE I: ASSOMBRO, FASCÍNIO E SILÊNCIO
Na companhia do mistério: A terapia florestal

1. Lições dos chocos.. 25
2. "Um espetáculo melhor lá fora"... 35
3. O efeito panorâmico... 43
4. Transtorno do déficit de natureza: A biofilia...................... 48
5. Por que precisamos de silêncio.. 62

PARTE II: SOMOS TODOS SINUOSOS
Por que precisamos contar nossas histórias imperfeitas

6. O sótão do ativista.. 77
7. Valorize o temporário 88
8. Aceite a imperfeição... 93
9. Pare de se cobrar... 102
10. Carta a uma jovem mulher... 107

PARTE III: ACOMPANHANDO UNS AOS OUTROS ATÉ EM CASA
A arte da amizade: "Estou aqui"

11. *Freudenfreude*: Compartilhando a alegria 117
12. Ela destruiu as madeixas douradas 124
13. Chama radiante: Candy Royalle 135

PARTE IV: VERÃO INVENCÍVEL
Regarde: Olhe e aprecie

14. Reflexões para o meu filho: A arte do deleite 145
15. *Ert*, ou O senso de propósito 153
16. Crescendo ao luar 160
17. Lições de esperança tiradas do Hanoi Hilton 166
18. Incursões no indizível 173
19. Aceite a dúvida 185

Conclusão: Flutuando no bardo 191

Agradecimentos 201
Notas 205
Créditos de texto 221

Prelúdio: A luz que vem de dentro

Poucas coisas são tão espantosas quanto encontrar um brilho extraordinário na selva, na natureza. Vaga-lumes. Fungos-fantasma. Peixes-lanterna. Tubarões-lanterna. Lulas-vampiras-do-inferno. Ondas azuis fluorescentes. O solo e o dossel de nossas florestas, as profundezas de nossos mares e suas margens são lugares repletos de seres luminosos, criaturas que brilham de dentro para fora. E há séculos elas nos têm encantado, como missionárias resplandecentes do fascínio, mensageiras do assombro.

Acontece que também brilhamos no escuro, ligeiramente, mesmo durante o dia. Ao que tudo indica, todos os seres vivos brilham. Em um estudo realizado em 2009, cinco rapazes japoneses saudáveis foram postos de torso nu em salas escuras vedadas contra a luz, durante vinte minutos a cada três horas, ao longo de três dias. Um sistema de processamento de imagens extremamente sensível revelou que todos brilhavam, sobretudo no rosto, em graus que diminuíam e aumentavam no decorrer do dia. Trata-se de uma amostra pequena e ao que consta o estudo não foi repetido, mas a ideia é deliciosa.

Os autores do estudo, Masaki Kobayashi, Daisuke Kikuchi e Hitoshi Okamura, concluíram que todos nós emitimos luz "direta e ritmadamente": "O corpo humano literalmente cintila. A intensidade da luz emitida pelo corpo é mil vezes menor do que o olho nu consegue captar".[1]

Vai ver que somos todos feitos de poeira das estrelas.

Alguns anos atrás, eu estava passando por um sofrimento tão grande que fiquei meses sem apetite e sem dormir direito. Estava esquelética, dispersiva, insegura. Liguei para o meu orientador chorando e disse: "Não sei como vou sobreviver a isso". Ele me falou que, quando jovem, tinha dito exatamente a mesma coisa a um sábio mentor. Esse homem, um argentino, lhe deu um inesperado tapa e disse: "É agora que tudo o que lhe foi dado na vida importa; é a isso que você recorre. Seus pais, seus amigos, seu trabalho, seus livros, tudo o que já lhe falaram, tudo o que você aprendeu, é agora que você usa tudo isso". E ele tinha razão. Que sentido faz você ter aprendido tudo o que aprendeu se não consegue se valer disso quando está se debatendo no fundo do poço? Será que todas essas lições e amores não formaram uma reserva a que você pode recorrer?

Desde então, estive à beira da morte algumas vezes, e agora volta e meia me pergunto por que permiti que esse sofrimento me lançasse em uma espiral de desespero. Nos últimos anos, passei por cirurgias brutais — três delas extremamente sérias —, tendo a última durado quinze horas. Nesses momentos, vivenciei uma clareza e intensidade de emoções que nunca tinha conhecido: medo, angústia, serenidade, solidão, pavor absoluto, amor, um foco sobrenatural. No turbilhão do câncer, todos os outros ruídos são abafados, e você só escuta seu coração batendo, o ar sendo inspirado, a incerteza de seus passos. Podemos estar rodeados por uma multidão de parentes e amigos e pelo amor mais reluzente, mas caminhamos sozinhos por esses vales médicos das sombras.

Ansiei pelo fim da dor lancinante que nenhum remédio consegue aplacar, fui perseguida pelos pesadelos causados por opioides, passei meses em hospitais e fiquei deitada com uma camisola cirúrgica enquanto as substâncias da quimioterapia, quentes e tóxicas, pingavam em uma longa ferida aberta e depois eram sorvidas por ela. Obriguei meu corpo a voltar a funcionar após esse veneno paralisar minhas entranhas, tropeçando passo a passo e cambaleando por corredores arrastando o suporte para soluções intravenosas, tentando me assegurar de que minha camisola estava bem fechada.

Claro que sei que não sou a única pessoa que viveu esse tipo de trauma. Nós que cambaleamos pelos caminhos das doenças graves imediatamente compreendemos uns aos outros, mas também sentimos mais empatia por outros tipos de dor — nós, os milhões de corações rachados, corpos exauridos, cérebros destruídos. É mais fácil sentirmos compaixão naqueles momentos em que a vida é como uma jiboia enrolada em nossos pescoços, nos tirando o fôlego, ou como um bicho-papão que durante o sono nos rouba a alegria, o propósito, a esperança. Ou quando a vida parece uma caverna turva, sufocante, sem saída aparente.

O que me fascinou e me deu forças nos últimos anos foi a ideia de que temos a capacidade de encontrar, cultivar e carregar nossa própria luz interna, viva — uma luz que repele a escuridão. Não se trata de arder em fogo brilhante, mas de produzir uma fosforescência mais simples — de ser luminoso a temperaturas abaixo da incandescência, após ter armazenado luz para uso posterior, brilhando tranquilamente sem entrar em combustão. A questão é manter-se vivo, continuar de pé, mesmo quando assolado pela dúvida.

A escritora e bióloga marinha americana Rachel Carson descobriu o fenômeno da luz viva enquanto passeava pela costa do Atlântico à noite, apontando uma lanterna para as águas escuras. Em agosto de 1956, ela escreveu para sua querida amiga Dorothy Freeman:

> Como houve muita ondulação e barulho o dia inteiro, foi mais empolgante estar lá por volta da meia-noite — todas as rochas cobertas de espuma [...]. Para captar por completo o aspecto selvagem, desligamos nossas lanternas — e então a emoção de fato começou. As ondas estavam cheias de diamantes e esmeraldas, que eram lançados às dezenas na areia molhada. Dorothy, querida: foi uma repetição da noite em que estivemos lá, só que muito mais intensa; os ruídos e movimentações eram mais selvagens, e havia muito mais fosforescência. Cada uma das fagulhas era tão imensa — nós as víamos brilhando na areia, ou, às vezes, nas idas e vindas da água, movendo-se de um lado para o outro. E várias vezes eu conseguia pegar uma delas na mão, entre conchas e pedregulhos, e tinha a certeza de que seria grande o suficiente para que pudesse vê-la — mas não tive essa sorte.[2]

Nessa noite, Carson também ficou estarrecida ao ver um vaga-lume pairando sobre a água, seu reflexo "como um farolzinho"; ocorreu-lhe que ele devia imaginar que as centelhas na água eram outros vaga-lumes. Ela o salvou de se afogar no mar gelado, colocando-o em um balde para secar suas asas. A mulher que inflamaria o movimento ambientalista moderno com seu *Primavera silenciosa* escreveu: "Foi uma dessas experiências que nos causam uma sensação esquisita, difícil de descrever, com uma série de conotações para além dos fatos [...] Imagine traduzir isso em linguagem científica!".[3] Realmente.

A linguagem usada pelos cientistas para descrever esse acontecimento sobrenatural mudou ao longo dos séculos, à medida que aumentava a compreensão que tinham dele. A luz irradiada por substâncias ou organismos naturais (geralmente reemitindo o calor absorvido do sol por um longo período) é conhecida como "fosforescência" desde a década de 1770; no começo do século XX, o termo "bioluminescência" foi cunhado para descrever especificamente a luz bioquímica emitida por seres vivos, em geral fitoplânctons (que durante o dia podem parecer "ondas vermelhas" de algas) remexidos pelas vagas ou movimentações dentro d'água. Alguns cientistas — como Carson — ainda usavam as duas palavras com o mesmo sentido.

Antes que a ciência explicasse o fenômeno da fosforescência em suas diversas formas, ele era visto como mito ou lenda. Aristóteles ficou confuso com a madeira molhada que brilhava no escuro. Os japoneses imaginavam que os vaga-lumes fossem as almas dos mortos, ou, mais especificamente, de samurais mortos em combate. Marinheiros em navios que deslizavam por águas luminescentes achavam que as ondas estavam pegando fogo: falavam em "mares em chamas", "oceanos leitosos" ou "carvão em combustão" na água; Aristóteles se referiu a "emanações de fogo vindas do mar". Em 1637, o filósofo francês René Descartes viu a água do mar "gerar faíscas bastante similares àquelas emitidas por pederneiras quando atritadas". Em 1688, o missionário jesuíta francês Père Tachard declarou que as faíscas eram resultado do sol impregnando o mar durante o dia com "uma infinidade de espíritos flamejantes e luminosos". Certos observadores, ao verem rastros de luz surgindo das proas no oceano Índico, os chamaram de "rodas de Poseidon".[4]

Para mim, hoje em dia, essas luzes são a metáfora perfeita dos lampejos de vida em meio às trevas, de alegria em épocas difíceis. Nos séculos passados, porém, elas eram pura magia. Charles Darwin ficou assombrado quando, ao navegar pelo rio da Prata, no Atlântico Sul, em 1845, viu o mar num

> maravilhoso e belíssimo espetáculo [...]. O navio se ergueu ao passar por duas ondas de líquido fosforescente, deixando logo atrás de si uma corrente leitosa. Tão longe quanto o olho alcançava, a crista de cada onda era brilhosa, e o céu acima do horizonte, por causa do brilho refletido por essas flamas lívidas, não estava tão escuro quanto a abóbada celeste.[5]

Só após o fim da Primeira Guerra Mundial foram feitas tentativas sérias de entender essas visões misteriosas. Durante o conflito, pequenas luzes naturais no mar por acaso ajudaram nos esforços de guerra, iluminando submarinos: em novembro de 1918, oficiais da Marinha britânica que navegavam pela costa da Espanha perceberam um vulto enorme brilhando abaixo deles, contornado por "fogo do mar", e por isso atacaram. Foi o último submarino alemão destruído no confronto.

Durante a Segunda Guerra, os japoneses inventaram uma forma astuta de iluminar mapas, usando uma luz tão fraca que não alertaria os inimigos de sua presença. As tropas recolheram das águas que cercavam o país enormes pilhas de um crustáceo chamado *umihotaru*, ou ostracode — também conhecido como "vaga-lume do mar" — e as distribuíram pelos pelotões. Para obter luz, bastava que os soldados segurassem esse plâncton seco nas mãos, pingassem um líquido nele e o esmagassem. O cientista Osamu Shimomura explicou: "Era uma fonte de luz fácil, simples. Bastava molhar com água. Muito conveniente. Não era preciso bateria".[6] Mais de cinquenta anos depois, Shimomura — agraciado com o Nobel em 2008 por seu trabalho sobre a proteína verde fluorescente das medusas — conseguiu gerar o mesmo efeito para um colega em uma sala escura, fechando o punho e em seguida o abrindo para revelar uma luz azul.

A essa altura, tanto os Estados Unidos quanto a Rússia já tinham começado a estudar a sério os seres luminosos. Na década de 1960, o Departamento Oceanográfico da Marinha americana publicou uma análise seminal que se valeu de séculos de registros e diários de navegação nos quais oficiais da Marinha se empenharam para descrever o que tinham visto.[7] É possível perceber o espanto e o fascínio em suas palavras, a dificuldade para encontrar uma forma adequada de descrever as cenas. Eles diziam que as luzes eram como "um bloco de espuma turquesa fervente", "uma serpente luminosa", um "maçarico de solda", "o mostrador iluminado de um relógio de pulso", "magnésio pegando fogo". Uma testemunha relatou conseguir ler no convés à noite devido ao clarão branco do mar, "como o de ferro derretido".

Histórias desses vislumbres rodam pelo planeta há tanto tempo quanto os navios: "espetáculos de faíscas" no golfo do Maine durante o verão; "fogo verde" forte o bastante para atravessar as portinholas de um navio na baía de Chesapeake e "refletir no teto de uma cabine"; "ondas vermelhas" na costa da Flórida e no Texas que à noite ficavam luminescentes; "águas brilhantes" nas ilhas Canárias; o mar como "um céu estrelado" na bacia ocidental do Mediterrâneo; "lampejos de luz" no gelo rachado da costa oeste da Noruega; "pontos cintilantes esmeralda" nas Órcades; bolas fulgurantes no Tâmisa; remos tingidos de verde no mar da Irlanda. Na baía Falsa, perto da Cidade do Cabo, na África do Sul, o que parecia uma "espuma gordurosa" de dia era um lago de "ouro derretido" à noite. Quando um tsunami recuou à noite perto de Sanriku, na ilha japonesa de Honshu, "o fundo exposto tinha uma luminescência forte, uma luz branca azulada tão potente que os objetos da terra ficaram tão visíveis quanto ficariam à luz do dia".

Nas últimas décadas, foram inúmeras as tentativas de mensurar e canalizar a bioluminescência. Porém, embora a Marinha dos Estados Unidos continue a procurá-la e conste que esteja tentando desenvolver um robô submarino capaz de rastrear e monitorar a bioluminescência para apoio em esforços de guerra, a análise de sua previsibilidade e de sua possível utilidade nunca gerou o tão almejado domínio da luz em larga escala, pois nessa questão a natureza se mostra resistente a se curvar aos nossos desejos. Na Roma Antiga, o filósofo Plínio, o Velho, alegava ser possível transformar um cajado em tocha esfregando uma pasta de medusa em sua ponta, mas tudo indica que a ideia não se popularizou. A engenhosidade dos indígenas indonésios ao usar cogumelos bioluminescentes como luzes na floresta tampouco parece ter sido copiada.[8] Em terra firme, as tentativas dos mineiros de iluminar grutas com garrafas cheias de vaga-lumes ou pele de peixe fosforescente também não deram muito certo.[9]

No entanto, pesquisadores ainda tentam descobrir como usar seres luminescentes, sejam eles vaga-lumes, fungos ou bactérias, para iluminar ruas e casas ou como luzes decorativas. Há esperança de que certas bactérias — tais como uma forma geneticamente modificada do *E. coli* intestinal — consigam produzir luz suficiente em uma "biolâmpada" para substituir a eletricidade.[10] Alguns cientistas são ainda mais ambiciosos. Na biomedicina, a luz viva é importantíssima: os cientistas refinam e unem vários genes de medusa, coral e vaga-lumes para iluminar células cancerosas e neurônios, e para testar fármacos e monitorar reações bioquímicas.

Mas existe certa satisfação em saber que essas maravilhas da natureza não podem ser completamente saqueadas ou exploradas, em especial para fins destrutivos. Atualmente, ver luzes vivas ainda é algo raro, mágico e em geral imprevisível. Por isso algumas pessoas dedicam anos a procurá-las, vê-las, gravá-las. Nos últimos anos, me tornei uma delas.

De vez em quando encontramos alguém que de fato brilha: alguém que irradia bondade e parece não fazer esforço para exalar uma espécie de alegria, ou que dá a impressão de ter tanta sede de experiência, ser tão curioso, interessado e fascinado pelo mundo fora da própria mente, que transborda vida, ou luz. Essas pessoas são ao mesmo tempo tranquilizadoras e magnéticas.

O músico punk Henry Rollins me disse, em tom orgulhoso, que fica "cansado, mas nunca entediado". Conversar com ele é como enfiar um garfo na tomada — você é contagiado por sua ânsia de fazer, saber e ser mais, de transpor mares, vencer fraquezas e batalhar pelos direitos daqueles que não podem lutar por si mesmos, ou que não deveriam ser forçados a isso.

Cansado, mas não entediado. Ainda assim, é difícil nos agarrarmos a essa luz. E é muito comum que a vida pareça procurá-la. Então, como encontrar força nos pulmões para soprar o fogo e atiçar as chamas? O que podemos fazer para cultivar nossa luz interior e resguardá-la com o zelo de um atleta ao carregar a tocha olímpica?

Nos últimos anos, os estudiosos da ainda incipiente ciência da felicidade conseguiram explorar nossas células, sondaram o fluxo de sangue que entra em nossos corações e cérebros e mediram as variáveis de nossos humores diários numa tentativa de descobrir o que nos traz contentamento, bem-estar e alegria. E agora temos algumas verdades essenciais já sedimentadas. O altruísmo nos alegra, assim como desligar os aparelhos eletrônicos, conversar, estabelecer relações, levar uma vida com sentido, ter um objetivo e mergulhar nos interesses alheios. Ingerir bons alimentos e sair para correr, nadar ou malhar também ajuda.

Isso tudo é fácil para quem tem saúde, está em boa forma e é forte, ou está em uma relação harmoniosa, seguro quanto ao futuro e à família. Mas a verdade é que estamos fazendo a pergunta errada — em vez de como permanecer felizes, deveríamos nos questionar como sobreviver, continuar vivos ou até florescer quando o mundo é dominado pela escuridão, quando somos, por exemplo, tomados pela doença ou pelo sofrimento, a perda ou a dor. Seria possível vivenciar o que o monge David Steindl-Rast chama de "aquele tipo de felicidade que não depende do que acontece"?[11] Quando nossos dias são nublados e sem sentido, quando as circunstâncias nos dão um banho de lama, o que podemos fazer para irradiar as lições absorvidas à luz do sol?

Nos meus dias de escuridão, quando meu mundo implodiu por conta da perda e da doença e precisei encontrar e me valer de minhas reservas, minha investigação a respeito do que nos torna fosforescentes adquiriu uma nova urgência — e me trouxe uma imensa beleza. Em minha busca pelo que Emily Dickinson chamou de "luz interior", saí à procura de inspiração e informações sobre a fosforescência e a bioluminescência, e aprendi a ir atrás do assombro e encontrá-lo na natureza, nos outros, nas amizades, no silêncio. Dei-me conta mais uma vez de algumas lições simples e potentes.

Encontrar na natureza um renascimento diário. Prestar atenção.

Não subestimar o poder calmante do que é corriqueiro.

E muitas outras coisas: demonstrar gentileza, exercitar a boa vontade, evitar a vaidade, ser ousada, valorizar as pessoas amadas, abraçar a fé e a dúvida, esquecer a ideia de perfeição, honrar todos os esforços e confusões genuínas e viver de maneira consciente.

Para meu deleite, encontrei um acervo científico em expansão que nos propicia uma base comprobatória substancial desse tipo de fosforescência viva. Sei que panaceias infalíveis não existem, é claro, e que várias dessas recomendações parecerão óbvias para alguns leitores; mas, quando você fica cara a cara com a morte e volta à vida, tais crenças adquirem uma nova clareza e urgência: você não deve — *não pode* — desperdiçar nem uma respiração sequer.

Este livro trata da minha busca pela "luz interior", pelo que faz as pessoas brilharem. As descobertas que reuni aqui não são definitivas nem absolutas, mas tiveram forte impacto sobre mim, e gostaria de tê-las entendido melhor quando era mais jovem. A vida é tempestuosa e preciosa, e compreender que essas duas qualidades são complementares é parte do segredo daqueles que verdadeiramente fosforescem. Isso e a busca pelo assombro.

Parte I

Assombro, fascínio e silêncio

Na companhia do mistério: A terapia florestal

"A coisa mais bela que podemos vivenciar", escreveu Albert Einstein, "é o mistério: ele é a fonte de toda arte verdadeira e de toda ciência. Quem não conhece essa sensação, quem já não para mais a fim de se maravilhar e ser arrebatado pelo assombro, é como se estivesse morto: seus olhos estão fechados."[1] O assombro nos dá outra dimensão, nos apequena, nos dá uma lição de humildade, nos faz perceber que somos parte de um universo incomensuravelmente maior do que nós; os cientistas sociais dizem que chega a nos tornar mais gentis e mais atentos às necessidades da comunidade à nossa volta.

O fascínio é uma sensação semelhante, e as duas emoções muitas vezes estão entrelaçadas. O assombro nos leva a parar e olhar. O fascínio nos faz parar e fazer perguntas sobre o mundo, enquanto nos admiramos de algo que nunca tínhamos visto, seja espetacular ou mundano. O filósofo moral setecentista escocês Adam Smith — que ficou conhecido como o "pai do capitalismo" depois de escrever uma obra muito influente sobre economia, *A riqueza das nações* — exprimiu essa ideia com perfeição. Ele achava que o fascínio acontecia "quando algo muito novo e peculiar se apresenta [...] [e] a memória não consegue, entre todos os seus arquivos, encontrar nenhuma imagem que lembre vagamente essa visão estranha [...]. Ela está só, independente, na imaginação".[2] Smith acreditava que em certos momentos era possível sentir esse fascínio no sentido físico: "aquela contemplação, e às vezes aquele revirar dos olhos, aquele fôlego contido e aquela enchente no coração".

Grandes pensadores, filósofos e excêntricos foram inspirados pelo mistério, o insondável. Na minha própria busca por me tornar fosforescente — tantas vezes me perdendo em buracos negros e pântanos —, era ao assombro e ao fascínio que eu sempre recorria, e às pacatas propriedades terapêuticas da natureza. Falo dessas coisas neste livro, das florestas, dos mares e dos seres que eles abrigam.

Muitas pessoas têm lugares sossegados de escape e refúgio — praias próximas de casa, um banco de praça, uma árvore magnífica. O meu geralmente é o mar, tão indômito e bruto quanto vasto e belo. Um dia, pouco tempo atrás, enquanto nadava ao amanhecer, lembrei que Oscar Wilde descreveu a aurora como uma "menina assustada" andando de fininho pela "rua comprida e silenciosa [...] com pés em sandálias prateadas".[3] Essa ideia me pareceu de repente tão acanhada e britânica (embora fosse irlandês, Wilde morou muitos anos em Londres). Na Austrália, a aurora é uma incendiária que despeja gasolina no horizonte, atira um fósforo e fica olhando as chamas.

O nascer e o pôr do sol enchem nossos dias de assombro. É comum não darmos valor a esse assombro, ainda que tanto os cientistas modernos quanto os filósofos antigos nos recomendem não só apreciá-lo, como também procurá-lo.

Aliás, uma pequena montanha de estudos no campo das ciências da natureza confirma que só de olharmos para o verde — plantas, folhas, árvores, vistas das janelas — já ficamos mais alegres e saudáveis. Esses dados e experimentos deram origem à prática cada vez mais difundida, da qual os japoneses foram os pioneiros, do banho de floresta, ou *shinrin-yoku*, em que os participantes caminham devagar por entre árvores para tocá-las, escutar seus sons e se reconectar com a natureza. Como os mergulhadores estão cansados de saber, vagar pelas florestas subaquáticas gera uma experiência similar: eles desaceleram, focam o olhar e universos se abrem.

Mundo afora, as pessoas querem cada vez mais entender como os moradores de um ambiente urbanizado podem se desligar das cidades, do tráfego, das britadeiras e escutar, de novo, os passarinhos cantarem e as folhas farfalharem com a brisa; apaziguar a agitação ou a inquietude e lembrar quem são. Em muitos casos, buscam o silêncio, um artigo cujo valor e raridade só fazem aumentar. O silêncio de verdade não é o abafamento de todos os sons, mas o abafamento de todos os barulhos artificiais ou criados pelo homem. Conforme descobri em uma visita à Terra de Arnhem, a ligação com o campo é parte fundamental da identidade de nossos povos indígenas, e o chamado à quietude, à escuta e ao respeito pelo mundo onde vivemos é ancestral. Embora grande parte de nossa exploração de nós mesmos hoje em dia seja chamada de #bem-estar e esteja exposta na internet, ficou óbvio para mim, na amplitude das terras sagradas, rodeada de fogueiras e eucaliptos, que às vezes a melhor forma de prestar atenção ao campo é calar a boca, abrir os olhos e apenas ouvir.

1. Lições dos chocos

> *Quem vive entre as belezas ou os mistérios da terra, seja como cientista ou como leigo, nunca está só ou cansado da vida. [...] Seus pensamentos conseguem achar caminhos que levam ao contentamento interior e a um êxtase renovado diante da vida. Quem contempla a beleza da terra encontra reservas de força que duram enquanto durar a vida.*[1]
> Rachel Carson, *The Sense of Wonder*

Na primeira vez que vi um choco nadando no mar fiquei pasma com seu aspecto pré-histórico e exótico. Chocos são criaturas desconcertantes, a cabeça como a de um elefante com oito braços que de vez em quando se espalham e depois se fecham feito uma tromba e o corpo pequeno rodeado com uma barbatana fina, ondulante, que parece um xale de seda. Deslizam pelo fundo do mar, mudando de cor para se igualar à da superfície sob seu corpo, do dourado quando estão em cima da areia para o marrom e o vermelho quando sobre algas marinhas; e até sua textura, de lisa a espinhosa, se mistura tão bem ao ambiente que muitas vezes eles só são notados quando ondulam seu babado sedoso.

Chocos não são extraordinários só na aparência. Considere os seguintes fatos: suas pupilas têm o formato da letra W, e já se especulou que seus olhos estejam plenamente desenvolvidos antes do nascimento e que os filhotes comecem a observar o ambiente ainda no ovo. O sangue dos chocos é incolor até ser exposto ao ar, quando se torna verde azulado. Eles têm três corações e um cérebro em forma de rosquinha que é proporcionalmente maior do que o corpo, o que não acontece com nenhum outro invertebrado. O osso do choco — um objeto branco em formato oval que volta e meia aparece nas praias ou em gaiolas de periquitos — na verdade é uma concha interna grossa, calcificada, que o ajuda a controlar a flutuação e o diferencia de outros cefalópodes como lulas e polvos. Há quatro ou cinco chocos machos para cada fêmea — proporção excelente, na minha opinião —, mas todos vivem apenas um ou dois anos.

Para mim, chocos são símbolos do assombro. Depois de vê-los pela primeira vez, me senti cheia de energia por horas. Eles ainda me causam esse mesmo impacto. Volta e meia passo o inverno admirando-os, depois lamento quando as ondas da primavera jogam seus ossos brancos na praia.

Quando mergulho mais fundo para nadar ao lado dos chocos, como já fiz algumas vezes esta semana, o mundo adquire o ritmo da pele ondulada. É raro que eles fujam, e às vezes são bastante simpáticos. Vê-los sempre na baía, aos pés da colina onde moro, me deu uma percepção inesperada do que é o assombro. Se eu tivesse imaginado que espiá-los deslizando pelos recifes faria parte do meu ritual diário, teria me dedicado a nadar no mar décadas atrás.

Peter Godfrey-Smith, um professor de filosofia e história que também mora na colina onde vivo, equipara o choco gigante, que pode chegar a um metro de largura, a "um polvo acoplado a um aerobarco" com braços feitos "oito lábios enormes e destros". Ele nos lembra que

> a mente evoluiu no mar. Todos os estágios iniciais ocorreram na água: a origem da vida, o nascimento dos animais, a evolução dos sistemas nervosos e dos cérebros e o aparecimento de corpos complexos que fizeram valer a pena ter cérebro. [...]. Quando os animais rastejaram para o seco, levaram o mar com eles. Todas as atividades básicas da vida acontecem em células cheias de água e limitadas por membranas, minúsculos recipientes cujos conteúdos são vestígios de mar.[2]

Em outras palavras, o mar está dentro de nós.

Se você fosse uma das centenas de pessoas que fazem parte do meu grupo de nadadores, talvez pensasse, a princípio, que a ideia é simplesmente fazer uma bela bateria de exercícios antes de começar o dia. Nós nos encontramos após o nascer do sol, na Manly Beach, em Sydney, nadamos até o promontório e depois contornamos uma baía protegida rumo a outra praia.

Nossas toucas são rosa-choque. O nome com que nos batizamos, Bravas e Belas, é meio bobo, mas um lembrete de que o grupo foi formado anos atrás por mulheres de meia-idade que tinham muito medo de ir tão longe sozinhas. Esse nado matinal nunca foi uma questão de habilidade, mas de coragem.

Na maioria dos dias, no mesmo ponto do itinerário de um quilômetro e meio, cabeças se aglomeram e braços debaixo d'água apontam enormes garoupas azuis, chocos em vários estágios de camuflagem (e às vezes copulando, ou se devorando), tubarões-tapete, tubarões-de-port-jackson, raias-águia e até tartaruguinhas e cavalos-marinhos. Essa semana mesmo um bando de golfinhos passou ao meu lado quando fiz a curva no promontório.

No começo do inverno, dezenas de filhotes de tubarões-negros se aglomeram na baía, poucos metros abaixo de nós, migrando apenas depois de se tornarem grandes o bastante para deixar as pessoas tensas. (No momento em que eu escrevia isto, um homem que nada ao amanhecer foi mordido por um tubarão no qual diz ter esbarrado no mar escuro, já que não usava uma lanterninha em volta da cabeça. Era um tubarão-lixa, em geral pacato, o que nos fez continuar a nadar sem medo.)

Um dia, uma baleia entrou na baía e passou uma hora brincando com os nadadores — mas me recuso a falar disso porque não estava lá. (Fui obrigada a ler a notícia no *Daily Telegraph*, sob a manchete "Um dia e tanto".) Meus amigos ateus que estavam presentes descreveram o acontecimento como uma prece ou uma experiência semirreligiosa, o rosto solene ao relembrar... Bem, paciência.

Nossos passeios não são sempre perfeitos. Volta e meia enfrentamos moitas de algas marinhas, correntezas fortes e ondas assustadoras, violentas, que nos puxam para baixo e nos fazem rodar, ou nos atiram contra a areia. Às vezes a ondulação é tão grande, e a contracorrente tão forte, que não nado de volta à costa sem estar acompanhada de um colega. É normal que os novatos precisem de resgate. Vez por outra emergimos com marcas vermelhas de queimaduras no rosto, nos braços e nas pernas. Jamais vou me esquecer das águas-vivas

— medusas pequenas, em forma de caixa, que arrastam longos tentáculos rosa — que vivem aos milhares na baía durante vários meses do ano. Apesar de usarmos roupas de mergulho e lambuzarmos o rosto, as mãos e os pés com unguento de mamão, muitos ainda têm as cicatrizes de suas queimaduras e alguns já foram até parar no hospital. Mas é o fato de as condições mudarem sempre de um dia para o outro que torna a atividade emocionante.

Alguma coisa acontece quando mergulhamos em um mundo onde não se ouvem ponteiros de relógios e mensagens que chegam na caixa de entrada. Enquanto os braços giram, golpeiam e tomam impulso às margens do vasto oceano, a mente vagueia e nos abrimos para o assombro — para a experiência de ver algo desconcertante, inconcebível ou maior que nós mesmos. Estudos demonstraram que o assombro pode nos tornar mais pacientes e menos irritadiços, mais humildes, curiosos e criativos — mesmo quando apenas assistimos a documentários sobre a natureza. Isso renova e expande nossa ideia de tempo: as pesquisadoras Melanie Rudd, Kathleen Vohs e Jennifer Lynn Aaker descobriram que "experienciar o assombro traz as pessoas ao momento presente, e estar no momento presente é o que permite ao assombro ajustar a percepção de tempo, influenciar decisões e fazer a vida parecer mais satisfatória do que seria de outra forma".[3]

Uma pesquisa conduzida pelo psicólogo social Paul Piff e seus colegas sugere que quem sente assombro tende a ser mais generoso, prestativo, altruísta, ético e sereno.[4] Eles descobriram, por exemplo, que pessoas que passavam algum tempo observando um imponente eucalipto mostravam-se mais dispostas a ajudar alguém que tropeçasse e deixasse cair um punhado de canetas do que aqueles que não haviam contemplado a árvore. Em outras palavras, quando uma experiência nos faz percebermos nossa pequena dimensão no mundo, ficamos mais propensos a olhar para os outros, cuidar dos outros e nos sentirmos mais conectados.

Seria um engano achar que exercício físico serve apenas para criar músculo e aplacar a ansiedade. Se possível, devemos nos forçar a sair das academias e das máquinas e ir para a natureza, cientes de que podemos esbarrar no assombro, ou torcendo para que isso aconteça.

Nós que somos membros do grupo de nado mal precisamos de pesquisas para nos informar das alegrias e benefícios da natação em mar aberto. Vários de meus amigos do Bravas e Belas pararam de tomar antidepressivos: apelidaram o mar de "vitamina M". Um deles, que documenta as criaturas da baía fervilhante com fotografias de primorosa iluminação, chama o mar de "pílula da felicidade". Outros se valem dele para sobreviver: alguns de meus companheiros que estão enfrentando doenças, rompimentos ou traumas familiares me contaram que, ao chorar nos óculos de natação embaçados enquanto nadam pelo promontório, antes de voltar a seus chuveiros quentes e cafés, conseguem reunir forças para viver mais um dia.

Como diz Wallace J. Nichols, autor de *Blue Mind*, um livro sobre os benefícios da proximidade com a água, a água "medita *você*".[5] Um estudo publicado em agosto de 2018 no *British Medical Journal* postula que nadar em mar aberto e frio pode servir de tratamento para a depressão,[6] no que é mais uma prova de que a ciência começa a se atualizar quanto ao que já sabíamos — por que eu, que sou notívaga, me levantaria antes do amanhecer para pular no mar escuro se essa não fosse uma euforia viciante? O estudo se baseou na experiência de uma mulher de 24 anos que percebeu que nadar na água fria uma vez por semana lhe permitia largar o remédio. Os autores não sabiam ao certo o porquê. Uma inferência era que a água funcionava como anti-inflamatório ou como tratamento para a dor; no entanto, a explicação que mais me soou verdadeira foi a teoria apresentada pelo escritor Michael Tipton: "Se a pessoa se adapta à água fria, entorpece a reação de estresse agudo a outras tensões cotidianas, como a violência no trânsito, provas ou a demissão de um emprego".[7]

O assombro que encontramos em nossa natação diária realmente nos provoca um senso de conexão, assim como o companheirismo. Formamos uma comunidade forte, uma turma diversa unida por um amor em comum. As conversas do nosso grupo heterogêneo — que tem juízes, carpinteiros, modelos, sacerdotes, médicos, cuidadores e professores, e vai de crianças de cinco anos que remam em pranchas a veteranos de mais de oitenta anos — também são parte do ritual que repetimos alegremente todos os dias. Falamos da beleza do amanhecer, da presença de medusas que nos ferem, dos seres que espiamos no fundo do mar ou escondidos entre as algas, da necessidade de usar roupa de mergulho, do clima, da temperatura da água, da visibilidade e das ondas. E reclamamos do tempo que a cafeteria leva para preparar nossas bebidas quentes. Temos as mesmas conversas no dia seguinte.

Em uma época de vínculos cada vez mais escassos, de relações somente digitais e de polarização de visões políticas, é incrível estar em um grupo tão diverso — em que muitas pessoas só têm uma coisa em comum — e falar de bobagens e marés. Todos os dias eu desço a escada no sul da praia sabendo que verei dezenas de rostos radiantes antes de enfiar o pé na água, e que todos eles sabem a sorte que têm de estar ali e compartilhar essa experiência. Não raro vendemos doces ou arrecadamos fundos para o clube de surfe local ou para instituições de caridade. Quando saí do hospital, por meses colegas do grupo de natação deixaram comidas na porta da minha casa, levaram meu cachorro para passear, alimentaram meu gato, plantaram árvores no meu jardim e fizeram todo tipo de coisa sem que ninguém lhes tivesse pedido.

A importância do contato diário com as pessoas — o contato à moda antiga, cara a cara — tem sido bem documentada por pesquisadores, inclusive o sociólogo americano Robert Putnam, que, em *Bowling Alone: The Collapse and Revival of American Community*, livro lançado em 2000, lamentou o declínio de organizações sociais como igrejas, sindicatos e grupos comunitários nos Estados Unidos. Nos últimos anos, o número de pessoas que dizem ter poucos ou nenhum confidente ou amigo próximo disparou, com implicações preocupantes para o nosso bem-estar: o isolamento e a solidão cada vez maiores estão ligados ao aumento do risco de doenças crônicas e demência, abuso de álcool, transtornos do sono, obesidade, diabetes, hipertensão, audição ruim e depressão.

O senso de comunidade também pode nos tornar mais resilientes, não só melhorando nosso estado de espírito no momento mas também protegendo nossa saúde mental futura. Uma das mais longas pesquisas sobre a vida adulta já realizadas no mundo, o Estudo sobre Desenvolvimento Adulto de Harvard, acompanhou seus participantes por oitenta anos — a partir de 1938 — e revelou que as relações e os vínculos sociais são os maiores instrumentos de previsão da saúde e da felicidade que a pessoa terá ao longo da vida.[8] (A manchete de um artigo recente da *Harvard Gazette* sobre as descobertas foi "Genética boa é legal, mas alegria é ainda melhor".) O diretor do estudo, Robert Waldinger, que além de professor de psiquiatria do Departamento de Medicina de Harvard é sacerdote zen, hoje faz questão de investir mais tempo em seus relacionamentos mais próximos.[9] Outra pesquisa, publicada em 2017 no *Australian & New Zealand Journal of Psychiatry*, concluiu que os recursos que nos são dados pelos laços sociais podem servir de "cura social" para a "falta de saúde psicológica".[10]

Então por que não fazemos mais para fomentar o senso de comunidade? Isso é difícil quando a pessoa é tímida, ou está triste, doente ou sofrendo — meu ímpeto geralmente é de fechar as venezianas e ficar quieta, sozinha. Mas esse ímpeto nem sempre é o mais sadio. Para perseverar, sobreviver a traumas ou pelo menos manter-se de pé quando a vida ameaça puxar o nosso tapete, precisamos ter a consciência de que não estamos sós.

Não são apenas as relações com os amigos e os parentes que contam: o contato com pessoas que moram na mesma rua, trabalham no mesmo escritório ou dividem o vagão de trem conosco também importa. Um estudo de 2014 feito por pesquisadores da Universidade da Colúmbia Britânica mostrou que até interações com pessoas com quem temos "laços sociais fracos"[11] — como conhecidos em um clube — são relevantes. Estudantes que interagiram com mais colegas de classe do que o normal em determinado dia declaravam ter se sentido mais felizes, por exemplo.

Eu não tenho nenhuma dúvida de que os dias que começam com conversas informais e uma longa natação na água salgada são quase sempre melhores do que aqueles que começam de outro jeito. Pode perguntar a qualquer nadador ou surfista. A lembrança permanece na minha mente e na minha pele (e, para o azar dos maquiadores que têm que me arrumar para a apresentação de um programa de TV, também se faz presente na marca dos óculos de natação em torno dos meus olhos). Outros nadadores concordam: quando não têm a oportunidade de pular no mar antes do trabalho, ficam mais nervosos, menos serenos e menos concentrados.

Por um bom tempo, quando estava na casa dos vinte anos, eu preferia a luz elétrica à luz do sol. Não era gótica, era notívaga. Fazia maratonas de dança sob lasers e globos espelhados de boates e galpões com luzes estroboscópicas. Mas ao ar livre, na ampla costa litorânea da Austrália, eu buscava a luz do sol presa na água. No fim de semana, eu e meus amigos jogávamos barracas na mala dos carros e seguíamos rumo ao norte de Sydney, até chegarmos, no escuro, a um lugar chamado Seal Rocks. Em letras brancas garrafais na estrada que descia serpenteando até o mar estavam pintadas as palavras A ÚLTIMA FRONTEIRA.

A praia era intocada, indômita, cheia de animais e plantas selvagens. Parávamos os carros e corríamos para o mar negro, mergulhando e rodopiando sob a lua, vendo uma fita prateada cintilante de fosforescência no nosso encalço. As pequenas criaturas marinhas que absorviam a luz do sol eram provocadas pelos golpes de nossos braços e pernas: descobrimos que ao passar arrastávamos lantejoulas ou galáxias de bioluminescência. Na verdade, eram fitoplânctons reagindo ao movimento — usando a luz do sol como fonte de energia (fotossíntese) para induzir reações químicas que produziam luz quando agitados —, mas aos nossos olhos aquilo era mágico. Essas luzes vivas se tornaram para mim um símbolo de alegria e despreocupação, e eu tentava achar outros jeitos de encontrá-las, e companhias que as adorassem tanto quanto eu.

Há vários aspectos sagrados na maneira como os australianos se entregam ao mar. Primeiro vem a forma como somos atraídos por ele, contemplamos sua vastidão e nos deitamos perto dele sempre que possível. Em segundo lugar vem o ritual purificante do mergulho, e em terceiro nossa imersão e exploração de seus segredos subaquáticos. Em quarto lugar talvez esteja o respeito que o surfista aprende a ter por suas ondas tonitruantes, marés e encrespamentos. Piscinas com cloro jamais terão o charme do amplo mar azul; a corda preta que separa as raias da piscina pode ser hipnótica, mas também é banal, e a água é carregada de produtos químicos.

Depois de passar pela minha primeira grande cirurgia, fiquei louca para entrar de novo no mar. Quando enfim voltei ao grupo de Manly Beach, passei o resto do dia praticamente dançando. À medida que meus ombros eram fortalecidos, minha cabeça se fortalecia junto. Nadar é uma forma de meditar. A incrível Diana Nyad, que em 2013, aos 64 anos, se tornou a primeira pessoa a nadar de Cuba à Flórida sem a proteção de uma gaiola à prova de tubarões, disse ao *New York Times* que nadar é a melhor maneira de se despojar dos sentidos: "Você fica sozinha com os próprios pensamentos de um jeito muito mais extremo".

O barulho é atenuado, sim. Mas, para mim, nadar em mar aberto é o melhor jeito de expandir minha percepção — a visão, o espaço, os sons mais discretos — e aguçar minha consciência. Depois, ao longo do meu dia de trabalho, tenho lampejos de imagens do fundo do mar ondulado e de tubarões.

Coleciono e narro minhas visões subaquáticas para os meus filhos assim como um caçador colecionaria peles.

O nado é um lembrete da vastidão do mar e de tudo o que ele contém. Passamos muito tempo da vida tentando nos sentirmos maiores — obter projeção, ocupar espaços, conseguir atenção, conquistar respeito —, a tal ponto que parece que nos esquecemos do alívio de nos sentirmos desimportantes e vivenciarmos o assombro de sermos silenciados por algo maior do que nós mesmos, algo insondável, indomável e misterioso.

Essa sensação de insignificância parece ser a chave para uma experiência verdadeira do assombro e, em tempo, da conexão com os outros. Na tentativa de apresentar uma definição acadêmica de assombro, os psicólogos sociais Dacher Keltner e Jonathan Haidt escreveram: "Dois fatores são essenciais e estão presentes em todos os casos evidentes de assombro: a consciência da vastidão e a necessidade de adaptação, definida como a incapacidade de assimilar uma experiência com as estruturas mentais vigentes".[12] Eles destacaram que os arquitetos das estruturas religiosas sempre buscaram provocar uma sensação de pequenez, e portanto de assombro, criando edifícios de dimensões grandiosas: tetos imponentes, abóbadas, pilares enormes, vitrais imensos. Durante sua pesquisa, Paul Piff observou que, depois de ficarem ao lado do gigantesco esqueleto de um tiranossauro, as pessoas se identificavam mais como parte de um grupo, talvez por se enxergarem de outra forma à sombra de um animal enorme — ainda que extinto.[13]

Em um estudo com americanos e chineses, Keltner descobriu que, após uma experiência de assombro, as pessoas assinavam seus nomes com letras menores. Ele disse à revista *New Scientist* que a razão para isso era que

> o assombro produz um ego evanescente. A voz dentro da sua cabeça, os interesses pessoais, a autoconsciência desaparecem. É uma emoção que nocauteia uma parte muito importante da nossa identidade. [...] Acho que a ideia central do assombro é aquietar o egoísmo por um instante e nos dobrar ao coletivo social.[14]

Essa também é a impressão que temos ao nadar em mar aberto. Ficamos pequenos. Quando encolhemos em termos de relevância, nos tornamos melhores em conviver e em cuidar dos outros. E nos tornamos mais contentes.

Por sorte, cultivar o assombro não implica necessariamente mergulhos diários no mar, viagens anuais para ver a aurora boreal ou saltos de bungee jump no Grand Canyon. Uma das revelações reconfortantes das pesquisas mais recentes é a facilidade com que podemos achar o assombro: em museus, teatros, parques, lagos, ouvindo um artista de rua, ou até, surpreendentemente, em pequenas doses, testemunhando atos de grande generosidade, contemplando acrobatas, nos maravilhando com os feitos de atletas de elite ou lendo uma história. Amie Gordon, da Universidade da Califórnia em Berkeley, monitorou os relatos de assombro de pessoas ao longo de duas semanas e descobriu que, em média, elas se deparavam com algo que lhes inspirava assombro de três em três dias, como "a música tocada em uma esquina às duas da madrugada, indivíduos enfrentando uma injustiça ou folhas caindo das árvores no outono".[15]

Hoje em dia, os cientistas tentam medir o assombro através de arrepios. (Só o frio, a adrenalina ou uma forte emoção têm mais potencial para causar arrepios em seres humanos.) Em uma cultura cada vez mais privada de assombro, em que estamos mais propensos a nos perder nas telas do que em florestas ou galerias, em que tolhemos as explorações de nossos filhos por conta de nossas ansiedades e medos, é cada vez mais vital nos esforçarmos sempre que possível para ter essas experiências. O bom é que volta e meia elas estão ao nosso redor, em todas as esquinas da natureza.

2. "Um espetáculo melhor lá fora"

> *Na floresta [...] toda a vaidade cruel desaparece.*
> *Eu me transformo em um globo ocular transparente.*
> Ralph Waldo Emerson, "Natureza"

O americano conhecido como pai da caça às tempestades estava em um cinema de Bismarck, Dakota do Norte, no verão de 1956, quando sua obsessão começou. David Hoadley tinha visto um sol avermelhado se pondo sob uma nuvem preta ao entrar e se dirigir à sua poltrona e ouviu o trovão estrondoso quando o filme já passava na tela. Então seu pai correu para dentro da sala e lhe disse que havia "um espetáculo melhor lá fora". Saíram de carro pelas ruas escuras, passaram por choupos e cabos elétricos caídos enquanto o céu vibrava com os raios, depois dobraram uma esquina e viram "um terreno baldio onde um fio elétrico rompido — mas vivo — cintilava, soltando faíscas quentes, e saltava feito uma cobra na grama molhada". A cidade estava às escuras, mas o céu estava cheio de luz.

Hoadley ficou obcecado. No dia seguinte, vagou pela cidade inspecionando os danos e viu que a torre de transmissão havia se dobrado como se sentisse dor, a ponta de cima no chão. Como não possuía a tecnologia que os caçadores de tempestades de hoje têm para monitorar o céu, Hoadley começou a estudar o clima com intensidade e método, criando gráficos complexos, fazendo mapas bidimensionais, tentando achar padrões nos dados matinais que o ajudassem a prever a natureza das tempestades vespertinas.

Caçadores de tempestades são viciados no assombro. Como peregrinações seculares, atravessam milhares de quilômetros para ir atrás, mapear, fotografar, relatar, registrar ou apenas olhar boquiabertos para ocorrências meteorológicas extremas. Os mais espetaculares tendem a ser tornados, mas abrangem também trovoadas, tempestades de areia, ciclones, trombas d'água e formações de nuvens raras como mammatus e nuvens de rolo.

Embora o que procuram muitas vezes seja um acontecimento horrendamente destrutivo, os caçadores por vezes são poéticos, usando palavras e expressões tais como "bigorna", "fantasma", "célula", "rajada", "redemoinho de fogo", "redemoinho de pó", "tufão", "torre", "radar", "correntes ascendentes", "ventos cruzados", "massa arredondada" e "olho do furacão". Eles passam semanas sacolejando por estradas desertas, os olhos à procura de alterações nas nuvens e nos ventos e das tempestades mais diabólicas, das supercélulas que dão origem aos tornados mais espetaculares, mais duradouros, e de outras formações sensacionais. Existe um quê de religiosidade na obsessão.

Nick Moir, um excelente fotógrafo australiano, vem caçando climas extremos há vinte anos, na Austrália e nos Estados Unidos. Ele vê tempestades como "entidades vivas", cada uma delas única, assim como animais gigantes. Ex-colega meu no *Sydney Morning Herald*, onde agora é fotógrafo-chefe, Moir conquistou há tempos a reputação de destemido e determinado. Em maio de 2019, ao caçar tempestades na cidade de Imperial, Nebraska, ele viu o que acreditava ser "a mais bela célula [de tempestade] da década"[1] durante um temporal depois apelidado de "Nave-Mãe de Imperial". Observar a atmosfera rodopiar em volta da tempestade foi "assombroso", disse ele.

> É como ver deus. Quando as nuvens, a atmosfera fica tão organizada [...] dá para entender por que as pessoas achavam que eram deidades. Tirei muitas fotos, mas também fiquei parado olhando. Ela gira em tempo real, essa coisa que tem entre trinta e cinquenta quilômetros de diâmetro. Parece a nave espacial de *Independence Day*.

O assombro pode instigar a adrenalina, mas não é consequência apenas de perigo, risco e velocidade: ele se dá quando testemunhamos algo espetacular e raro. Como disse Moir, caçar tempestades "faz você se sentir realmente pequeno. [...] É um lembrete da nossa insignificância".[2] No curta-metragem *Chasing Monsters*, de Krystle Wright, Moir é visto berrando "Olha isso!" enquanto seus cachos batem no rosto diante de uma nuvem preta enorme, vultuosa, torvelinhante. Ele abre os braços e dobra os joelhos, como se orasse, um homem prestando reverência diversas vezes: "Olha isso! Olha issooooo! É pra isso que a gente vem pra cá". Wright, que estava com Moir no dia da Nave Mãe de Imperial, disse que a experiência foi "totalmente surreal": "Senti uma gama imensa de emoções, do medo ao êxtase".[3]

É o leque de emoções que inspira o vício — algo bem familiar para David Hoadley, agora um octogenário. Em 1977 Hoadley, que trabalhava como analista orçamentário do programa de qualidade da água do Departamento de Proteção Ambiental, fundou a revista *Storm Track*, que pela primeira vez permitiu que a diversa comunidade de caçadores de tempestades se comunicasse. Alguns anos depois, na *Storm Track*, ele tentou responder à pergunta que mais fazem a caçadores de tempestades: "Por quê?". Ele escreveu:

> Primeiro vem a experiência pura, bruta, de se enfrentar uma força da natureza — incontrolável e imprevisível —, algo ao mesmo tempo incrível, magnífico, perigoso e pitoresco. Poucas vivências se comparam à expectativa de um caçador no caminho de uma grande tempestade, sob as rajadas de vento quente, úmido, que atravessam a base escura da nuvem, que rosnam com seus trovões quando o motor começa a girar.[4]

Há também a

> experiência de algo infinito, a sensação de forças em jogo e de escalas de movimento que transcendem o homem e dominam os sentidos a tal ponto que instintivamente (sem tentar de fato) a pessoa se sente eterna e ao mesmo tempo efêmera — quase uma ideia consciente, mas logo abaixo da superfície. Assim como quando uma parede vertical de nuvens de 15 mil metros desliza para o leste (trovões intermitentes, longínquos) e fica dourada sob o sol poente e o céu azul, só nos resta parar, olhar e admirar.

Por ter sido o primeiro a fazer uma viagem interestadual durante uma caça a tempestade e também por fazer suas próprias previsões, de vez em quando

Hoadley é considerado o caçador de tempestades "pioneiro". No entanto, ele transfere o título a Roger Jensen, que começou a caçar e fotografar trovoadas violentas pouco antes.[5] Jensen passou a caçá-las em 1953, ainda adolescente, mas viu seu primeiro tornado em Fargo, em 1957: "uma trovoada colossal e hostil iluminada pelo sol".

Hoje a caça de tempestades se tornou uma atividade descolada, o que trouxe consequências inevitáveis: estradas próximas a tempestades são cada vez mais inundadas por equipes de TV e de rádio, fotógrafos amadores, pessoas viciadas em adrenalina e excursões de caça a tempestades ao estilo dos safáris, bem como caçadores veteranos, que reviram os olhos diante da constrangedora comercialização e dos brutamontes que não entendem os riscos e são mais propensos a imprudências. Em tom desconfiado, Jensen disse a respeito desses novos adeptos: "Espero que estejam à caça pelos mesmos motivos que nós".[6]

Segundo a *Storm Track*, embora costumem mergulhar na meteorologia e nas previsões do tempo, os caçadores vêm de diversas profissões — são telhadores, carteiros, pilotos, comerciantes... Noventa e oito por cento são homens, e a média de idade é de 35 anos.[7] Para alguns, caçar tempestades é um barato; para outros, é uma ânsia.

Para aqueles genuinamente dedicados, não se trata de uma moda passageira, mas de um amor absoluto. Jensen foi sucinto quando lhe perguntaram por que passou cinquenta anos caçando tempestades: "Puxa, é pelo assombro diante do que você vê. Eu já nasci amando tempestades". Para sustentar a paixão, ele trabalhava em sua fazenda e estufa, bem como em um frigorífico especializado em perus. Nos anos anteriores à sua morte, em 2001, ele e os amigos fizeram questão de encontrar um lar de idosos no Texas de onde ele pudesse ter um "ponto de observação desobstruído".

Pouca gente realmente vive em áreas de tornados, o que sem dúvida é um alívio para certas pessoas. Muitos iriam bem longe para *evitar* fenômenos meteorológicos extremos, que infelizmente, de acordo com a previsão dos cientistas, serão mais comuns no futuro devido às mudanças climáticas. Só esse fato já torna o papel da fotografia ainda mais relevante, pois ela documenta as consequências muitas vezes devastadoras da alteração dos padrões. Moir, por exemplo, também vem caçando e fotografando tempestades de areia — e os incêndios florestais cataclísmicos na Austrália —, um jeito crucial de registrar os impactos da seca na zona rural do país.

Entretanto, não é preciso sair correndo no meio de tempestades para se viver o assombro e o fascínio associados a fenômenos climáticos: não raro podemos saboreá-los na periferia e até em nossos jardins. É por isso que adoro a história de Clyve Herbert, um australiano que passou duas décadas indo interior adentro à caça de tempestades, em vão, e então viu um tornado enquanto pendurava as roupas no varal, no quintal de casa. Herbert, que mora na península Bellarine, a sudoeste de Melbourne, contou ao *The Age*: "Percebi um funil atrás de uma tempestade. Corri para dentro de casa, peguei minha câmera e cacei o tornado a pé. Meus filhos ficaram loucos, correndo de um lado para o outro que nem ratinhos!".[8]

Mesmo hoje, o assombro e o fascínio são emoções inexploradas — aquela sensação de estar estupefato, dominado, aquietado ou surpreso diante de algo verdadeiramente extraordinário, mágico: o fascínio de um buraco negro, de nuvens em forma de couve-flor, do golpe de um relâmpago, do céu azul, de escamas neon, de ciclones ondulantes, de meteoros estrondosos, de pétalas minúsculas, de plumas arqueadas durante o voo.

A sensação de assombro e fascínio provocada por esses fenômenos naturais é um chamariz para a curiosidade. Pense nos arco-íris, por exemplo. Ao longo de milênios, os seres humanos tentaram compreender a magia estupenda dos arcos-íris. Em dezenas de mitos e lendas eles foram retratados como o arco de um arqueiro, uma cobra, uma ponte. Para os cristãos, arcos-íris são há muito tempo um sinal da graça de Deus e da promessa de que a Terra jamais será destruída por um dilúvio global outra vez. Para os budistas, o corpo de arco-íris é o estado mais elevado que alguém pode alcançar antes de chegar ao nirvana. Em alguns países, a visão de um arco colorido que se estende no céu era temerosa: crianças corriam para se esconder e não olhar diretamente para ele (em Honduras e na Nicarágua) ou para não serem comidas por um demônio (em Mianmar); em outros lugares, as pessoas fechavam a boca, os homens protegiam os genitais, nervosos.

Na Bulgária, os supersticiosos afirmavam que quem passava debaixo de um arco-íris mudava de gênero na mesma hora, começando a pensar como homem se fosse mulher e vice-versa. Antigamente, no Japão, no Havaí e na Grécia, arcos-íris serviam de ponte entre os céus e a Terra, os ancestrais e os deuses. Para os indígenas australianos, a serpente arco-íris sagrada representa o criador que lhes dá a vida.

O primeiro pensador moderno a estudar arcos-íris — e revelar como ocorrem — foi René Descartes, filósofo, matemático e gênio excêntrico francês que acreditava que o maravilhamento era a maior das paixões. Em 1628, quando morava nos Países Baixos e estudava metafísica, ele soube da aparição espetacular de uma série de sóis falsos — conhecidos como parélios — no céu de Roma. Resolveu estudar a luz, e depois vieram os arcos-íris. Em 1637, Descartes escreveu o muito citado "Cogito ergo sum", ou "Penso, logo existo", no *Discurso sobre o método*. O que raramente discutimos é que, no mesmo livro, ele ofereceu o que seu biógrafo A. C. Grayling chamou de "primeira explicação satisfatória para os arcos-íris",[9] descrevendo como a água suspensa no ar, a luz e a refração interagem para gerar essas imagens extraordinárias.

O filósofo inglês Francis Bacon chamou o maravilhamento de "conhecimento rompido", uma lacuna de compreensão que alguns correm para transpor, se possível. (Tanto Platão quanto Aristóteles acreditavam que a filosofia tinha como raiz o maravilhamento.) Ele nos leva a fazer perguntas aos outros e ao mundo. Também é um antídoto para distrações. Robert Fuller, professor de estudos religiosos da Universidade Bradley, argumenta em seu cativante *Wonder: From Emotion to Spirituality*, que a experiência do maravilhamento é "um dos elementos definidores da espiritualidade humana".[10] Ela fomenta a arte, a ciência e a religião. O professor de filosofia americano Jesse Prinz descreve essa "sensação de perplexidade" provocada pelo fascínio como "a emoção mais importante para a humanidade".[11]

A importância do assombro e do fascínio vai muito além da manutenção da sanidade. Como afirmou a filósofa americana Martha Nussbaum, professora de direito e de ética da Universidade de Chicago, uma parte essencial de ser humano é se perguntar sobre outros seres. E, no entanto, hoje esse questionamento parece escassear, ou nossa tendência é nos perguntarmos apenas sobre nós mesmos, em vez de permitir que o encantamento nos tire de nosso egoísmo e nos ajude a entender melhor os outros e o mundo natural.

Rachel Carson se preocupava com a possibilidade de que "a maioria de nós anda pelo mundo sem olhar para ele, sem se dar conta de suas belezas, de suas maravilhas, e da estranha e por vezes terrível intensidade da vida que nos cerca".[12] Isso continua a ser verdade. Conseguirmos sequer vislumbrar o sofrimento de outra criatura é tomar consciência do nosso tamanho. E se não prestarmos atenção à Terra, aos outros, todos sofremos. Do jeito que estamos, já podemos ver um planeta com rios cheios de veneno, corais multicoloridos ficando brancos, andorinhas desaparecendo e insetos se extinguindo.

Para as crianças, o assombro e o fascínio são tão naturais quanto respirar. Ainda assim, precisamos tomar a iniciativa de ensiná-las a observar e admirar, diz Nussbaum. Podemos começar pelas canções de ninar. Como Nussbaum declara em seu ensaio "A imaginação narrativa":[13]

> Quando a criança e seu responsável narram histórias juntos, a criança está adquirindo habilidades morais fundamentais. Até uma canção de ninar simples como "Brilha, brilha, estrelinha, quero ver você brilhar" provoca fascínio na criança — uma sensação de mistério que mescla curiosidade e assombro. As crianças ficam pensando sobre a estrelinha. Assim, aprendem a imaginar que uma mera forma no céu tem vida interior, em certos sentidos misteriosa, em outros sentidos como a delas mesmas. Aprendem a atribuir vida, emoção e pensamento a uma estrutura cujas entranhas estão escondidas.

O cantor e compositor Nick Cave concorda com essa abordagem, um pouco devido à sua crença de que os seres humanos sempre buscarão a transcendência. Dada a feiura de muito do que vemos na internet e ouvimos nos noticiários, ele diz que sempre considerou seu dever como pai mostrar aos filhos "coisas bonitas, e assim revelar a eles um mundo alternativo".[14]

Algumas pessoas precisam reaprender a se encantar, a estar prontas para essa sensação. Qual foi a última vez que você ficou arrepiado? Ou se curvou só para ver uma abelha trabalhando, ou o mundinho contido em uma poça entre rochas, ou para acompanhar a trajetória esperançosa de uma planta desde o broto até a floração? Você fez questão de olhar para o horizonte inteiro ou separou um tempo para contemplar as auroras e os crepúsculos que embelezam os nossos dias? Em geral, basta pararmos e olharmos. Hoje mesmo vi uma cacatua preta com rabo amarelo pela primeira vez, no instante em que ela voava até uma árvore com uma amiga, e nadei com um pássaro chamado cormorão, suas plumas abertas enquanto subia à superfície da água, um peixinho listrado imobilizado no bico. Nós dois viemos à tona ao mesmo tempo, e o vi esticar o pescoço e engolir.

Às vezes, ao procurar assombro e fascínio, também nos abrimos a outras experiências. David Hoadley, por exemplo, ficaria frustradíssimo se perdesse um tornado nas redondezas, mas disse que às vezes, "depois de algumas horas dirigindo, triste, o céu escurecia à noite, ficava sem nuvens, e um milhão de diamantes cintilantes surgiam".[15] Então ele parava no acostamento, desligava o carro,

> apagava as luzes, olhava para cima — e começava a me curar, em meio a fascinações que deixam uma dorzinha ainda menor — até ela desaparecer por completo. Como é possível que alguma coisa que você diga, faça ou sinta importe sob uma beleza tão estonteante? Isso também é caçar tempestades.

Arcos-íris lunares também existem e servem para nos lembrar que vez por outra somos limitados ou cegos aos fascínios que estão à nossa frente. Eles são mais desbotados e podem dar a impressão de que são apenas brancos à distância ou à meia-luz. No entanto, são cheios de cores.

Com o uso de fotografias de exposição prolongada, podemos revelar o espectro inteiro de pigmentos de um arco-íris lunar. É preciso esperar, esperar e esperar um pouco mais para se extrair os tons vívidos, e não raro é só assim que o arsenal completo de cores que sempre esteve ali se torna aparente. A pessoa só não conseguia enxergá-lo no escuro.

3. O efeito panorâmico

Sem sombra de dúvida, ninguém melhor do que os astronautas para confirmar que a chave para o assombro e o fascínio é nos sentirmos pequenos. Por exemplo o capitão Jim Lovell, que a bordo da Apollo 8, na véspera do Natal de 1968 levantou a mão diante da janela e viu o planeta inteiro desaparecer: "Me dei conta da insignificância de todos nós quando consegui tapar tudo o que eu conhecia na vida com o meu polegar",[1] declarou. A primeira pessoa a pisar na lua, Neil Armstrong, fez exatamente o mesmo gesto. Mais tarde, recordou: "De repente percebi que aquela ervilha, linda e azul, era a Terra. Levantei o polegar e fechei um dos olhos e meu dedo apagou o planeta. Não me senti gigante. Me senti muito, muito pequeno".[2]

Mandamos centenas de seres humanos para o espaço nas últimas décadas, a maioria deles com formação em engenharia, ciências e medicina ou militares, e quase todos parecem voltar de olhos para sempre arregalados. Ex-soldados de repente falam de júbilo, matemáticos falam de felicidade plena, biólogos, de transcendência. O impacto psicológico de ir ao espaço e ver a Terra como um mero ponto é chamado de *overview effect*, "efeito panorama", termo cunhado pelo escritor Frank White em livro homônimo, de 1987. White o definiu como "uma reação profunda à visão da Terra de fora da atmosfera".

O efeito panorama transforma os astronautas em "evangelizadores, pregando o evangelho da órbita"[3] quando voltam do espaço com a fé renovada ou em busca de sabedoria.[4] Para alguns, é a euforia prolongada que provoca uma mudança de perspectiva permanente. O primeiro ser humano a chegar ao espaço sideral, o cosmonauta russo Iúri Gagarin, circundou a Terra por 108 minutos em 1961 e regressou com um chamado à ação: "Ao orbitar a Terra em uma nave espacial, vi como o nosso planeta é lindo. Pessoal, vamos preservar e aumentar essa beleza, em vez de destruí-la".

Nos últimos anos, os cientistas vêm tentando mensurar e entender o efeito panorama, chegando a tentar mandar pessoas para o espaço virtual, onde elas veem galáxias através de portais, e depois interrogá-las quanto às suas reações, porém são os relatos dos astronautas que nos propiciam os melhores vislumbres.[5] As palavras que eles utilizam são saturadas de assombro, uma compreensão da fragilidade da Terra, com sua atmosfera fina como papel, e do quanto precisamos fazer para proteger o planeta e seus habitantes.

Como disse o astronauta sírio Muhammad Ahmad Faris, quando vemos a Terra do espaço, as "cicatrizes das fronteiras nacionais"[6] desaparecem. O americano Sam Durrance contou ter ficado emocionado depois de atravessar a estratosfera rumo ao espaço escuro, porque "você se afasta da Terra, mas ao mesmo tempo sente uma ligação incrível com ela, de um jeito que nunca sentiu antes".[7] A primeira mulher negra a viajar ao espaço, Mae Jemison, que em 1992 deu 127 voltas na Terra a bordo do ônibus espacial *Endeavor*, também afirma ter se sentido "muito conectada ao resto do universo".[8] (Mais tarde, diria a estudantes: "A vida é melhor quando vivemos intensamente e olhamos para cima.")[9]

O termo japonês *yūgen*, extraído do estudo da estética, às vezes é usado para descrever a observação do espaço. Dizem que significa "uma percepção profunda, misteriosa, da beleza do universo [...] e da beleza triste do sofrimento humano",[10] embora o sentido e a tradução dependam do contexto. O ator e esteta japonês Zeami Motokiyo explicou algumas formas de se chegar ao *yūgen*:

> Ver o sol se pôr atrás de um morro coberto de flores.
> Caminhar por uma enorme floresta sem pensar em voltar. Ficar na costa vendo um barco desaparecer atrás de ilhas distantes. Contemplar o voo de gansos selvagens que aparecem e somem entre as nuvens.
> E as sombras sutis do bambu no bambu.[11]

Ou observar os céus a partir da Terra, ou a Terra a partir dos céus.

O *yūgen* também é definido como "uma consciência do universo que desencadeia reações emocionais fortes demais para se exprimir em palavras".[12] É impressionantemente comum que pessoas que se aventuraram pelo espaço falem da insuficiência das palavras. Kathryn D. Sullivan, a ex-astronauta da Nasa que em 1984 se tornou a primeira mulher a andar pelo espaço (e em 2013 foi indicada pelo presidente Obama para ser subsecretária de negócios para oceanos e atmosfera), também ficou boquiaberta.[13] "É difícil explicar como é incrível e mágica essa experiência", ela diz.

> Em primeiro lugar, existem a diversidade e a beleza estarrecedoras do próprio planeta, passando diante dos seus olhos no que parece ser um ritmo suave, altivo [...]. Fico feliz em informar que não existe estudo ou treinamento que de fato prepare alguém para o assombro e o fascínio que essa experiência inspira.

A engenheira e astronauta americana Nicole Stott declarou ter ficado "pasma de um jeito completamente inesperado".[14] Eis como ela descreveu o fato a seu filho de sete anos: "Pense numa lâmpada — a mais luminosa que você conseguir imaginar — e pinte essa lâmpada com todas as cores que você sabe que a Terra tem, depois acenda, e seja cegado por ela".

Quando recuamos, nossa capacidade de ver é aguçada. Quando vemos a beleza, a vastidão e a fragilidade da natureza, temos vontade de preservá-la. Percebemos o que compartilhamos. Entendemos que somos pequenos. O cosmonauta Boris Volinov disse que, após ver a Terra do espaço, "você fica mais cheio de vida, mais brando. Passa a olhar para todos os seres vivos com mais receio e a ser mais gentil e paciente com as pessoas ao redor". Scott Kelly, que ficou um ano inteiro, de 2015 a 2016, na Estação Espacial Internacional, deleitando os habitantes da Terra com seus tuítes e fotografias magníficas, disse ao *Business Insider* que a experiência no espaço torna as pessoas mais empáticas, "mais conscientes da humanidade e de quem somos, e de que não deveríamos apenas cuidar do planeta, mas também solucionar os problemas que temos em comum, que claramente são inúmeros".[15] As observações de Kelly ecoam as de muitos outros: o esplendor e a vulnerabilidade da Terra, a conexão entre as pessoas e a necessidade de atuarmos em conjunto com as outras nações. Ele disse:

O planeta é de uma beleza incrível, uma beleza de tirar o fôlego. Por outro lado, partes dele são poluídas — temos níveis constantes de poluição em certos locais da Ásia, por exemplo. A fragilidade da atmosfera é perceptível. Ela é muito fina. É quase como uma lente de contato no olho de alguém, e você se dá conta de que todos os poluentes que jogamos na atmosfera são retidos nessa película fininha que reveste a superfície. Na verdade, é uma visão meio assustadora.

E então você nota, ao olhar para a Terra, que apesar de sua beleza e serenidade, existe muita adversidade e conflito. Você vê o planeta sem fronteiras, sobretudo durante o dia. De noite você consegue separar os países por conta das luzes, mas de dia a impressão é de que somos parte de uma única nave espacial, a Nave Espacial Terra.

E estamos todos voando pelo espaço juntos, como equipe, e isso dá uma noção — as pessoas já descreveram isso como "perspectiva orbital" — da humanidade, e temos a sensação de que precisamos apenas agir de uma forma melhor — bem, bem melhor — para resolver os problemas que temos em comum.[16]

O primeiro canadense a andar pelo espaço, Chris Hadfield, diz que cruzar continentes a toda velocidade e ver o nascer e o pôr do sol a cada 45 minutos cria "uma sensação de privilégio e uma espécie de reverência, um assombro generalizado. E essa sensação de fascínio e privilégio e clareza quanto ao mundo aos poucos vai mudando suas ideias". Ele acredita que o efeito panorama não se restrinja a casos de voos espaciais, pois tem mais a ver com aqueles momentos em que "você percebe que existe algo muito maior que você, muito mais profundo que você, ancestral, [de] uma relevância natural que ofusca a sua". Esse discernimento, sugere Hadfield, pode levar as pessoas a tomarem decisões mais inteligentes para o mundo e decisões menos "invejosas, insulares, tacanhas".[17] Tomara que sim.

Um dos meus cientistas prediletos é o brilhante Carl Sagan, um orador eloquente, escritor prolífico e cosmólogo conhecido nos Estados Unidos como "astrônomo do povo". Ele estudou a vida extraterrestre e enviou mensagens "universais" palpáveis para o espaço na esperança de que outros seres as encontrem e entendam. Em *Pálido ponto azul*, de 1994, que aborda o sistema solar e o lugar que nos cabe nele, Sagan escreveu sobre a visão da Terra a partir do espaço.[18] Descreveu perfeitamente como essa visão aguça a consciência de que o nosso planetinha não passa de um pálido ponto azul flutuando na imensidão do espaço e é o nosso único lar, onde nós e todos que amamos, todo o mundo que já existiu, passamos a vida. Ele ressaltou ainda que reconhecer que todas as criações humanas, além de milênios de deleite e dor, de insolência e esforço, aconteceram neste ponto pequenino, distante, sem dúvida há de nos ajudar a entender a importância de sermos dignos e zelosos uns com os outros e de protegermos e amarmos a Terra.

Se pudéssemos mandar todos os membros dos órgãos governamentais, políticos, juízes e pensadores para o espaço sideral — e permitir que voltassem, mais cedo ou mais tarde —, incutiríamos neles a urgência de proteger nosso planeta.

Não é preciso sair deste ponto azul para vivenciar o assombro, o fascínio e afins, mas os relatos de astronautas perplexos nos lembram da importância de estarmos atentos a essas emoções, de abrirmos todas as portas, janelas, umbrais e portais à possibilidade delas no mundo à nossa volta.

4. Transtorno do déficit de natureza: A biofilia

Pessoas de um planeta sem flores achariam que morremos de alegria o tempo inteiro por tê-las ao nosso redor.[1]
Iris Murdoch, *A Fairly Honourable Defeat*

Estamos conectados à Terra de formas que nem sequer entendemos. Em 1984, o biólogo americano E. O. Wilson cunhou o termo "biofilia" para falar do nosso amor inato pelo mundo natural, que ele argumentou ser intrínseco ao ser humano. Erich Fromm, psicólogo social alemão, chamava isso de "o amor veemente à vida e a tudo o que é vivo". Wilson sugeriu que essa "adoção emocional inata de outros organismos vivos pelos seres humanos" tem base na genética, e é encontrada em nossa memória genética. Cientistas vêm tentando entender e provar essa ideia desde então. Seja qual for o fundamento, é impossível negar o apego profundo dos seres humanos à natureza.

Theodore Roosevelt entendeu a atração do mundo selvagem aos doze anos, quando, menino míope, ganhou um par de óculos.[2] Sempre tinha amado a natureza, e agora podia monitorar seus habitantes, sobretudo os pássaros. Quando era criança e morava em Nova York, tinha em sua coleção o crânio de uma foca, ninhos de passarinhos, esqueletos de ratos e insetos; chegou a tratar e preservar o cadáver de uma coruja-das-neves, agora exposta no magnífico Museu Americano de História Natural, no lado oeste do Central Park. Roosevelt gostava sobretudo de pássaros, e lotava cadernos com diagramas, desenhos e dados de vários bichos. Porém, apesar do acúmulo de conhecimento, achava difícil descrever a alegria do mundo natural, e em 1910 anotou: "Não há palavras capazes de exprimir a energia oculta da selva, revelar seu mistério, sua melancolia e seu charme".

É sorte dos americanos das gerações atuais que Roosevelt tenha se tornado presidente dos Estados Unidos em 1901. Ao longo da vida, ele garantiu que mais de 234 milhões de hectares de florestas fossem preservados em monumentos e parques nacionais: Yosemite, Grand Canyon, Pelican Island. A conservação, para Roosevelt, era uma ocupação inerentemente masculina, assim como acampar e caçar, nada que pudesse ser considerado de esquerda, urbano e "verde", como boa parte do ambientalismo de hoje em dia. Como Jonathan Rosen explicou no *New York Times*, a conservação "combinava com a virilidade, a coragem, o patriotismo. Era tão povoada de animais quanto um livro infantil. Era científica e no entanto impregnada de sentido religioso, nobre mas populista, global mas alimentada pelo fervor jingoísta. Era divertida".[3]

No entanto, Florence Williams, autora do best-seller *The Nature Fix: Why Nature Makes Us Happier, Healthier, and More Creative*, declara que perdemos mais do que acreditamos por causa do presente "afastamento epidêmico do ar livre".

"Sim, andamos muito ocupados", ela diz. "Temos responsabilidades. Mas, além disso, estamos vivenciando uma amnésia geracional em massa viabilizada pela urbanização e a invasão digital."[4] E existe uma raiva feia que reveste o debate público hoje, incitada pelo fato de nos agruparmos de uma forma cada vez mais solitária: não conseguimos nos concentrar totalmente nos rostos à nossa frente, nos curvamos na calçada para olhar telas iluminadas, voltamos para casa para nos lamentarmos, nos irritarmos ou malhar virtualmente estranhos que talvez tenhamos cumprimentado no metrô poucas horas antes.

Como escreve Johann Hari, em seu *Lost Connections: Uncovering the Real Causes of Depressionand the Unexpected Solutions*, só nos últimos quinze anos foram reconhecidos os efeitos psicológicos de estarmos afastados do mundo natural, um distúrbio apelidado de "transtorno do déficit de natureza".[5] E só agora os benefícios da imersão na natureza estão sendo tema de análises rigorosas.

Mundo afora, cientistas têm conduzido montes de pesquisas para avaliar os resultados psicológicos e físicos do tempo passado na natureza, com os cinco sentidos receptivos e alertas. Eles pediram que os voluntários caminhassem por florestas distantes, parques, bosques de coníferas e entre pés de kiwi no verão; lotaram seus narizes com o aroma de cedro em laboratórios; vendaram seus olhos e lhes deram folhas de alumínio e depois folhas de verdade, ou amores-perfeitos genuínos e depois artificiais — tudo enquanto monitoravam ânimo, batimentos cardíacos, níveis de cortisol na saliva, níveis de glicose no sangue, pressão arterial, hemoglobina, qualidade do sono e a sensação de conforto e relaxamento dos participantes, dentre outros fatores.

E as descobertas me surpreenderam.

Resumidamente, quando expostos ao sol, às árvores, à água ou apenas à visão de folhas verdes, ficamos mais felizes, saudáveis e fortes. Quem mora em lugares verdes tem mais energia e motivação, e conseguir ver áreas verdes de casa é um fator associado à diminuição do desejo por álcool, cigarros e alimentos nocivos.[6] Quanto mais próxima da natureza é a nossa casa, melhor, e nos cercarmos de plantas já ajuda. Uma pesquisa de 2019 com o impressionante número de 90 mil pessoas revelou que uma área residencial verde na infância está vinculada a um risco menor de transtornos psiquiátricos da adolescência à fase adulta.[7] Com quinze minutos de passeio por um parque urbano, estudantes japoneses do sexo masculino se sentiram menos estressados; uma caminhada de dezessete minutos deixou um grupo de homens mais "à vontade, relaxados, espontâneos, revigorados", e menos cansados, confusos e ansiosos. Quando as pessoas se mudam para áreas mais verdes, a depressão diminui. Os moradores de prédios com mais áreas verdes e plantas são menos agressivos, mais disciplinados e, segundo uma pesquisa sobre residentes de conjuntos habitacionais de Chicago, têm mais concentração. O estado de espírito fica mais leve em praças. Crianças expostas à natureza se saem melhor nas provas.[8]

A ciência é relativamente incipiente, as amostragens são pequenas e ainda existem questionamentos acerca do possível entrelaçamento de causa e efeito, mas a consistência dos resultados em um leque variado de lugares, agrupamentos, abordagens e situações é incomum. Um estudo com auxiliares de expedição revelou que os trabalhadores que se expunham diariamente ao sol eram mais produtivos do que aqueles que não viam o sol (apresentavam uma produtividade 16% maior). Uma avaliação com estudantes mostrou que a função cognitiva dos que moravam em dormitórios com vista para a natureza era melhor. Uma análise feita na Prisão Estadual do Sul do Michigan indicou que os 50% de presidiários com celas voltadas para as árvores eram 24% menos propensos a ter doenças físicas e mentais do que os prisioneiros que só viam paredes de tijolos.[9]

Pacientes hospitalares cujos quartos tinham vista para árvores e arbustos também se recuperaram melhor de cirurgias: pediram 50% menos analgésicos e chamaram os enfermeiros 50% menos vezes do que os pacientes que só viam paredes. Essa pesquisa, conduzida por Roger Ulrich em 1984, estimulou muitos hospitais a plantarem "jardins de cura".[10]

Um estudo canadense mostrou que a presença de dez ou mais árvores em um quarteirão "melhora a percepção de saúde de tal forma que é como o aumento de 10 mil dólares no salário anual".[11] Melhor ainda, "ter onze árvores a mais em um quarteirão diminuía problemas cardiometabólicos de forma comparável a um aumento de 20 mil dólares no salário anual". Em outro estudo, descobriu-se que pessoas saindo de uma praça pública eram mais propensas a ajudar um transeunte do que as que estavam entrando.[12]

Nas palavras simples de Florence Williams: "Quanto mais natureza, melhor a pessoa se sente".[13]

Mais de um século atrás, Florence Nightingale compreendeu instintivamente que plantas e jardins tinham propriedades terapêuticas. Em sua obra seminal *Notes on Nursing*, escrita em 1859, ela resumiu sua crença de que a cura dos pacientes seria mais fácil se pudessem olhar coisas belas, cores vibrantes e objetos diversos, ou se tivessem alguma vista:

> Já vi, em febres (e senti, quando eu mesma tive febre), o sofrimento agudo de um paciente (em um barraco) por não conseguir ver através de uma janela e ter os nós da madeira como única vista. Jamais me esquecerei do arrebatamento de pacientes com febre diante de flores coloridas. Lembro (no meu próprio caso) de ter recebido um ramalhete de flores silvestres, e que dali em diante minha recuperação se acelerou.
>
> As pessoas dizem que o efeito é apenas sobre a mente. Não é verdade. O efeito também é sobre o corpo. Por menos que saibamos sobre a maneira como formas, cores e luzes nos afetam, uma coisa sabemos: elas têm um efeito físico genuíno.[14]

Não é de surpreender que muitas das pesquisas pioneiras sobre os modos como a natureza pode se contrapor às facetas mais sombrias da urbanização tenham acontecido na maior cidade do mundo, Tóquio, que atualmente abriga 37 milhões de pessoas em sua área metropolitana. Na década de 1980, a consciência cada vez maior entre os japoneses sobre os benefícios de se mergulhar na natureza deu origem à prática do banho de floresta, ou *shinrin-yoku*. Baseado em costumes antigos do budismo e do xintoísmo, o banho de floresta é uma espécie de medida preventiva que implica a imersão na natureza com o engajamento de todos os sentidos; nos últimos anos, a prática se espalhou pelo Ocidente.

O dr. Qing Li, imunologista ambiental da Escola de Medicina Nippon, em Tóquio, encabeçou a pesquisa científica sobre o tema, e seu livro *Shinrin-Yoku: The Art and Science of Forest-Bathing* nos convida a um mergulho na natureza.[15] Em 2010, Li descobriu que o número de células do sistema imunológico e seu nível de atividade aumentavam após uma visita à floresta e continuavam elevados por um mês; as células não respondem de forma nenhuma a passeios similares, cuidadosamente elaborados, em locais urbanos. Desde então, a pesquisa também revelou que o banho de floresta tem resultados benéficos sobre o sistema cardiovascular, sobretudo na redução da hipertensão e da doença arterial coronariana; o sistema respiratório, aliviando inclusive alergias; e a saúde mental, por reduzir a depressão e a ansiedade (e até o TDAH, o transtorno do déficit de atenção com hiperatividade), elevando o relaxamento mental e exacerbando a sensação de assombro, que por sua vez leva ao aumento de gratidão e abnegação. Em sua sala pequena e organizada em Tóquio, o dr. Li me disse que pessoas que sofrem de "transtorno do déficit de natureza"[16] volta e meia o procuram em busca da cura para um problema que não sabem nomear: uma inquietação, ansiedade ou tristeza generalizada — inevitavelmente, uma volta na floresta demonstra limitar ou diminuir essa ruminação.[17] O entusiasmo do dr. Li é óbvio: a ciência vem confirmando repetidamente seus instintos, e agora ele é chamado para dar palestras sobre o assunto no mundo inteiro.

Pesquisas em curso mundo afora comprovam os benefícios do banho de natureza. Em 2017, uma meta-análise avaliou 64 estudos sobre banho de floresta publicados entre 2007 e 2017.[18] As autoras ressaltaram a necessidade de pesquisas longitudinais, mas encontraram indícios fortes de que um tempo na natureza diminui o estresse, inclusive o "tecnoestresse". Elas concluíram que o banho de natureza ajudou soldados dinamarqueses com transtorno do estresse pós-traumático; coreanos que haviam sofrido derrames, sentiam dores no pescoço ou dores crônicas; suecos com demência; chineses hipertensos; estudantes israelenses com dificuldades de aprendizagem; japoneses com diabetes e câncer; profissionais de escritório da Flórida com alto nível de estresse; lituanos com doenças cardíacas; e americanos aposentados e deprimidos.

Em um estudo com pacientes coreanos internados com depressão, a psicoterapia realizada em uma floresta obtinha resultados claramente superiores à mesma terapia realizada dentro do hospital. Em outro estudo, a depressão profunda em alcoólicos era amainada. A saúde de pessoas de diferentes faixas etárias é beneficiada — da obesidade infantil (uma pesquisa com 7 mil crianças de Indianápolis revelou uma incidência menor de obesidade em áreas mais verdes) à longevidade em adultos (uma pesquisa feita em Tóquio com 3 mil pessoas acima dos 75 anos mostrou que o índice de mortalidade era diminuído com "rotas e espaços verdes, caminháveis",[19] sem restrição de idade, sexo, estado conjugal ou socioeconômico e saúde inicial). No Japão, a terapia da natureza também causou uma diminuição considerável das pulsações em mulheres de meia-idade com ansiedade e da pressão arterial em homens da mesma faixa etária, e fez com que os dois gêneros tivessem um sono mais profundo. Sentar-se em uma cadeira e curtir a floresta bastou para que um grupo de jovens estudantes do sexo masculino ficasse mais tranquilo, segundo a análise da saliva deles.

As autoras da meta-análise de 2017 escreveram o seguinte:

> De modo geral, da perspectiva fisiológica, os resultados obtidos através de pesquisas empíricas apontam a redução da frequência cardíaca e da pressão arterial e o aumento do relaxamento nos voluntários expostos a espaços verdes naturais. [...] Esta revisão minuciosa ilustra, destaca e corrobora a ideia cada vez mais difundida dos impactos positivos para a saúde (isto é, redução do estresse e aumento do bem-estar holístico) gerados pelo tempo que passamos na natureza, vendo cenas da natureza por vídeo ou sendo expostos a folhagens e flores em ambientes fechados. O desenvolvimento de espaços verdes em grandes áreas metropolitanas também faz bem à saúde. Não só psicometrias válidas e confiáveis como medições fisiológicas válidas e confiáveis foram empregadas para demonstrar efeitos relevantes, possivelmente terapêuticos e benéficos à saúde.[20]

Elas também concluíram que os benefícios cardiovasculares dos banhos de floresta "eram evidentes qualquer que fosse a idade, o gênero, a condição socioeconômica ou a exposição anterior a paisagens naturais".

Existem algumas falhas significativas nas pesquisas. Muitas das amostragens são pequenas; a maioria mede apenas exposições breves e únicas à natureza; e muitos dos participantes são estudantes jovens e saudáveis do sexo masculino. Por isso é fundamental que sejam feitos mais experimentos randomizados, controlados. O impacto da atividade física em geral não é discriminado, embora muitos dos estudos comparem os mesmos níveis de atividade — principalmente caminhadas — na cidade e em áreas arborizadas. E os efeitos avaliados são de curto prazo: a durabilidade dos benefícios não foi estabelecida. Ainda existem inúmeras perguntas, também, quanto à definição de área verde, e exatamente que tipo e quanto tempo de exposição à natureza é necessário, e se seria preciso estar no meio da natureza ou simplesmente focar nela. Porém as revelações são inequívocas, e, como salienta Frances E. "Ming" Kuo, da Universidade de Illinois, é instintivo presumirmos, segundo as evidências de que dispomos até o momento, que "a exposição total é importante; todas as formas e quantidades de exposição são boas; e quanto mais verde, melhor". Sobretudo nos ambientes urbanos mais brutais e desagradáveis.[21]

Cerca de uma década atrás, a balança mundial enfim pendeu da zona rural para a cidade, já que os habitantes de áreas urbanas se tornaram mais numerosos que os moradores das áreas rurais. Hoje mais ou menos 55% das pessoas vivem em cidades: uma mudança surpreendente que aparentemente mal tentamos enfrentar. As Nações Unidas estimam que em 2050 mais de dois terços da população mundial vai morar nas cidades, e esse número é ainda maior nos países desenvolvidos. Apesar de não sabermos quais serão as consequências, de uma coisa podemos ter certeza: cada vez mais pessoas ficarão sedentas de natureza; passarão dias ou meses sem nem vislumbrar uma área verde, um pouco de céu azul ou um horizonte ininterrupto; e como resultado sem dúvida vivenciarão uma dor ou inquietude cuja origem não saberão identificar.

Qual será a influência disso sobre nossa psiquê? Em suma, ainda não sabemos muito bem mas os primeiros sinais são claros, e os indícios vêm se acumulando. A urbanização já foi associada a doenças mentais, embora não se saiba ao certo por quê.²² Instintivamente, muitos sentem o incômodo da desconexão com a natureza. De bom grado pagamos por aplicativos que nos tratam como adolescentes de castigo bloqueando o acesso ao wi-fi; procuramos "áreas sem sinal" no Google para nos forçarmos a sair da internet e olhar as montanhas, as árvores ou o céu estrelado enquanto tentamos aplacar os espasmos habituais das mãos.

Nossa necessidade de natureza é algo que Frederick Law Olmsted entendia perfeitamente, para a grande sorte de qualquer um que já tenha morado na cidade de Nova York, uma das maiores metrópoles do mundo, uma das mais reluzentes, mais atulhadas de gente, sonhos, árvores com luzinhas, ratos e pilhas surpreendentemente grandes de lixo. Em 1865, o brilhante arquiteto e paisagista, que acreditava piamente que as praças deviam ser abertas a todos, escreveu: "Trata-se de fato científico que a contemplação ocasional de paisagens naturais de características imponentes [...] é benigna para a saúde e o vigor dos homens". A ideia, na verdade, ainda não era um dado comprovado naquela época — era apenas um palpite —, mas ele tinha razão.

Essa contemplação, obviamente, é o objetivo do Central Park, aquele oásis verde em uma cidade densa, abarrotada. Não são somente as crianças que brincam ali: também é nesse cenário que as pessoas andam de skate, dançam, correm, pedalam, passeiam com os cachorros, bebem e se apaixonam e desapaixonam. Ainda sinto uma pontada de vez em quando, ao pensar no Central Park: é aquela área de bosques e lago e rochedos e vegetação que para mim coroa os dez anos que passei na cidade, minha segunda terra. Minha primeira paixonite foi em Nova York, aos sete anos, por um menino chamado Alex, um lourinho com cabelo de cuia, quando a minha família morava no subúrbio de Rye. Foi lá que escrevi uma peça teatral com a minha amiga Erica, aos oito anos, chamada *Anáguas falsificadoras*, sobre um grupo de mulheres pioneiras que imprimiam dinheiro e dirigiam carroças rumo à liberdade. Aos dez anos, fugi de casa para lá; e então, muito tempo depois, foi onde fiquei noiva, em um estonteante redemoinho de coquetéis, passeios de helicóptero e caminhadas pelo parque — decorado com bandeiras laranja feitas pelo artista Christo. Também tive meu filho em Nova York, em um hospital cercado por um bando de edifícios enormes, e trabalhei em uma revista de frente para o Central Park.

Depois de voltar para a Austrália, senti saudades de muitas coisas: os bagels perfeitos com salmão defumado; o aroma dos amendoins açucarados quentinhos e das castanhas tostadas; o sibilar indecente do vapor do metrô; a grossura do *New York Times* de domingo; a proximidade dos (e os eventos com) pensadores e escritores; a magia da Broadway; os bares repletos de espelhos; os sofás de couro vermelho dos restaurantes; as lanchonetes do East e do West Village. Truman Capote disse, "Eu amo Nova York, embora ela não seja minha como uma coisa deve ser, uma árvore, uma rua ou uma casa, alguma coisa, enfim, que seja minha porque sou dela". Eu me senti da mesma forma. Nova York não é minha nem de nenhum dos milhares de expatriados de olhos arregalados que se aboletam nas bordas da cidade e admiram a audácia do horizonte. Mas, em muitos aspectos, eu sou dela.

E, acima de tudo, amo o Central Park, e sempre serei grata ao visionário Olmsted e a seu parceiro de projeto, Calvert Vaux, pela tranquilidade surpreendente que o parque me dava, a mim, mãe de crianças pequenas com um trabalho intenso e um marido estressado, tenso, no meio da barulheira da selva de pedra, com suas buzinas, gritos, comerciais distorcidos em alto-falantes de má qualidade e o constante apito dos sinais de trânsito. Eu morava no Upper West Side, atrás de uma igreja unitarista que tinha cultos de bênção a cachorros e gatos e ficava de frente para o parque. Ia da rua 76 Oeste até a rua 59 para chegar ao trabalho, então sempre cortava caminho pelo parque passando pelo trecho de Sheep Meadow, antes de entrar em Columbus Circle. Quando comecei minhas pesquisas para o livro sobre a rainha Vitória, atravessava o parque passando pelo musgo verde do Turtle Pond e o Belvedere Castle rumo à New York Society Library.

Em outros momentos, dava passeios tranquilos de bicicleta, meus bebês empoleirados nas cadeirinhas às minhas costas, e fazia maratonas em torno do Jacqueline Kennedy Onassis Reservoir com amigos, falando rápido enquanto a água ondulava lentamente. Lembro de caminhar com uma grande amiga desde a esquina da Quinta Avenida com a rua 50 até a rua 80, rindo e balançando sacolas grandes com as botas que tínhamos comprado na liquidação da Saks, enquanto as folhas douradas — as primeiras do outono — caíam silenciosamente à nossa volta, no que parecia ser um bosque encantado. No outono, eu observava atentamente as árvores ficando laranja, depois vermelhas, da janela do meu escritório — havia sempre uma que encabeçava o processo, e depois vinha mais uma, em seguida as outras. Com os galhos desfolhados do inverno, os lados do parque ficam expostos um ao outro: o oeste de novo conseguia ver o leste, com suas lojas chiques e casas de bilionários brilhando ao longo do parque silencioso.

No Central Park, eu amamentava meu filho — um bebê alegre que só queria leite e afeto — nos bancos que ladeavam as trilhas de hipismo. Cobria o peito com um pano para que nenhum nova-iorquino se espantasse — pois trata-se de uma cidade onde as mulheres raramente amamentam em público —, mas quase sempre alguém ficava me encarando. Fiz festas de aniversário para a minha filha em tapetes esticados nos gramados verdejantes, os cupcakes se equilibrando precariamente nos tufos de grama. Em uma das festas, ela rasgou as próprias roupas e rolou na terra com uma enorme girafa inflável que o padrinho lhe trouxera de Tribeca em cima de um táxi.

Quando eu morava em Manhattan, volta e meia almejava que meus filhos pudessem correr descalços no verão por outros lugares que não os parques urbanos, que não fritassem feito ovo nas calçadas imundas e fumegantes quando fazia calor, nem vissem ratos tossindo veneno na nossa esquina; que não fossem cercados pelos montes de lixo fedorento nem sofressem as séries de gripes inexplicáveis que parecem sempre assolar as crianças, sobretudo em Nova York. Eu queria que eles conhecessem um país de ondas do mar inesgotáveis, céus amplos e terra vermelha. Mas, depois de voltarmos à Austrália, também queria que conhecessem o Natal em Nova York, que sentissem o aroma dos pinheiros encostados nos postes de luz e que vagassem pela Quinta Avenida com o rosto iluminado pela pantera feita de luzes engatinhando na vitrine da Cartier, as fileiras de árvores repletas de bolinhas cintilantes. Queria que encostassem o rosto contra as vitrines e ficassem boquiabertos com o Abominável Homem das Neves da Saks, o menino caminhando pela floresta de cristal na Macy's e o Papai Noel pilotando a gôndola na Bloomingdale's.

Ainda hoje, desejo principalmente que conheçam a neve, o coração acelerado pelo fluxo de trenós nas colinas brancas, o jorro repentino e surdo das nevascas, a visão do Central Park coberto de gelo escorregadio. O momento mais mágico do parque era de manhã cedinho logo depois de nevar, antes que alguém tivesse tempo de pegar seu trenó, quando tudo estava parado e era de uma beleza que chegava a doer, e minhas pegadas eram as primeiras a furar a lisura branca. Eu levava nosso labrador chocolate, Hugo, para correr comigo — ele podia ficar sem guia até as nove da manhã, e saltitava sem jeito e feliz como um filhotinho grande, as mandíbulas tentando morder o pó branco, pulando na neve quebradiça.

É no Central Park que vou sempre pensar quando me batem as saudades de Nova York. Não serão a conveniência estarrecedora dos serviços 24 horas, os cookies gigantes com gotas de chocolate da Levain Bakery, os bares nos terraços, a infinita roda de produções criativas em museus, galerias, óperas e bibliotecas, a reinvenção incessante nem as pessoas excêntricas que farão meu coração ficar apertado ao me lembrar da cidade. Serão antes as horas que passei correndo às margens do lago congelado e pela selva do Ramble, os galhos cheios de neve, o som dos meus pés na terra gelada e a alegria no rosto do meu cachorro. Para mim, essa Nova York desafia milhões de outras Nova Yorks e me faz lembrar de como alguns sonhos são urbanos. Em uma cidade de prédios que roçam as nuvens, o Central Park é um refúgio retangular feito de árvores, o lugar do mundo onde me sinto mais em paz.

Todo mundo precisa de um parque. Pode ser o quintal de casa ou uma trilha sinuosa ou o cantinho de uma árvore. Quando eu era pequena, um dos lugares especiais da minha vida era Long Island Sound — um estuário cheio de aves aquáticas e vagantes como batuíras-melodiosas, águias-pescadoras e trinta-réis-miúdos que ficava atrás da nossa casa em Rye, Nova York. Mais tarde, era um pedacinho de floresta tropical com um córrego vizinho a um campo de futebol lamacento de Sydney; depois a água do mar de Gordon's Bay, Clovelly; em seguida, o Central Park; e por fim Cabbage Tree Bay, em Manly, Sydney. Fechar os olhos e me imaginar ali, debaixo d'água, me traz serenidade.

Pesquisas revelam que basta pouco mais de uma hora por semana em lugares assim para sentirmos uma diferença no temperamento, por mais leve que seja. O professor americano Wilbert Gesler os chama de "paisagens terapêuticas" que proporcionam um "território curativo".[23] Gesler é geógrafo de saúde, um profissional que busca entender como as pessoas interagem com o meio ambiente e como os locais podem influenciar a saúde e o bem-estar.

A ampla aceitação da veracidade desses benefícios ajuda a explicar por que o banho de floresta passou de terapia alternativa a prática popular. No entanto, ninguém sabe a razão pela qual ela funciona. Pode ser a paz, a distração, o fato de nossos cérebros poderem se expandir, o canto dos passarinhos ou até as substâncias químicas (as fitoncidas) exaladas pelas árvores, conforme acredita o dr. Li.[24] Pense nas expressões usadas pelos cientistas da natureza para descrever como os humanos agem nas florestas: "Atenção fácil". "Fascínio suave". "Absorção".

Seja qual for o caso, como diz a cientista ambiental Frances Kuo "a literatura científica sobre a dosagem sugere que a natureza auxilia de todas as formas e em todas as doses".[25] Em consequência disso, atualmente, no Canadá, nos Estados Unidos, no Japão, na Austrália, na Coreia, na Escócia e na Inglaterra, centenas de pessoas estão se formando como guias florestais, ou terapeutas arboristas. Depois de qualificadas, elas conduzem grupos por florestas num ritmo vagaroso, incentivando as pessoas a fruírem do ambiente com todos os sentidos. Existem programas para pessoas com câncer, crianças carentes, adolescentes adoentados, veteranos com transtorno de estresse pós-traumático. Por toda parte, almas curiosas fecham os olhos na floresta, escutando o trinar dos pássaros e o farfalhar das folhas, sentindo o aroma do musgo, do carvalho, do eucalipto, da samambaia e das flores brotando, e respirando fundo na esperança de encontrar algo que acreditam ter perdido — ou, na melhor das hipóteses, de sentir que esse algo está perto.

Levei décadas para entender. Para mim, acampamentos eram uma coisa séria e árdua e trabalhosa demais. Fui a um acampamento para bandeirantes por volta dos catorze anos e detestei. Além de ter chovido, um dos bandeirantes cheios de espinhas ficava tentando me imprensar contra as árvores enquanto fazíamos nossas tarefas, o papel higiênico acabou e eu achei que estava no inferno. Demorei muitos anos para me dar conta de que as habilidades ligadas ao mundo natural, de mergulho, caminhada e canoagem, não são apenas formas de colecionar credenciais no uniforme de bandeirante: assim como as lanternas e as botas com solado grosso, são instrumentos para buscar e vivenciar o assombro e o fascínio. Nos anos que passei mochilando pela Europa e pela Ásia, depois das madrugadas em claro dançando e explorando os bares locais, quando voltava aos albergues para dormir, eu cobria a cabeça com um travesseiro, a fim de evitar os sons dos viajantes, em sua maioria do Norte da Europa, que botavam despertadores para tocar, se levantavam cedo, vestiam roupas adequadas e botas de caminhada e mastigavam ruidosamente seu cereal enquanto examinavam nos mapas o trajeto do dia. Eu devia ter ido junto.

Foi só aos 25 anos que comecei a fazer trilhas e rafting sempre que possível — primeiro nos Himalaias do Nepal, depois na cordilheira do Atlas no Marrocos. Quando me lembro de minhas experiências mais alegres, penso em mim sentada, queimada de sol e imunda, no teto de um ônibus que sacolejava por uma estradinha em uma encosta do Nepal, depois de duas semanas de rafting, as pernas apertadas sob as bagagens para não cair durante as guinadas nas beiras dos penhascos. Eu cantava "Top of the World", dos Carpenters, a plenos pulmões, e sorria para os meus amigos, quando de repente percebi que era impossível sentir felicidade ou liberdade maiores.

Não são apenas as florestas que nos animam, mas também os mares. Uma análise de vários estudos feita em 2010 mostrou que cinco minutos à beira-mar já nos fortalecem. Revelou também, para a surpresa de exatamente ninguém do meu grupo de natação, que embora "todos os ambientes verdes aumentem tanto a autoestima quanto o humor, a presença da água gerou um efeito ainda melhor".[26] Ainda melhor do que as florestas!

A água nos salva mesmo quando não estamos dentro dela. Uma pesquisa feita em 2016 pela Universidade Estadual do Michigan junto com a Universidade de Canterbury, na Nova Zelândia, constatou que em Wellington "níveis maiores de visibilidade do espaço azul estão vinculados a um menor índice de problemas psicológicos".[27] Isso acontece comigo todos os dias em que nado.

Às vezes me pergunto se tomar banho de sol equivale a tomar banho de floresta. Não banho de sol no sentido de fritar no óleo bronzeador ou ficar assando de biquíni na praia feito um frango de padaria, mas simplesmente ficar sentada sob o sol quente, ou deitada nas rochas que nem uma foca curtindo o sol, para me secar depois de uma nadadinha na água fria. Minha palavra obsoleta favorita, que eu gostaria muito de ver em uso outra vez, é *"apricity"*, que significa "o calor do sol no inverno". Depois de mergulhar nos mares gelados e voltar à costa com as mãos vermelhas e enrijecidas e os pés dormentes, poucos deleites são tão saborosos quanto se sentar sob o sol, absorvendo esse calor específico, degelando até os ossos. Doris Lessing escreveu: "A sanidade depende disso: que seja um deleite sentir a aspereza do carpete sob as solas macias, o calor bater na pele; ficar de pé sabendo que os ossos se mexem com facilidade debaixo da pele".[28]

Na minha opinião, a explicação mais simples para a nossa conexão profunda com a natureza, nossa biofilia, ainda é a mais plausível: desejamos a visão do verde e do azul, a Terra dos nossos ancestrais, o mar de nossas origens e a sensação no rosto do sol que foi o primeiro nutriente da vida. É instintivo — esse desejo corre nas nossas veias, por isso é ainda mais desconcertante quando optamos por ignorá-lo e permitimos que enormes áreas florestais sumam ou queimem, que o barulho assole colinas outrora silenciosas, que o plástico asfixie os mares e que anos se passem sem que paremos, como fazíamos quando crianças, para olhar o céu por entre os galhos das árvores.

Os povos indígenas sabem de todas essas coisas há milênios. O apreço pelos benefícios da natureza é uma ideia antiga que a maioria das pessoas só agora começa a entender, ou retomar, à medida que a Terra aquece, geleiras derretem e espécies desaparecem. Os aborígenes australianos e os indígenas das ilhas do estreito de Torres fazem parte das culturas vivas mais antigas do mundo. O vínculo com a terra é parte fundamental da identidade deles e da compreensão de seus ancestrais e suas histórias, nas quais tudo o que vive está entrelaçado e interligado a todos os outros organismos vivos.

Nessas tradições, portanto, as pessoas são as guardiãs e cuidadoras da terra que as sustenta. "Para os povos aborígenes", explica Ambelin Kwaymullina, do povo Palyku,

> a terra é muito mais que um lugar. Rochas, árvores, rios, colinas, animais, humanos — foi tudo feito da mesma substância pelos ancestrais que continuam a viver na terra, na água, no céu. [...] A terra é amada, necessária e cuidada, e a terra também ama, precisa e cuida de seus povos. Terra é família, cultura, identidade. Terra é o eu.[29]

Não só isso, como a terra é fonte de vida e luz. Como diz Kwaymullina, "no aprendizado gerado pela terra está a luz que nutre o mundo".

5. Por que precisamos de silêncio

Que gotinhas de silêncio caiam delicadamente no decorrer do meu dia.[1]
Miriam Rose Ungunmerr Baumann

Se for para imaginar o inferno como um lugar concreto, de tortura e dor, não é o calor o que me incomoda mais: é o barulho. O inferno sem dúvida é conviver com os ruídos incessantes de uma obra sem restrições de horário e em que protetores auriculares ou fones para cancelamento de ruído são proibidos. Na Idade Média, os intelectuais cristãos acreditavam que o barulho era usado como arma por Satanás, que estava empenhado em impedir que os seres humanos ficassem a sós com Deus, ou integralmente uns com os outros, atentos de verdade. O diabo fictício de *Cartas de um diabo a seu aprendiz*, de C. S. Lewis, odeia tanto a música quanto o silêncio. O inferno, ele alardeia, é cheio de barulho furioso, "a expressão audível de tudo o que é eufórico, brutal e viril. [...] Vamos transformar o universo todo numa barulheira infernal. Já demos enormes passos nessa direção no que diz respeito à Terra. [...] No fim de tudo, o barulho vai calar as melodias e os silêncios do Céu".[2]

Às vezes parece que já estamos lá. "Chegará o dia", disse o bacteriologista Robert Koch, ganhador do Nobel, em 1905, "em que o homem terá que combater o barulho de forma tão inexorável quanto o cólera e a peste".[3] A escritora britânica Sara Maitland está preparada. Ela acredita que o celular "foi um grande avanço para as autoridades do inferno".[4] Maitland é mais sensível a ruídos do que a maioria — ela passou mais de uma década correndo atrás do silêncio como um caçador atrás de sua presa. Em *A Book of Silence*, ela descreve suas viagens ao deserto, às colinas e às regiões montanhosas da Escócia na tentativa de descobrir o que é de fato o silêncio e mergulhar nele. "Tenho certeza de que, como sociedade, estamos perdendo algo valioso com essa nossa cultura que cada vez mais evita o silêncio", ela diz, "e que de algum modo, seja o que for esse silêncio, ele precisa de colo, afeição e acalento."

Depois de quarenta dias em silêncio em uma casa isolada em um pântano com grande exposição a ventanias, Maitland percebeu suas sensações físicas mais aguçadas (foi tomada pelo sabor delicioso do mingau, ouviu notas diferentes no vento, tornou-se mais sensível às temperaturas e mais emotiva); tornou-se o que ela chama de "desinibida" (a ideia junguiana de que, quando está só, a pessoa está livre para fazer o que quiser — cutucar o nariz enquanto come, tirar as roupas, deixar de lado a aparência, tomar banhos menos frequentes); e ouviu vozes (uma moça, depois um coro de vozes masculinas cantando em latim, que ela imagina que possa ter sido o vento). Também sentiu uma enorme felicidade, sentiu-se ligada ao cosmo, animou-se com o risco que estava correndo e descobriu uma alegria brutal, ou êxtase.

Maitland contesta a ideia do silêncio como vazio, ausência e carência — algo que temos que preencher depressa —, insistindo que ele é positivo e estimulante, e que é algo intenso, que devemos procurar ativamente. (O silêncio imposto, claro, é totalmente diferente.)

É senso comum que o barulho indesejado faz mal à saúde, e é por isso que engenheiros, arquitetos e equipes de hospitais são sempre instados a encontrar maneiras de amenizar o som do movimento na enfermaria, dos ruídos de altos decibéis de equipamentos tecnológicos e das algazarras de corredor. Como escreveu Florence Nightingale em 1859, "barulhos desnecessários são a mais cruel falta de cuidado que se pode infligir a alguém, seja doente ou saudável".[5]

O silêncio não é mera ausência de som, nem de barulhos desnecessários. É a ausência de ruídos gerados por seres humanos. O silêncio é cada vez mais uma raridade. O ecologista acústico americano Gordon Hempton, o homem conhecido como "Colecionador de Sons", define o silêncio como a inexistência completa de "todas as vibrações mecânicas audíveis", o que deixa "apenas os sons da natureza à sua maneira mais natural".[6] O verdadeiro silêncio, ele diz, é o "catalisador de ideias da alma".

A verdadeira alegria do silêncio não está no bloqueio de todos os barulhos, mas na reconexão com a terra, ou na escuta dela. É nessa ideia que os hippies, os cientistas, os povos indígenas, os amantes da selva e um amálgama de leigos se unem. Quando morava em Nova York, entrevistei Hempton, que àquela altura tinha viajado ao redor do mundo três vezes gravando os sons de todos os continentes, exceto da Antártida, e estava cada vez mais incomodado com o desaparecimento do silêncio mesmo dos locais mais isolados. Tinha atravessado a pé o outback australiano e o deserto do Kalahari, andado à beira de vulcões e entrado nas florestas para monitorar sons. Para ele, a Terra é uma "jukebox movida a luz solar".

A conversão de Hempton ao estudo dos sons se deu quando, aos 27 anos e estudante de botânica, pernoitou em um milharal. Ele ouviu grilos, depois fortes trovões, e então ficou imóvel, prestando atenção enquanto a tempestade passava em cima dele. Ficou encharcado, mas radiante, e se questionou: "Como é possível eu ter 27 anos e nunca ter escutado de verdade?". Dali em diante, passou a andar sempre com um microfone e um gravador, "escutando obsessivamente — os trens de carga, os sem-teto — foi uma enxurrada de sensações".

Agora a paixão de Hempton é a preservação do silêncio genuíno da natureza, que descreve não como "a ausência de alguma coisa, mas a presença de tudo". Ela tem inúmeros sons, segundo ele:

> O silêncio é o canto do coiote cortando o ar à luz da lua e a resposta de sua companheira. É o sussurro cadente da neve que mais tarde derreterá no ritmo inesperado de um reggae, tão animado que dá vontade de dançar. É o som dos insetos alados polinizadores que vibram em melodias suaves enquanto voam entre os ramos dos pinheiros para se proteger da brisa, uma mistura do zumbido de insetos e do suspiro de pinheiros que gruda na cabeça pelo resto do dia. O silêncio é a passagem de uma revoada de chapins-de-dorso-castanho e de trepadeiras-azuis-do-canadá, gorjeando e batendo asas, um lembrete da nossa curiosidade.[7]

Hoje em dia, diz Hempton, não satisfazemos uma necessidade básica que nossos ancestrais distantes saciavam — estar em meio aos sons da natureza.

Até nossos parques nacionais, ele afirma, são inundados de poluição sonora, sobretudo a gerada por aviões. Ele descreve o silêncio como algo maravilhoso.

"Além de ficar um tempo longe do impacto dos barulhos nocivos existentes no nosso local de trabalho, na vizinhança e em casa", ele me disse,

> ganhamos a oportunidade não só de nos curarmos como de descobrir algo incrível — a presença da vida, entrelaçada! Sabe como é escutar sons a trinta quilômetros de distância de todas as direções? São mais de 2500 quilômetros quadrados. Quando fico atento em um lugar naturalmente silencioso e ouço a natureza no auge de sua naturalidade, já não são apenas sons: é música. E assim como todas as músicas, boas ou ruins, ela nos afeta profundamente. [...] Ao longo da evolução, desenvolvemos pálpebras não nas orelhas, e sim nos olhos. E para quem tem consciência de que a verdadeira escuta é um culto, o silêncio é um dos sermões mais transformadores da natureza. Tê-lo ouvido me enche de gratidão.[8]

O que considero interessante no silêncio não é apenas o extremismo, que muitas vezes beira a loucura, de quem alega ter realmente vivido ou trabalhado em silêncio: o explorador do Ártico, o mergulhador de águas profundas, o marinheiro, o ermitão, o asceta, a freira. O que também importa é o que todos nós podemos extrair dos momentos mais mundanos de quietude. Nem todo mundo vai saltar nu entre as samambaias escocesas ou habitar as cavernas das montanhas do Tibete, mas podemos experimentar o silêncio de formas tão potentes que se tornam viciantes: o silêncio ininterrupto após a meia-noite; a intimidade doce entre a mãe e o bebê que ela amamenta de madrugada; a tranquilidade ofegante depois de uma transa excelente; a calma da meditação; o relaxamento dos músculos durante a postura da Savasana na ioga; o silêncio do assombro ao olhar uma montanha imponente, antiga, ou ao descer o tubo verde de uma onda. Ainda que não seja um silêncio absoluto, talvez seja o bastante.

A ideia de ficar quieto, fitando um rochedo, um monte de areia ou estrelas bruxuleantes por horas a fio, se não semanas, hoje parece, estranhamente, muito subversiva, em um mundo onde as pessoas tuítam em suas bolhas, fazem transmissões ao vivo de como ter sobrancelhas delineadas e passam as férias pensando na melhor forma de se venderem nos #goals #bestlife do Instagram. Será que somos mesmo capazes de ficar parados sem que nossas mãos procurem os celulares? Mas se gerações de místicos insistem que existe uma ligação entre o silêncio e o sublime, precisamos questionar quem seríamos caso parássemos mais.

Assim como a necessidade da terra, a necessidade de pausas não é uma descoberta moderna, mas uma verdade antiga. Os indígenas australianos, herdeiros da cultura viva mais antiga do mundo, há muito sabem que às vezes, a fim de aprender, precisamos desacelerar, calar e nos permitir ficar em silêncio. E foi justamente isso o que minha equipe de TV e eu ouvimos que devíamos fazer ao entrar na área sagrada de cerimônias de Gulkula, na Terra de Arnhem, no Território do Norte da Austrália, terra do clã Yolngu.

Enquanto acelerávamos pela estrada de terra vermelha rumo à área de acampamento do Festival Garma de Culturas Tradicionais, em 2018, fiz questão de ler atentamente as "regras de conduta" fornecidas pela Yothu Yindi Foundation. As recomendações são as seguintes:

> Lembre-se de que você está na terra dos Yolngu, entrando no tempo dos Yolngu. As percepções, prioridades e preocupações dos Yolngu são diferentes daquelas da cultura predominante na Austrália. Seja paciente e tente deixar em casa suas expectativas a respeito de como as coisas são aprendidas e como as coisas devem acontecer. Tradicionalmente, os Yolngu aprendem pela observação, vendo e ouvindo. Fazer perguntas demais pode ser inconveniente. Portanto, quando tiver perguntas, reflita e escolha com cuidado quais fazer.

Selecionar perguntas pode ser um desafio para os jornalistas. Mas fazê-lo, sentar de olhos abertos e ouvidos aguçados, me trouxe uma das experiências mais intensas da minha vida, uma mudança e uma sacudida no caleidoscópio. Foi um imenso privilégio essa breve imersão nessa tradição arcaica, serena, reverente, durante a maior reunião de anciãos indígenas do país, em que o tema era a sinceridade, bem como reconhecer o vexame duradouro, permanente, do tratamento dado aos indígenas australianos e a profundidade de suas tradições espirituais e culturais. Essa miríade de tradições dinâmicas e cativantes deveria ser uma fonte de imenso orgulho para os australianos, assim como a cultura maori é para os neozelandeses: a sabedoria atávica contida nessas culturas nos conecta à nossa terra de formas que mal conseguimos compreender, e assim é há mais de 65 mil anos.

Faz muito tempo que os aborígenes falam da necessidade de ouvirmos a terra. Nessa época de vício em telas, em que botamos filtros no rosto ao fazermos selfies, nos exercitamos em aparelhos e falamos com robôs, em que questionamos por que tanta ansiedade e depressão, existe algo mais potente do que o chamado à desaceleração, ao esquecimento de si, a se sentar sob as árvores e as estrelas e a escutar a terra e aqueles que a herdaram de seus ancestrais?

Na nossa última manhã no festival, fomos a uma cerimônia sagrada de pranto feminino às cinco e meia da manhã, enquanto o céu clareava. As anciãs aborígenes — as matriarcas — choravam pela terra e pelo próprio povo, choravam e se confortavam e chamavam umas às outras. Ficamos sentadas, em silêncio, cercadas de fogueiras brandas e eucaliptos em uma montanha com vista para o mar longínquo, hipnotizadas. Eram sofrimento e consolo cantados, um lamento de amor, um cântico bruto à vida. Nunca ouvi nada parecido. E, no final, as mulheres pararam e uma das anciãs (que me deu permissão para escrever isto) decretou: "E agora esperamos que o pássaro cante". Um minuto depois, ele cantou.

Agora, disse a anciã, "vocês foram acolhidas pelas senhoras" — a maior das honras. As regras de Garma diziam: "Trate os idosos com o maior respeito — eles são os guardiões do conhecimento e do poder". Estava subentendido que respeitaríamos a sabedoria daquelas mulheres, que criavam e sustentavam a vida. Fui para casa e contei aos meus filhos — para a alegria deles — que ser acolhida pelas "senhoras" na verdade queria dizer "reverenciem suas rainhas".

Uma dessas senhoras é a incrível Miriam Rose Ungunmerr Baumann, anciã indígena cristã da comunidade Nauiyu de Daly River, no Território do Norte, que acredita que o maior presente que seu povo pode dar aos compatriotas australianos é o respeito ao silêncio e à contemplação alerta e calma. Isso tem diversos nomes nas diferentes línguas indígenas Austrália afora, mas na língua dela, o Ngangikurungkurr, o nome é "*dadirri*" e significa especificamente "a escuta interna, profunda, e a vigília tranquila, imóvel".

"Todo mundo tem isso", ela diz. "É que nem todo mundo o encontrou ainda."

Numa reflexão, Miriam Rose explica:

O *dadirri* reconhece a nascente profunda que existe dentro de nós. Nós a chamamos e ela nos chama. [...] É parecido com o que vocês chamam de "contemplação".

Quando vivencio o *dadirri*, me torno inteira outra vez. Posso me sentar à beira do rio ou andar por entre as árvores; ainda que alguém próximo tenha partido, encontro minha paz nessa vigília silenciosa. Palavras são desnecessárias. Grande parte do *dadirri* é a escuta. Ao longo dos anos, ouvimos as nossas histórias. Elas são narradas e cantadas, repetidas várias vezes, à medida que as estações passam. Hoje ainda nos reunimos em torno das fogueiras e ouvimos as histórias sagradas.

A forma contemplativa do *dadirri* se espalha pela nossa vida. Nos renova e nos dá paz. Faz com que nos sintamos inteiros outra vez. [...]

Em nosso modo aborígene, aprendemos a escutar desde os primeiros dias. Aprendemos observando e ouvindo, esperando e depois agindo. [...] Não há necessidade de muita reflexão e de muita ponderação. Basta estar atento.

Meu povo não se sente ameaçado pelo silêncio. Fica completamente à vontade com ele. Convive há milhares de anos com a quietude da Natureza. Meu povo hoje em dia reconhece e sente nessa quietude o grande Espírito que nos dá a Vida, o Pai de todos nós. Considero fácil perceber a presença de Deus. Quando estou caçando, quando estou na mata, entre as árvores, em um monte ou junto ao leito de um rio: é nesses momentos que simplesmente estou na presença de Deus. [...]

Nossa cultura aborígene nos ensinou a ficarmos quietos e esperar. Não tentamos apressar as coisas. Deixamos que sigam o curso natural — assim como as estações. Observamos a lua em todas as fases. Aguardamos que a chuva encha nossos rios e molhe a terra sedenta. [...] Quando o crepúsculo chega, nos preparamos para dormir. Nos levantamos com o sol.

Não gostamos da pressa. Não há nada mais importante do que aquilo que estamos fazendo. Não há nada mais urgente, que nos obrigue a sair correndo.

Também esperamos por Deus. O tempo dele é o tempo certo. [...]

Ficar quieto traz paz — e discernimento. Quando estamos parados na mata, nos concentramos. Estamos atentos aos formigueiros e às tartarugas e às ninfeias. Nossa cultura é diferente. Estamos pedindo a nossos compatriotas australianos que nos conheçam sem pressa, que parem e nos ouçam. [...]

Ao saudar as manhãs, lembre-se do *dadirri* se abençoando com o seguinte dizer: que gotinhas de silêncio caiam delicadamente no decorrer do meu dia.[9]

Pessoas como Sara Maitland vicejam com grandes doses de sossego, enormes áreas de água silenciosa. Ela vive com seu cachorro em uma charneca no alto de Galloway, no sudoeste da Escócia, sem telefone.

Mas e quem não é ermitão?

Às vezes, entre telas piscantes, mãozinhas que nos puxam com necessidades infindáveis, matérias para escrever, relatórios para fazer, e-mails para ler, barrigas para encher, temos que procurar essas gotinhas de silêncio. E elas podem cair ao longo de nossos dias, em momentos roubados ou cavados, até mesmo no meio do trabalho, do trânsito, do amor. Volta e meia as encontro quando mergulho, quando passeio com o meu cachorro, quando me sento em um banco e olho o céu, quando me deito no tapetinho no fim da aula de ioga, quando me aconchego com uma xícara de chá na varanda. Também as encontro quando me sento no alto da balsa que me leva ao centro financeiro de Sydney, meus olhos ardendo ao vento, fitando os despenhadeiros do porto, os veleiros que balançam, as gaivotas que deslizam com a brisa. Ou quando simplesmente me deito de lado na cama, à noite, me encolho e devaneio, esperando que minhas pálpebras se fechem.

Parte II

Somos todos sinuosos

Por que precisamos contar nossas histórias imperfeitas

Às vezes não nos permitimos brilhar. Em vez de olhar para fora, nos encaramos de mau humor ou obsessivamente. Cuspimos no nosso reflexo no espelho. Remoemos arrependimentos como quem masca tabaco. É muito comum que contemos anedotas de nossas vidas implacavelmente negativas — sobre derrotas, azares, tempos desperdiçados e esforços infrutíferos. Falamos de nossas perdas, nossos erros, nossos defeitos e do abismo intransponível entre uma espécie de perfeição e nós mesmos. Como escreveu E. M. Forster, "a vida real é repleta de pistas falsas e sinais que não levam a lugar nenhum". A vida real muitas vezes é incoerente e confusa. Rostos verdadeiros têm irregularidades e rugas. Não raro, a vida real é um saco. No entanto, de alguma forma, ela pode melhorar.

Vez por outra, quando contamos casos ou criamos para nós o que Dan McAdams, psicólogo da Universidade Northwestern, chama de "identidade narrativa", contamos histórias de redenção, de ação, de lições aprendidas, de sucessos conquistados. Em outros momentos, narramos o que McAdams chama de "história de contaminação", em que nossas vidas inevitavelmente vão de boas a ruins.[1] Um exemplo disso seria alguém dizer que na escola primária sofria um bullying impiedoso, fato que deixou cicatrizes permanentes. Uma história de redenção, por outro lado, seria a de que a pessoa sofreu bullying mas aprendeu a brigar e fez um amigo que era de uma lealdade a toda prova. Os terapeutas costumam ficar atentos à elaboração desse tipo de história para reestruturar a linha de pensamento do paciente e ajudá-lo a entender que os acontecimentos têm significados e que ele não é uma pessoa sem controle ou sem poder de escolha. Além disso, faz tempo que os psicólogos encontraram indícios de que o relato negativo ou pessimista de nossas histórias, sobretudo no início da fase adulta, aumenta o risco de doenças na terceira idade.[2]

Então, quais são as histórias que contamos de nossas vidas?

Em 2013, os pesquisadores Dan McAdams e Brady Jones reviraram uma pilha de biografias de adultos em busca de pistas para uma pergunta fascinante: existem sinais precoces de generatividade, isto é, "o compromisso adulto de considerar e contribuir para o bem-estar das futuras gerações"? Ao longo de nove anos, eles reuniram 158 histórias de vida. E descobriram que, em geral, as pessoas generativas contavam histórias de quem as havia apoiado, e enxergavam suas vidas como parte de "uma rede de indivíduos e instituições que, no decorrer do tempo, lhes ofereceram auxílio, oportunidades, amparo e outros benefícios". (Narcisistas são menos predispostos a ter essa percepção e mais propensos a tomar para si o crédito pelo próprio sucesso.) Essas revelações são importantes, pois demonstram que os impactos da bondade podem se estender por décadas a fio, fazendo com que atos generativos inspirem outros a agir da mesma maneira, e assim se "crie um círculo virtuoso de cuidado, geração após geração".[3] (A estabilidade financeira, é bom destacar, também precisa existir para que isso aconteça.)

Em *O homem que confundiu sua mulher com um chapéu*, Oliver Sacks afirma:

> Cada um de nós tem uma história de vida, uma narrativa íntima — cuja continuidade, cujo sentido é nossa vida. Pode-se dizer que cada pessoa constrói e vive uma "narrativa" e que a narrativa é *a pessoa*, sua identidade. Se desejamos saber a respeito de um homem, perguntamos "qual é sua história — sua história real, mais íntima?", pois cada um de nós é uma biografia, uma história.[4]

Por que isso é relevante? Porque a sua história é relevante. Porque é muito comum contarmos histórias de fracassos e esquecermos de honrar o fato de termos tentado, de termos tido um objetivo, de nos importarmos. Quero falar da importância de contarmos nossas histórias, ainda que não terminem em confetes, trombetas e bandos de paparazzi. Ainda que a conquista pareça ter se dissipado, pareça intangível ou não seja perceptível, você a percebe. Parte da validação de sua própria história está em encontrar sua voz e reivindicar sua autoridade, principalmente no caso das mulheres e dos introvertidos. E um componente crucial disso tudo é a necessidade de aceitar suas imperfeições, deixar para lá dogmas bobos sobre vestimentas e a vontade de agradar, e parar de se torturar quando não se sente #pleno ou #debemcomavida e na verdade está mais para #merdadevida ou #quesaco.

Instintivamente, todos sabíamos que as redes sociais eram destrutivas, mesmo antes de as pesquisas comprovarem. Não foi à toa que Madonna disse há pouco tempo que o Instagram foi feito "para as pessoas se sentirem mal". "As pessoas são escravas da vontade de ganhar a aprovação alheia",[5] ela declarou ao jornal *The Sun*. Uma pesquisa britânica recente constatou que, das plataformas de mídias sociais mais usadas, é o Instagram que causa o pior impacto sobre a saúde mental dos jovens, e uma entrevistada deu voz a um lamento habitual: "O Instagram leva as meninas e mulheres a acharem que seus corpos não são bons o suficiente, já que as pessoas usam filtros e editam as fotos para parecerem 'perfeitas'".[6] Agora as mulheres pedem aos cirurgiões um "rosto de Instagram", que as deixem como se estivessem com um filtro. Vemos tantos olhos arregalados, testas lisas e bocas inchadas que quase nos esquecemos do que é a beleza — e isso é relevante, já que muitas se sentem um fracasso ao encarar o espelho antes mesmo de começarem o dia. Precisamos trocar nossas lentes — sermos mais gentis conosco e mais duras com as tropas que tentam nos ensinar a nos odiarmos.

Jamais será simples, mas a melhor forma de tolher nossa expectativa de aprovação é dominar nossa própria história. Sacks escreveu:

> Para sermos nós mesmos precisamos *ter* a nós mesmos, possuir, se necessário repossuir, nossa história de vida. Precisamos "rememorar" a nós mesmos, rememorar o drama íntimo, a narrativa de nós mesmos. Um homem *necessita* dessa narrativa, uma narrativa íntima contínua, para manter sua identidade, seu eu.[7]

Uma mulher também. Conforme declarou Eleanor Roosevelt, extremamente sábia, ninguém pode fazer com que você se sinta inferior a não ser que você permita.[8] Ela tinha razão — e precisamos nos recusar a dar permissão.

6. O sótão do ativista

Num canto do primeiro andar do Museu de Londres há várias caixas de vidro que abrigam relíquias do movimento sufragista. Nas fileiras de objetos inanimados pode-se vislumbrar a força dos atos das manifestantes, sua raiva e a audácia que tiveram: largos cintos de couro marrom com correntes grossas com que se atavam a gradis e machados que golpearam pinturas e quebraram vidraças. São esses os símbolos de guerrilha mais impressionantes. Os machados são finos, quase delicados. E ao lado deles há broches comemorativos com machados como pano de fundo para flores; dá para imaginá-los sendo afixados ao peito durante os encontros — "Belo trabalho na Galeria Nacional, meu bem". Golpear, destruir, botar um broche bonito na roupa.

Porém, também é relevante o que não está exposto nessas caixas, o que não foi afixado e preservado como emblema de combate: as coisas efêmeras dos opressivos anos intermediários, do intervalo entre a empolgação inicial do começo de um movimento e o futuro triunfo da reforma. Não estão presentes as recordações das décadas anteriores aos protestos públicos, das décadas de labuta, suor e tédio; das épocas de reuniões intermináveis e discussões entre as sufragettes (manifestantes somente do sexo feminino, militantes, violentas), sufragistas (ativistas pacatos, inclusive homens) e outros que desejavam condições melhores para as mulheres, todos que mais cedo ou mais tarde seguiram em frente e se uniram atrás da faixa onde lia-se VOTOS PARA MULHERES; os anos em que era uma luta fazer com que alguém desse as caras, em que a fumaça da reprovação social engrossava o ar, em que a manifestação individual era minada por bate-bocas internos, em que a força da oposição ou o ritmo glacial da transformação faziam a dissidência parecer inútil, ou em que um punhado de pessoas aparecia para protestar e descobria que ninguém parecia dar a mínima.

Não celebramos os anos tediosos dos movimentos sociais, somente os atos audaciosos e as manchetes, a eventual vitória e a aclamação. Buscamos evidências do poder da solidariedade, não os minutos intermináveis em que, digamos, uma centena de grupos de mulheres são tomados pela sede de mudança, mas também por comportamentos passivo-agressivos e conflitos. Mas a história da liberação feminina não é feita só de touquinhas se mexendo atrás de faixas — lembrando que a primeira "onda" oficial dizia respeito ao sufrágio das mulheres brancas —, de mulheres como Faith Bandler, que fez uma campanha bem-sucedida pelo direito dos povos indígenas ao voto antes do referendo de 1967 na Austrália, nem do ativismo brilhante das mulheres afro-americanas durante o movimento pelos direitos civis, tampouco do mar de gorros rosa (criticados por excluir mulheres transgênero e mulheres negras) que inundaram as ruas de Washington, DC, na Marcha das Mulheres de 2017, ou da enxurrada de histórias do #MeToo depois que finalmente veio à tona que o ganancioso magnata do cinema Harvey Weinstein era um assediador.

Não é apenas a história do possível sucesso estrondoso, mas também a história de milhares de "fracassos" — de mulheres que continuaram falando mesmo que ninguém lhes desse ouvidos, dos projetos de leis derrubados, dos números que estavam contra elas e das vezes que escutaram que era melhor desistir; de mulheres que fervilhavam com a esperança de igualdade mas eram consideradas loucas, problemáticas, histéricas ou raivosas pelo bairro inteiro, pela família e pela comunidade.[1] É a história de mulheres que continuaram marchando, ao longo de muitos anos de ignorância, na expectativa de que outras ouvissem seus passos e se juntassem a elas; que sabiam que essas marchas na verdade significavam inúmeros telefonemas, ou ficarem sentadas ao lado da prensa, da fotocopiadora ou até do fax por uma semana, ou algum outro trabalho chato, repetitivo, sem glamour nenhum, ou pintar cartazes, ou fazer enormes jarras de chá. Nada disso foi fracasso — foi persistência —, mesmo que parecesse fracasso para quem estava no meio da luta. É um sentimento que conheço muito bem.

É difícil dizer exatamente por que, no decorrer de duas décadas, guardei nove caixas atulhadas de recortes de jornais, boletins informativos, atas e transcrições de julgamentos de trabalhos que fiz em minha época de universidade. Elas me acompanharam de um conjugado minúsculo no centro de Sydney a casas bolorentas com vista para o mar, ficaram anos guardadas em depósitos enquanto eu vivia nos Estados Unidos e voltaram a se empoleirar nas prateleiras cheias em uma casinha que fica numa península entre o porto e o mar.

Eles me seguiram por toda parte, esses grandes cubos de papelão, rachando nos cantos e transbordando de tanto papel. Estavam desarrumados e me incomodavam; mas eu não conseguia jogá-los fora. Não conseguia entender completamente por quê. Acho que queria pensar que a história que eles contavam importava.

Acho que eu esperava um dia ter uma história para contar sobre meus vinte anos, época passada entre as ruas do centro e as praias e que foi pontuada por provas, um conjunto estranho de namorados adoráveis, mas passageiros, festas explosivas e viagens à Índia. Nessa época, enquanto me apaixonava e desapaixonava, virava noites estudando para as provas do curso de direito, consertava minhas botas quando as solas se desgastavam nas pistas de dança e tentava desafiar a opressão imposta às mulheres pela Igreja Anglicana (Episcopal, ou Igreja da Inglaterra) de Sydney, que eu começara a frequentar com a minha família aos dez anos, e na qual lutei para continuar desde que, adolescente, passei a questionar sua visão a respeito das mulheres.

Era uma Igreja que ainda dizia que mulheres deviam se calar, não falar da Bíblia quando homens estivessem presentes, se submeter à autoridade masculina. Uma Igreja que tentou renomear e embelezar o patriarcado, fingir que ele não é arcaico e sim contracultural, uma resistência à força pecaminosa do feminismo moderno. Uma Igreja da qual muitos dos meus amigos fugiram. Para os que ficaram, havia o bem-estar e a comunhão, mas a um preço alto — uma amiga extremamente talentosa me disse que, após aceitar o pedido de casamento do marido, ela se livrou, através de orações, do pecado da ambição.

As caixas me desafiavam a lembrar.

O que leva nossas ondas juvenis de ativismo a permanecerem com a gente por tanto tempo, sendo elas bem-sucedidas ou, no meu caso, um fracasso retumbante? Por que guardamos esses fragmentos, por que reverenciamos esses momentos dos jovens que fomos? Seria a memória da esperança? Seria a crença de que até mesmo essa história, parcial e periférica, é relevante? O que torna uma história digna de ser lembrada? Devíamos colecionar apenas vestígios de sucessos e aromas doces, ou também prestar homenagem a odores ruins e fracassos? Estaria a doçura apenas na conquista, ou estaria mais na luta e nos sonhos?

Eu já era mãe de duas crianças que frequentavam o primário quando comecei a mexer nas caixas. Fiquei tentada a jogar tudo fora de uma vez, porém tinha consciência do quanto da pessoa que fui estava entulhado ali — toda a insensatez, a dedicação e o me levar a sério. Tentei olhar tudo depressa, mas era sempre arrebatada pelos pedacinhos. Existe uma certa poesia em fazer campanha por reformas: cercar uma instituição, fazer barulho e ocasionalmente ofensas, demandar que sua voz seja ouvida. E atinei que ali, na minha própria vida, havia uma prova de que aquilo que geralmente nos passa despercebido em muitas histórias impetuosas de protestos — de, digamos, "ondas" de protestos femininos — é a narrativa das décadas intermediárias, das fases de campanhas persistentes, daqueles anos em que muitas vezes tudo parece ser em vão, estar perdido, mas as pessoas perseveram.

Essa não é a história só do feminismo: é a história de qualquer pessoa que já enfrentou reuniões de pais e professores ou reuniões com a prefeitura, tentou recuperar campos de futebol locais ou limpar escoamentos de águas pluviais, se empenhou para melhorar os esportes comunitários ou fomentar as artes ou se preocupou com algo além de si e, por causa de suas boas intenções, acabou em um atoleiro de reuniões chatas e anos de uma inércia insuportável antes de as coisas, enfim, mudarem. Também é a história daqueles que tentaram mas morreram sem testemunhar uma transformação. E também diz respeito a nos permitirmos tentar, e nos valorizarmos pela dedicação, a luta e a vontade de fazer alguma coisa.

Para mim, tudo começou com um processo. Em 1992, eu estava numa firma de advocacia, numerando páginas de documentos — carimbando todas em ordem, uma tarefa monótona mas um tantinho meditativa. Trabalhava como assistente jurídica para custear minha graduação em artes/direito, e havia resolvido dedicar um ano à escrita da minha tese avançada em história, embora ainda não soubesse direito qual seria o tema. Enquanto estava ali, carimbando ritmadamente as folhas, ouvia rádio. Durante um boletim de notícias, uma mulher anunciou que um bispo estava sendo levado ao tribunal porque queria permitir que mulheres fossem ordenadas no sacerdócio. Larguei o carimbo e atravessei a rua correndo até o fórum.

A cena foi impressionante. À minha frente, uma fileira de juízes homens estava diante de uma fileira de homens com perucas de advogados enquanto um grupinho de mulheres assistia das cadeiras destinadas ao público. Era uma imagem reveladora: o grupo de homens da Igreja suplicava ao grupo de homens do Judiciário que impedisse as mulheres de ocuparem posições de destaque. Que impedisse as mulheres de falarem por Deus. Que impedisse as mulheres de buscarem igualdade. Que impedisse as mulheres.

Algo me cheirava mal. Nos anos em que frequentava as igrejas locais, eu ouvira que a teologia era imutável, a-histórica, e que fora entalhada em uma tábua entregue por Deus; e que a única forma de interpretar as instruções de Paulo aos membros da igreja inicial — a ordem de que a mulher não tivesse autoridade sobre o homem — era que, para todo o sempre, mulheres não fossem sacerdotisas. Agora eu via aquele bispo lendo a Bíblia de outro jeito. Eu também sabia que a Bíblia dizia que não se deve processar colegas de fé. Mas agora eu via uma discordância feroz, e homens tão desesperados para que as mulheres ficassem em seus lugares que para isso empregavam o instrumento canhestro e dispendioso da legislação secular.

Achei meio irônico, já que alguns anos antes as igrejas tinham feito um lobby bem-sucedido para serem eximidas da lei federal contra a discriminação. Queriam permissão para discriminar impunemente, para não serem incomodadas pelas leis do país no que dissesse respeito a questões como contratações. E, no entanto, agora não queriam evitar a lei, mas usá-la para defender a discriminação.

Voltei ao escritório com um comunicado à imprensa do Movimento pela Ordenação das Mulheres — agora tinha um tema para a minha tese.

Alguns meses depois, uma amiga de escola que frequentava a minha igreja se aproximou em um baile do curso de direito, pouco antes de o meu acompanhante cometer o ato constrangedor de socar outro homem na pista de dança, e ficou me encarando enquanto eu segurava uma taça de vinho tinto. "Essa pesquisa que você anda fazendo sobre as mulheres... Quer saber de uma coisa? Você está trabalhando para o diabo." Eu a encarei de volta e esvaziei a taça. Naquela época, não tinha noção de como era comum que conservadores cristãos descrevessem o feminismo como diabólico, do sucesso que tinham tido ao decretar que a rebeldia feminina era um pecado. O pecado, dizem eles, é desafiar a autoridade masculina;[2] rebelar-se, portanto, é responder não ao chamado de Deus, mas ao do diabo. Mulheres que agem assim são Jezebéis; ouvi histórias de mulheres submetidas a rituais de exorcismo para que o espírito do feminismo lhes fosse arrancado. Até a minha amável mãe foi punida pelos irmãos mais idosos por usar um batom de cor mais viva na adolescência, na década de 1950; ela riu ao me contar que foi chamada de Jezebel.

Quando eu estava no colegial, e a Igreja Anglicana na Austrália enfrentava um racha devido ao conflito sobre o sacerdócio feminino, o domínio sobre as mulheres na conservadora Sydney, minha cidade natal, começava a ficar mais cerrado. Jovens meninas com os hormônios transbordando eram advertidas a não tentar os homens com suas roupas. Diziam que devíamos nos casar jovens e nos submeter a nossos maridos. Insistiam que não nos deixássemos levar pela distração da justiça social, pelos males da ambição, pelo egoísmo da carreira, pela feiura do feminismo. Havia uma tendência puritana em grande parte das recomendações controladoras: a necessidade de que as mulheres fossem recatadas, a ideia de que dar as mãos poderia ser uma porta para o sexo. Uma vez, fui repreendida por ter passado horas dançando em uma festa, o que, aparentemente, era sinal do meu "amor pelos prazeres deste mundo". Mas a pior coisa que uma mulher poderia ser, disse-me um líder simpático, era cheia de opiniões.

De alguma forma, essa cultura me moldou, depois me hostilizou.

Aos 23 anos, me juntei ao sínodo da Diocese Anglicana de Sydney (a Igreja da Inglaterra) para tentar convencer a Igreja a deixar que mulheres fossem ordenadas no sacerdócio. Foi uma iniciativa espetacularmente malsucedida. A oposição que enfrentei era mascarada por muita cortesia paternalista. Um dia, durante o intervalo para o almoço, um padre me perguntou se eu estava brava e se podia rezar para que minha raiva cessasse. Naquela noite, um clérigo de Hills District se levantou para argumentar que não devíamos perder tempo do sínodo nem sequer *falando* de mulheres — e no entanto ele tremia dos pés à cabeça.

A reação de alguns padres à sugestão de amplificar as vozes femininas e estender seus papéis foi especialmente visceral, colérica e primitiva. Um grupo que se opunha a mulheres no sacerdócio, chamado Associação pelo Ministério Apostólico, aconselhou seus membros a "evitar contato com sacerdotisas irregulares" — basicamente sair da sala, abandonar missas ou dar as costas e fugir se uma mulher dessas se aproximasse do púlpito.[3]

Em 1996, fiz campanha batendo à porta das igrejas. Eu me reuni com um juiz, o magistrado Keith Mason, depois com o procurador-geral de Nova Gales do Sul, e bolamos uma solução parcial: que as mulheres pudessem ser sacerdotisas, mas não chefiar paróquias. Trabalhamos incansavelmente em apresentações, fóruns comunitários, sínodos e discursos ao longo de meses a fio, tudo em vão. Quase ganhamos o apoio majoritário dos laicos (duzentos votos a nosso favor, 210 contra), mas o clero votou em peso contra nós (151 contra, 79 a favor) e apresentou uma petição assinada por 1300 mulheres de igrejas conservadoras na qual diziam estar felicíssimas com as coisas do jeito que eram. Claro que estavam.

O problema era o seguinte: 87% dos membros do sínodo eram homens. Duas das três casas que precisavam aprovar qualquer proposta eram formadas só por homens. É o que se chama de jogo de cartas marcadas: clerical, poderoso, sem o ônus da representação. Havia, é claro, mulheres que se diziam contra o nosso projeto de lei — todas casadas com sacerdotes. Elas argumentavam que a autoridade masculina sobre as mulheres era indiscutivelmente bíblica e significava que as mulheres só podiam servir como subordinadas.

Era um universo paralelo peculiar. Fora da Igreja, e sobretudo entre minhas amigas feministas, minha tentativa era considerada bizarra ou careta; ouvi inúmeras vezes que devia simplesmente dar as costas a todos eles, mas eu estava convicta de que a questão era importante: o debate sobre a alma e o papel das mulheres na Igreja era uma das principais bases para a objeção cultural e a hostilidade contra o exercício de qualquer cargo de autoridade pública por mulheres. Mas ao mesmo tempo que brigava com os patriarcas, eu estava loucamente apaixonada por um ator com quatro dentes da frente postiços, minha melhor amiga tinha começado a namorar a mulher que se tornaria sua esposa e eu passava muito tempo nadando no mar, jogando sinuca e dançando com a minha tribo. Eu estava determinada a libertar as mulheres da atitude destrutiva da Igreja, determinada de um modo que não conseguia explicar, mas a água do mar, globos espelhados e os penhascos verdes de Bondi eram a minha vida.

Infelizmente, toda essa luta deu em menos que nada: a diocese retrocedeu. Depois que o resto da Igreja Anglicana da Austrália e do Reino Unido resolveu permitir que as mulheres fossem ordenadas no sacerdócio, em 1992 (na equivalente americana, a Igreja Episcopal, isso havia ocorrido em 1976), os homens de Sydney passaram a se recusar a deixar que mulheres subissem ao púlpito: a regra alardeada agora, aliás, é que nenhuma mulher deve se pronunciar na presença de um indivíduo do sexo masculino já passado da puberdade (e sim, a ideia de tal policiamento é absurda). A doutrina da autoridade — em que o homem é o líder da mulher na igreja e em casa, e ela deve se submeter a ele — é ensinada com mais frequência e está mais rígida. O que, no final das contas, torna a Igreja cada vez mais irrelevante.

Então como pensar nesses anos de empenho? Decretar que desperdicei minha juventude? Ou acreditar que todas as tentativas contam e que às vezes as reformas levam muito tempo para acontecer? A História nos dá certo alívio. O parlamentar britânico William Wilberforce lutou contra o comércio global de escravos por 46 anos — tanto dentro como fora do Parlamento —, até a aprovação do Ato de Abolição da Escravidão de 1833, que baniu a escravidão em grande parte do Império Britânico. Ele faleceu três dias depois de saber que o projeto de lei seria aprovado.

Adam Hochschild ressalta em seu livro *Enterrem as correntes* que os primórdios da campanha antiescravidão no Ocidente remontam a um encontro de doze quacres em Londres em 1787: onze morreram antes que a escravidão acabasse. Wilberforce foi o único parlamentar envolvido, e, como Hochschild argumenta, foi a primeira vez na história "que um grande número de pessoas se indignaram, e continuaram indignadas por muitos anos, por conta dos direitos *alheios*".[4] A partir de 1789, Wilberforce começou a apresentar ao Parlamento projetos de lei para cessar o comércio de escravos, mas na primeira vez que um deles foi debatido, em 1791, perdeu por 163 votos a 88. Em seguida, a situação se deteriorou: um relatório estimou que mais de 2 milhões de chibatadas atingiam os corpos de escravos das Antilhas Britânicas todos os anos.[5] Enquanto isso, ativistas antiescravidão faziam lobby, rascunhavam petições, imprimiam panfletos e sem dúvida se encontravam em milhares de reuniões chatas e desanimadoras durante as quais provavelmente se perguntavam se a situação um dia melhoraria e se desesperavam com aqueles que punham os próprios interesses financeiros e preconceitos acima do direito básico à liberdade.

Nelson Mandela passou boa parte da vida, inclusive seus 27 anos de prisão, lutando contra o apartheid antes de se tornar o primeiro presidente negro da

África do Sul, em 1994. Milhões de atos de dissidência e protestos invisíveis, não documentados, haviam preparado o terreno por onde ele mais tarde caminharia.

Pense também em todos os cientistas que desde a década de 1960 vêm nos avisando dos riscos da mudança climática extrema, e em todas as críticas feitas ao trabalho deles e na rejeição de tudo o que lembre comoção ou ativismo como um alarmismo lunático da esquerda. A ocultação pública das descobertas cruciais de milhares dos nossos melhores estudiosos do clima — e as tentativas de desacreditá-las — vão se provar um dos maiores atos (se não o *maior*) de corrupção política e intelectual da nossa época.

E o que falar dos povos indígenas da Austrália que buscam reconhecimento constitucional, honestidade e uma voz no Parlamento? Esses povos que foram maltratados, contidos, rejeitados, ignorados e discriminados e que continuam a pedir que australianos não indígenas caminhem com eles em uma *makarrata* — palavra da língua yolngu que significa "negociação de paz" —, uma união após a luta? A grandeza dessa abordagem após mais de dois séculos sofrendo com o racismo, além da paciência, da força e da resiliência que eles têm, é espantosa.

A lição é: não devemos dar as costas sem que o trabalho esteja terminado.

Para cada grande líder que anuncia uma reforma monumental em cima de um palco enfeitado com balões, piscando sob o bombardeio de flashes de câmeras, há centenas de milhares de pessoas cujos rostos jamais veremos e que ficaram acordadas até tarde da noite pintando cartazes e pôsteres, se reuniram com ministros, redigiram propostas e projetos de lei, marcharam mesmo quando o comparecimento foi deprimente, bateram em portas, ignoraram ridicularizações, assaram bolos e guardaram atas de encontros que pareceram não chegar a lugar nenhum.

Esses esforços — quando as pessoas trabalham em prol da justiça ou simplesmente para melhorar a vida dos outros, e tentam garantir que quem não tem voz seja ouvido e que os marginalizados sejam puxados para o centro, mas passam muito tempo sem chegar a lugar nenhum — não são derrotas, mas exemplos de luta sem recompensas imediatas. E há dignidade nisso. Às vezes ter tentado já basta — porque, se não tentarmos, nada vai acontecer. Muralhas não caem ao toque de uma única trombeta, tampouco tiranos, caem após uma longa e vagarosa sinfonia que se só torna audível quando atinge um crescendo.

O que me traz de volta a meus arquivos. Por que os preservamos — as caixas abarrotadas do sótão que contam as nossas histórias, bem como os arquivos em bibliotecas ilustres responsáveis por conservar os documentos de figuras influentes? E onde se traça a linha entre acúmulo e preservação?

O que é essencial entendermos é que guardar registros é insistir na relevância: ao deixar algo documentado, você garante que ele seja digno de nota. Declara que ele merece ser lembrado, que as pessoas talvez queiram descobri-lo em algum momento. Se estiver marcado, elas poderão achá-lo.

As mulheres, historicamente, não guardaram registros. Elas fizeram colchas e tricotaram. Fizeram álbuns de recortes, colaram vestígios, coseram fábulas e passaram histórias de geração em geração, enquanto os homens preenchiam os documentos oficiais. E, por meio desses documentos, os homens ditaram o passado e decidiram quem veríamos como vencedores e perdedores. É assim que o poder gera poder. Como escreveu Joan M. Schwartz, professora de história da arte especialista em arquivologia da Queen's University, no Canadá:

> Por meio dos arquivos, o passado é controlado.[6] Certas histórias são privilegiadas e outras marginalizadas. E os arquivistas são parte essencial da narração dessas histórias. No planejamento de sistemas de gestão documental, na avaliação e seleção de um pequeno fragmento de todos os registros possíveis que farão parte dele, nas abordagens da subsequente e sempre mutante descrição e conservação do arquivo e em seus padrões de comunicação e utilização, os arquivistas reformulam, reinterpretam e reinventam o arquivo constantemente. Isso representa um enorme poder sobre a memória e a identidade, sobre os modos fundamentais com que a sociedade busca indícios de quais são e quais foram seus principais valores, de onde eles vieram e para onde vão. Os arquivos, portanto, não são depósitos passivos de velharias, mas lugares ativos em que o poder social é negociado, contestado, confirmado.

Historicamente, os arquivos excluíram as histórias das mulheres, das pessoas negras, das comunidades LGBTQIA+, dos que habitam as periferias ou são empurrados para elas. Os registros de suas vidas foram descartados ou se perderam, enquanto os de pequenos grupos de homens poderosos foram cuidadosamente lustrados, mesmo seus menores fragmentos recolhidos e preservados. Agora nós precisamos insistir que nossas histórias importam. Hoje, graças às mídias sociais, podemos fazer isso, mas também temos que guardar os registros dessas histórias. Não apenas as histórias de triunfos, vitórias ou visibilidade, mas também dos momentos quase imperceptíveis das nossas vidas, da longa e triturante natureza das reformas, da luta amarga, muitas vezes chata, pela liberdade.

Rasgar, destruir, afixar um broche bonito, esmaecer como estática.

Para mim, as pilhas de documentos e recordações no sótão do ativista são histórias de perseverança. Portanto, se você já se opôs a alguma coisa preocupante ou injusta e ela aparentemente continuou igual, lembre-se do seguinte: a oposição é cumulativa. Rebecca Solnit tem razão quando diz que "todas as manifestações mudam o equilíbrio do mundo",[7] e nos insta a lembrar os "inúmeros atos de resistência, em todos os graus, que nunca foram registrados". Para reforçar a ideia, ela usa a metáfora do cogumelo:

> Os cogumelos que brotam depois da chuva são apenas o corpo de frutificação de um fungo bem maior que não enxergamos, que está debaixo da terra: a chuva faz com que os cogumelos emerjam do solo, mas os fungos já estão sãos e salvos (e invisíveis) antes disso; a chuva pode ser uma circunstância.

Se é para fazer um bom relato das nossas histórias, não devemos restringi-las a narrativas triunfantes, como se a libertação, o progresso ou o sucesso fossem simplesmente inevitáveis e inexoráveis e só precisassem de tempo para acontecer — seria como postar só fotos bonitas e cheias de filtros no Instagram. A verdade é que o progresso sempre foi definido, alimentado e frustrado por confusões e erros — e pela força. Quando você pensar em seus arroubos de ativismo ou de voluntariado, ou no seu empenho para simplesmente mudar algo importante na sua vida, reverencie o fato de ter tentado, quer esses arroubos tenham a ver com direitos humanos, oleodutos, corrupção, água, fraudes ou liberdade. E reverencie o fato de ter encarado as derrotas e seguido em frente.

É por isso que devemos contar as histórias — e valorizar a experiência — dos contratempos e também das transformações e movimentações; devemos falar não só das granadas, das tropas de choque, das infantarias, dos maquinadores e estrategistas, mas também dos que carregam as macas, fazem as ataduras, e dos feridos, machucados, abandonados e cheios de defeitos. O campo de batalha é vasto, e mesmo quando grandes conflitos esfriam e saem das vistas do público, há sempre alguém brigando ou pelejando em algum canto, enviando sinalizadores que raramente são vistos. No entanto, depois que os vemos, fica difícil ignorá-los.

7. Valorize o temporário

Meu filho não tem interesse nenhum por roupas. O sonho dele é nunca ter que gastar nem um segundo pensando no que vestir e ter peças que sirvam tanto para ir à escola como para dormir. Às vezes ele chega a vestir o pijama por cima do uniforme escolar para tentar me enganar e para que o processo de se vestir de manhã seja simples, enxuto. No entanto, sabe-se lá como, ele acumulou um enorme estoque de cuecas. Há pouco tempo eu peguei todas elas e apontei que, como agora ele tinha dez anos, era melhor que se desfizesse das cuecas tamanho três e quatro. Ele me lançou um olhar severo e disse: "Mas, mãe! Pensa em todas as lembranças que essas cuecas carregam!".

Peguei uma peça desbotada com desenho do Pokémon. "Ah, é? Qual é a lembrança que essa aqui te traz?".

"Daquela vez em que a gente foi no parque aquático, foi muito legal."

"É, foi mesmo", interferiu a irmã dele.

Cuecas que servem de lembranças.

Mas ele tem razão. Objetos são recordações. Pode ser que a ideia defendida por Marie Kondo, de jogar fora todos os objetos que não nos trazem alegria, venha acompanhada de uma omissão crucial: a de que um objeto tem valor intrínseco como gatilho de lembranças e nostalgia, e por isso nos ajuda a documentar nossa vida.

E, se isso é verdade, quais ninharias importam, como fazer a curadoria dos objetos da nossa vida? Se eu fosse organizar uma exposição de museu chamada, digamos, *Uma Baird pouco conhecida: Os primeiros anos*, que objetos exibiria atrás das vitrines? O que você incluiria na sua exposição? E seria essa uma outra razão para colecionarmos coisas? Pois as cores desbotam, as lembranças esmorecem, o sépia da nostalgia mancha os retratos mentais?

No entanto, por que essas coisas são relevantes para nós? Talvez devêssemos parar de fotografar e juntar, emoldurar, filtrar e postar, e aprender a aceitar que existe beleza e profundidade no efêmero.

Um exemplo de beleza efêmera são os efemerópteros, ordem de insetos com o tempo de vida mais curto da Terra, em geral apenas vinte e quatro horas. (Na verdade, a fêmea adulta de uma espécie de efemeróptero, a *Dolania americana*, raramente chega a completar cinco minutos.) Como jovens ninfas, podem viver alguns anos na água. Mas, depois de adultos, têm um único objetivo — se reproduzir. Suas barrigas se enchem de ar enquanto flutuam até a superfície da água e se preparam para voar. Numa atitude bastante compreensível, vão logo formando grupos e dançam sobre todas as superfícies que encontram. A maioria tem apenas um ou dois dias para dançar ou voar.

Os chocos vivem apenas um ou dois anos, o que ainda me entristece toda primavera. A *Puya raimondii*, uma bromélia conhecida pelo nome de titanca, só floresce quando tem entre oitenta e cem anos; quando isso acontece, pode chegar a dez metros de altura e em seu pendão surgem dezenas de milhares de flores. Certos cactos também dão flores apenas uma vez por ano, por uma noite. Da mesma forma, o esplendor da cerejeira é anual e a queda das flores é igualmente gloriosa: pétalas rodopiam no ar, às vezes formando espirais e caindo no alto de prédios comerciais — eu sempre via as pétalas brancas dançando no ar em frente ao meu escritório de Nova York, do alto do 17º andar da rua 57 Oeste.

Não raro, nossas tentativas de preservar as coisas são desajeitadas. Que dó da viúva espanhola de 81 anos que em 2012 tentou restaurar o *Ecce Homo* ("Eis o homem") pintado há duzentos anos por Elías García Martínez em uma igreja do século XVI em Borja. Ela declarou que queria evitar que fosse estragada pelo mofo, mas foi ridicularizada mundo afora por transformar o rosto de Jesus no que um crítico chamou de "um macaco peludo de terno com péssimo caimento". A pintura foi logo apelidada de *Ecce Mono* ("Eis o macaco") — e virou atração turística. Em 2018, em outra cidade espanhola, Estrella de Navarra, uma professora local de artes e artesanato tentou restaurar um entalhe em madeira de São Jorge lutando contra o dragão, mas infelizmente o transformou em uma caricatura que mais parece o Tintin. Em meados de 2020, especialistas pediram que a restauração de obras de arte fosse submetida a uma regulamentação mais rígida depois que uma pintura da Virgem Maria de autoria do espanhol Bartolomé Esteban Murillo sofreu um remendo grosseiro. A verdade é que a restauração é em si uma forma de arte.

Mas talvez a escritora americana Anne Lamott tenha razão ao dizer que "a esperança e a paz precisam incluir a aceitação de certa impermanência em tudo, da aniquilação certa de tudo o que amamos, da beleza, da luz e do grande amor frustrado".[1] Há certas coisas — e rostos — que devíamos deixar em paz. É melhor que sejam efêmeras.

Artistas de rua entendem a beleza da efemeridade porque a consideram um valor de troca. Para a maioria das pessoas, a ideia de trabalhar arduamente em murais do alto de escadas, gruas e guindastes móveis por semanas a fio e depois vê-los maculados por pichações ou destruídos é preocupante. Mas, para os artistas de rua, é uma excitação singular. A fugacidade faz parte do jogo.

O que em certa medida é chocante. Mas, por outro lado, a atitude deles lembra a visão budista do "apego", que afirma que nos agarrarmos a objetos, pessoas ou lugares só cria mais sofrimento para nós mesmos. Buda ensinou que todas as "coisas condicionadas" — tudo o que depende de certas condições para existir, seja um objeto, um pensamento ou átomos — são impermanentes, "por natureza surgem e vão-se embora". Se surgem, e se extinguem, ele disse, "sua erradicação traz felicidade genuína". A lei universal, portanto, é a de que a impermanência rege todas as coisas. Isso de certo modo ecoa a Bíblia, que volta e meia explica que o apego a objetos materiais, às coisas do mundo, é uma distração, pois tudo há de perecer.

Os artistas de rua praticam o desapego em um nível que talvez seja de difícil apreensão para uma historiadora louca por arquivos como eu; passei muitos anos procurando pequenos fragmentos de evidência, cartas amareladas e documentos manchados pela água na tentativa de compreender o passado, em busca sobretudo da preservação. Mas, não muito tempo atrás, me vi no meio de uma sala de cinema antiga e vazia, o Star Lyric, no bairro de Fitzroy, em Melbourne, fitando um rosto feminino imenso, desenhado com delicadeza, pintado em uma parede de dois andares, iluminado por feixes de luz vindos de holofotes altos. Era magnífico. O artista, Rone, sabia que empreiteiras destruiriam o edifício pouco depois que a exposição, *Empty*, fosse encerrada. A vida finita, ele me diz, é o que torna a arte de rua singular: ela floresce de repente, depois fica exposta às intempéries.

"A fugacidade é o que a torna contemporânea, daquele momento, e mais importante ou especial", ele justifica. "Quando alguém pinta uma coisa na rua, ela não fica protegida; qualquer um pode chegar com um spray, desenhar um pau por cima e destruí-la, mas você não tem muito o que fazer, então dá as costas."

Rone, cujo nome completo é Tyrone Wright, é um dos artistas de rua de maior sucesso comercial da Austrália. De boné preto, camiseta e moletom cinza com respingos de tinta, ele dá de ombros para acusações de que seria "uma marca vendida", e ressalta o fato de adorar ser pago para fazer arte, o que parecia impossível dez anos atrás, antes de o misterioso artista britânico Banksy (que mantém a própria identidade em segredo) popularizar a arte de rua.

Agora reconhecido internacionalmente, Rone fez exposições mundo afora, em cidades como Londres, Nova York, San Francisco e Miami, e pintou murais em lugares como Taiwan, Malásia, Reino Unido, França, Nova Zelândia, Jamaica, República Dominicana, Estados Unidos, Alemanha, Japão e México. As obras expostas — geralmente fotografias de sua arte de rua antes da demolição — são vendidas a ávidos colecionadores antes mesmo de a exposição ser inaugurada.

Ao lado de sua mesa no galpão que divide com um coletivo de artistas — que circulam com macacões sujos de tinta — fica um ventilador velho de metal, o centro da hélice derretido, transformado em longas espirais, uma recordação de uma casa incendiada.

Ele se vira para o computador. "Espera aí, acabei de escrever o seguinte: 'Trabalhos belos em lugares negligenciados para enfatizar o que talvez tenhamos perdido.'"

Rone se tornou conhecido por seus retratos de "Jane Doe" — uma mulher desconhecida, anônima —, que começou a pintar em 2004 como resposta a um amigo que pintava "rostos vampirescos aos gritos". Ele queria fazer o contrário: "uma imagem bonita, não agressiva, não sexualizada, de uma mulher. Me apaixonei pela maneira como as coisas funcionavam nas ruas: ou as pinturas se deterioravam ou se apagavam — só os olhos é que sobravam, ainda belos. Nada dura para sempre, não importa o grau de beleza".

Ele diz que a fragilidade deve intensificar a apreciação. "Se você tem a sorte de se deparar com uma obra de que gosta, sabe que talvez ela não esteja mais ali da próxima vez que você passar, então tem que apreciá-la no presente."

Alguns dias depois de meu encontro com Rone, o Star Lyric foi transformado em escombros.

Continuo defendendo que o melhor lugar para cuecas que já não cabem é o lixo. Entendo o desejo de se apegar às lembranças que possam conter, sejam magníficas ou mundanas. Mas, quando temos noção da fugacidade de qualquer coisa, ou de todas as coisas, é menos provável que desperdicemos tempo pensando no passado ou no futuro, em momentos que não o nosso presente.

Se aceitarmos que a floração é por natureza um acontecimento passageiro, ficamos mais propensos a considerar cada broto uma vitória, cada flor um triunfo. E, quando aceitamos a impermanência, temos uma tendência bem maior a viver no presente, curtir a beleza que existe diante de nós e as possibilidades quase infinitas que cada hora — ou uma única respiração — contém.

8. Aceite a imperfeição

> *Quando olhamos para as nuvens, vemos que não são simétricas. Não formam números nem surgem em cubos, mas percebemos logo que não estão bagunçadas. [...] São sinuosas, mas, de certo modo, ordenadas, embora nos seja difícil descrever essa ordem. Agora olhem para si mesmos. Vocês são todos sinuosos. [...] Somos como as nuvens, as pedras e as estrelas. Vejam só como as estrelas se organizam. Você critica a forma como as estrelas se organizam?*[1]
> Alan W. Watts, *O tao da filosofia*

Uma das partes mais difíceis de ser mãe de jovens meninas é a seguinte: como impedi-las de olhar de cara feia para o espelho? Como protegê-las do sentimento de inadequação e de autodepreciação que sobretudo as meninas parecem assimilar à medida que crescem? Como ensiná-las a perceber a beleza de uma pessoa inteira e a não se dividirem em braços e pernas, olhos, narizes, seios — partes que talvez resolvam que precisam "arrumar"?

Zadie Smith captou esse dilema em *Sobre a beleza*, romance que publicou em 2005. Preocupada com a possibilidade de não conseguir protegê-las da aversão a si mesmas, a personagem Kiki Belsey morria de medo de ter filhas. Após tê-las, tentou proibi-las de ver televisão e impediu que maquiagem e revistas femininas entrassem na casa, mas de nada adiantou. Kiki cogitou que o ódio às mulheres e aos corpos femininos estivesse "no ar", e que fosse irrefreável, entrasse pelas frestas, trazido para dentro de casa pela sola dos sapatos e dentro dos jornais. Não conseguiu conter ou controlar esse ódio. E pensou nessa autocrítica interminável ao ver a filha puxar a camisa masculina que estava usando e dizer com tristeza que sabia que não era "bonita".[2]

Alguns defeitos físicos são aparentes desde o nascimento. Outros nos são apontados. Eu nunca tinha me dado conta de que tinha nariz grande, por exemplo, até meu irmão fazer piada sobre ele em um jantar. Pouco tempo depois, pediram a um artista especialista em caricaturas que fizesse um desenho meu que acompanharia minhas colunas de jornal. Na caricatura, meu nariz chegava tão perto da minha bochecha que quase encostava na orelha. Ainda me lembro da gargalhada estrondosa do meu editor ao vê-la. Eu detestei.

Uns dias depois que o retrato apareceu, esbarrei no artista — um sujeito adorável — no elevador do escritório, e ele perguntou o que eu tinha achado da minha representação. Olhei para o chão e murmurei alguma coisa, e ele disse, meio sem jeito: "Adoro desenhar as pessoas com quem trabalho, assim consigo captá-las bem". Fez uma pausa antes de acrescentar: "Você não precisa de plástica nem nada". Ah.

Desde então, não me espanto mais quando desconhecidos comentam sobre o meu nariz. Uma vez, entrei em uma lojinha de kebab e a dona me cumprimentou: "Aah, você tem nariz francês! Rá! Vai querer o quê?". (Por francês entendo que ela estava pensando mais no Gérard Depardieu do que na Emmanuelle Béart.)

Meu nariz não é monstruoso, mas não duraria nem uma semana em Hollywood. Eu deveria ligar para isso? Às vezes me importo, e se ele fosse feito de massinha em vez de osso e cartilagem, confesso que o apertaria um pouco, às escondidas. Sei que agora somos todos fotografias do "antes", mesmo quem tem uma beleza convencional, e que é cada vez mais raro vermos uma pessoa famosa com o rosto intocado. Basta entrar no vestiário de qualquer academia ou clube para ver o corpo humano em toda a sua deslumbrante mediocridade, daquele jeito que raramente vemos nas telas.

É como se envelhecer fosse meio... constrangedor, um desleixo, uma falta de asseio. Humilhamos as mulheres, sobretudo quando envelhecem, os tabloides dando closes impiedosos nas mãos com veias saltadas ou nos pés encaroçados. Mas também as humilhamos quando são óbvias demais na tentativa de não envelhecer. Quando preenchimentos estão recentes demais ou os lábios inchados demais, quando os rostos ficam inexpressivos e as têmporas rígidas, atiramos bolinhas de desprezo — em mulheres como Renée Zellweger, Kim Novak, Liza Minnelli e Donatella Versace.

É claro que muitas mulheres ilustres cutucaram, inflaram e torturaram os próprios rostos justamente por causa da crítica às mulheres que mostram a idade que têm. É o que acontece quando vivemos em uma galáxia em que rugas são um sinal não de maturidade, mas de descuido e falta de dinheiro. É como se as mulheres tivessem que ser perfeitas e ao mesmo tempo mascarar qualquer tentativa de atingir a perfeição — qualquer sinal de esforço ou de manipulação incita desdém.

Montes de pessoas que se declaram magos da plástica ganham dinheiro com as inseguranças femininas enquanto oferecem pouco mais que homogeneidade. Aliás, o problema dos rostos famosos que vemos agora não está nas plásticas, mas na similaridade: a força centrípeta que elimina todas as "irregularidades", todos os sinais distintivos, resultando em olhos invariavelmente alongados, bochechas inchadas, testas lisas e seios empinados. Pergunte a Jennifer Grey, a estrela de *Dirty Dancing*, que perdeu seu encanto característico e a carreira quando cirurgiões rasparam seu nariz, deixando-o num formato mais convencional.

Talvez tenha chegado a hora de alardearmos — ou pelo menos não tentarmos disfarçar — nossas imperfeições. A história é repleta de pessoas extremamente inspiradoras que jamais seriam chamadas para se empertigar na passarela de um desfile da Victoria's Secret nem gostariam de fazê-lo. Pense em algumas mulheres! A magnífica Eleanor Roosevelt era dentuça. Jane Addams, a brilhante assistente social e defensora dos direitos das mulheres, achava o próprio nariz "batatudo". A artista mexicana Frida Kahlo tinha monocelha e bigodinho. A famosa fotógrafa documental americana Dorothea Lange mancava. Julia Child, a chef americana pioneira, tinha incríveis 1,87 metro de altura. Assim como Margaret Whitlam, esposa do ex-primeiro-ministro australiano Gough Whitlam; ela sempre se envergonhou da própria altura, e disse à rede de televisão pública do país: "Eu achava que infelizmente era alta demais. [...] Acho que eu tinha uns treze anos; me lembro de uma foto minha com roupa de esquiar — e pareço um varapau". A escritora Daphne Merkin declarou que a estilosíssima decana da moda Diana Vreeland tinha "cara de gárgula".[3]

Há também os monarcas. Cleópatra tinha nariz aquilino (Blaise Pascal, cientista e filósofo francês, escreveu que se ela tivesse um nariz menor, "a face do mundo teria mudado"). Catarina, a Grande, parecia — como foi dito recentemente — o ex-primeiro-ministro britânico David Cameron de peruca branca, porém sua suposta feiúra não a impediu de conquistar uma série de jovens amantes.[4]

Figuras históricas do sexo masculino também podem ser inspiradoras. O ex-presidente americano Abraham Lincoln, geralmente considerado um homem feioso, cativava as pessoas com sua falta de vaidade e pretensão. Seu sócio na advocacia escreveu:

> Ele não era de modo algum um homem bonito, tampouco era feio; era um homem simples, desleixado com o visual, de aspecto natural e atitudes naturais. Não era de pompa, ostentação ou elegância, por assim dizer. Era um homem que aparentava tristeza. [...] Sua aparente melancolia impressionava os amigos, e gerava empatia por ele — foi uma via para seu grande sucesso. Era melancólico, distraído e jovial.[5]

E também realizou coisas incríveis.

Uma consequência da uniformidade para as mulheres — e cada vez mais para os homens também — é o apagamento da singularidade. Parece batido, ou retrô, lembrar que a beleza está na simpatia, na troca de ideias, na inteligência e em certa graça ou magnetismo, também, mas é a verdade.

Parte da dificuldade está no fato de enxergarmos o encanto como algo estático, algo passível de ser captado e dividido sobre uma superfície plana. Nossas marcas nas redes sociais limitaram a definição de beleza ao que pode ser fotografado, filtrado e postado; isso resultou no abandono do charme.

O charme geralmente está ausente das selfies, dos retratos e até de estátuas. Em 1919, quando os editores da *Arts Gazette* promoveram um concurso para escolher a estátua mais feia de Londres, o escritor George Bernard Shaw sugeriu várias da rainha Vitória sob o argumento de que aquelas figuras nada lisonjeiras, corpulentas, solenes, fizeram um grande desserviço à monarca. Ele se perguntava qual crime a já falecida rainha teria cometido para ser tão "horrendamente" retratada "de cabo a rabo de seus domínios".[6] Lamentou que, embora Vitória fosse "uma mulherzinha com grande firmeza de modos e uma bela voz, que usava em público muitíssimo bem", e "se portasse de maneira adequada", "todos os jovens agora acreditam que ela era um lixo de mulher".

O verdadeiro encanto de Cleópatra era seu carisma. Plutarco escreveu que sua beleza "não era tão extraordinária a ponto de ser incomparável ou de ninguém ser capaz de vê-la sem se admirar".[7] Na verdade, "sua presença, se você convivesse com ela, era irresistível: o deslumbre de sua pessoa, além do charme de suas conversas e da personalidade que acompanhava tudo o que falava ou fazia, era fascinante". Quem dava a mínima, portanto, para o nariz dela?

A escritora australiana Elizabeth Jolley descreveu com perfeição a ansiedade feminina quanto à aparência no romance *The Orchard Thieves*. Ela escreveu sobre uma avó que observa enquanto um grupo de moças se prepara para uma festa, se perguntando por que as mulheres só se concentram em defeitos isolados, nunca "na pessoa como um todo, o efeito geral da pessoa inteira". Mulheres só se enxergam em pedaços falhos, ela constata.

> Estão sempre atentas aos defeitos físicos: a papada, a boca torta, os olhos pequenos demais ou próximos demais, o nariz achatado, o nariz feio, as pernas grossas ou as pernas finas e disformes, o cabelo sem viço, a lista é interminável, e nunca essas mulheres viram serenidade na própria expressão, devido à ansiedade refletida nas olhadelas de último minuto para o espelho. Os olhos que viam estavam eternamente aflitos e acompanhados de rugas de preocupação pequenas, mas profundas. [...] E, em todo caso, não eram os detalhes físicos ou as roupas e os acessórios que mais importavam. Era a personalidade que fazia a diferença entre estar malvestida ou bem-vestida.[8]

O tapete vermelho é um carnaval cruel. Quando as lentes das câmeras captam um tiquinho de sombra, as fotos são rapidamente loteadas em linhas do tempo da decadência que berram o recado: se você não pode ser, e ser sempre, visualmente agradável, então trate de se esconder. Mas sem dúvida são muitas as pessoas que entendem que somos mais que a soma de nossas partes. Afinal, a beleza superficial é um péssimo profilático contra os males do mundo. Em 2004, Halle Berry, atriz sublime e ganhadora do Oscar, disse a um grupo de jornalistas em Londres, ao promover *Mulher-Gato*: "Ser considerada uma mulher bonita não me poupou de nada na vida. Nem de sofrimentos nem de problemas. O amor tem sido difícil. A beleza é essencialmente sem sentido, e é sempre passageira".[9]

E então vem a questão: por que precisamos ser fisicamente agradáveis? Sei que parece uma pergunta ingênua, mas não podemos ser apenas boas profissionais, ótimas companhias ou simplesmente pessoas legais? Os biógrafos de homens como William Gladstone, George Washington e do rei Jorge IV por acaso se veem obrigados a defender seus objetos de estudo das acusações de feiura, como eu me vi obrigada a fazer ao escrever sobre a rainha Vitória, ou a se esforçar para encontrar um jeito de dizer que, em certa época e sob certa luz, até que eles eram atraentes ou tinham "certa beleza"? Não, em geral estão concentrados demais em detalhar o poder e as realizações desses homens.

Hatexepsute, rainha-faraó do Egito no século XV a.C., era obesa e tinha dentes podres quando faleceu. Era parcialmente calva — a parte da frente da cabeça era careca, mas atrás o cabelo era longo. Afora o esmalte preto e vermelho com que gostava de pintar as unhas, ela se vestia como um faraó do sexo masculino e usava barba falsa. Meredith Small, antropóloga da Universidade Cornell, diz que ela parecia "uma roqueira idosa com alopécia".[10] No entanto, Hatexepsute liderou o Egito durante 22 anos e foi responsável por um período de extraordinária prosperidade. Teve um poder que nenhuma outra mulher tivera: conquistou a autoridade total de um faraó, bem como as regalias. No começo do reinado, usava vestidos justos e bem cortados, e segundo os boatos seduziu vários ministros. Assim como a rainha Vitória, parece ser do tipo que se interessa mais por formar uma opinião sobre os outros do que em saber a opinião dos outros sobre si.

A filosofia japonesa do *wabi sabi* talvez sintetize melhor a necessidade de abraçarmos a imperfeição e a transitoriedade. Como escreveu Andrew Juniper, *wabi sabi* "é a beleza contida que existe no recato, no rústico, no imperfeito e até no decadente, uma sensibilidade estética que percebe uma beleza melancólica na impermanência de todas as coisas".[11]

Meu talentoso amigo Damien, que é diretor de arte de filmes e fotógrafo, passou meses viajando pelo Japão documentando a decadência e a melancolia das cidadezinhas nas zonas rurais — cidades sem gente, com lojas fechadas, escolas abandonadas e ruas desertas. Ele ressalta que o *wabi sabi* não é apenas uma estética, mas também um sentimento ou uma perspectiva, "que valoriza o velho, o imperfeito e o duradouro em um mundo que almeja a novidade".

No roteiro de uma exposição de suas obras chamada *Wabi Sabi*, Damien cita o ensaio que Junichiro Tanizaki escreveu em 1933 sobre a estética japonesa, "Em louvor da sombra", que explica esse conceito:

> ao superficial e faiscante preferimos o profundo e sombrio. [...] Nosso gosto é pelo brilho mortiço que remete ao lustro dos anos. Faz parte da natureza do oriental valorizar, preservar e glorificar objetos marcados por constante manipulação, fuligem, chuva e vento, e amar tudo o que tenha a cor ou o brilho de tais objetos.[12]

Raramente *nós* aplaudimos o lustro dos anos, a pátina da vida vivida.

O que dizer do inegável lustro da juventude, que os jovens geralmente não apreciam? Como ensinar os jovens a aceitar, ou abraçar, a imperfeição?

Minha mãe me ensinou muito sobre esse assunto. Como é o caso em muitas famílias, minha mãe é o baluarte da nossa, a força central que há muito tempo nos permite viver bem, a mais forte e mais sábia. É uma daquelas pessoas incríveis que têm bom senso e bondade. Ela ri da ostentação e do convencimento, tem mais interesse por ideias do que por coisas, e pouquíssimo por dinheiro, e ao mesmo tempo que possui um olhar afiado, é clemente. Também é brincalhona, o que a inspira a pregar peças espantosas. Quando meu irmão mais velho, na época em que era político, criticou em uma entrevista os cãezinhos de colo que tínhamos na infância, declarando sua preferência por cães de caça maiores, minha mãe, fingindo ser a presidente aborrecida da Sociedade de Apreciação de Malteses, lhe escreveu uma carta reclamando — à qual ele reagiu com uma resposta muito bem urdida, sem se dar conta de que respondia à própria mãe. Ela passou meses rindo da situação.

Minha mãe me ensinou inúmeras lições essenciais. Primeiro, que a graça — demonstrar generosidade e clemência mesmo para com aqueles que não merecem — não é uma fraqueza e sim uma altivez extraordinária. Segundo, que a bondade não deve ser uma aspiração, mas uma prática diária, um músculo que, se exercitado, pode se fortalecer e se tornar um hábito ou um estilo de vida. Terceiro, que às vezes não é preciso analisar demais a resiliência. Sua filosofia é espantosamente simples para uma psicóloga, porém eficaz: "Você segue com a vida". Após um dia, vem outro, depois mais outro.

Minha mãe também me ensinou que a falta de vaidade é um ótimo presente para uma filha. Não é que o cuidado com a aparência seja intrinsecamente ruim. É que conviver com uma mulher cuja autoestima não depende dos aplausos por sua aparência mostra que milhões de outras coisas são mais relevantes. Minha mãe sempre foi linda, com seus cabelos castanhos volumosos, olhos azuis e pele macia. Também sempre teve uma boa forma, indo dos vídeos de ginástica de Richard Simmons e Jane Fonda nos anos 1980 à ioga Bikram. (Talvez o melhor experimento tenha sido uma fita de aeróbica cristã que ela comprou, chamada *The Firm Believer*.) Mas ela não tem nem um pingo de vaidade. E as mulheres sem vaidade têm uma liberdade que as outras não têm. É óbvio que ela se mede, e mede os outros, de outras formas. Só agora me dou conta de como seu exemplo é raro e como é bom conviver com ela.

Uma introvertida despretensiosa de coração enorme, mamãe nunca se preocupou muito consigo mesma, por isso tem um ar tranquilo. Como escreveu Iris Murdoch, a felicidade é estar "ocupada e animada e despreocupada consigo mesma [...]. A maldição é a consciência cotidiana da incessante angústia causada pela preocupação consigo mesma".[13]

Minha mãe não tem estado bem ultimamente, e já não consegue mais andar, porém, como sempre aconteceu, desde que me entendo por gente, quando ela entra em um ambiente os níveis de ansiedade caem de imediato: tudo parece mais fácil, mais calmo, mais vivaz. Isso ficou mais óbvio quando tive meu primeiro filho. Eu andava de um lado para outro com um bebê berrando no meio da noite, preocupadíssima, e ela entrava, analisava a situação e caíamos na gargalhada. Volta e meia eu ligava, aflita com alguma catástrofe, e no meio da minha explicação para o aborrecimento ela via o lado engraçado e começávamos a rir.

Ela era, em suma, fosforescente, com um olhar aguçado para o ridículo. Uma vez, estava trabalhando na cadeia feminina mais violenta da Austrália, Mulawa, como fez por muitos anos, com um grupo cristão chamado Kairos. Estava lendo a Bíblia com algumas presidiárias quando pediram a uma delas que contasse a história das mulheres que viram Jesus depois de ele ressuscitar. A presidiária se lançou na tarefa, terminando com: "Bom, aí a mulher virou e disse: 'Ô Jesus, onde é que você estava, porra?'". Mamãe adorou a história.

Tenho minhas vaidades, é claro. Aos vinte e poucos anos, em especial, estava sempre lutando contra a aparência e xingando meus defeitos. Me recusava a fazer dieta, mas era muito comum que fizesse exercícios sem parar, correndo por horas a fio, incapaz de me livrar do ódio persistente por mim mesma. Agora me arrependo do tempo que desperdicei preocupada com os meus defeitos, e sei que devia ter ido fazer trilhas com meus amigos e me recusado a afundar em uma autoanálise que destrói a cabeça das mulheres. Acabei aprendendo a ficar mais à vontade na minha própria pele depois de várias viagens longas à Índia e ao Nepal, durante as quais passei semanas dançando em um casamento hindu-sique, caminhei pelo Himalaia, me hospedei em fortes e palácios antigos no Rajastão com meus amigos indianos de espírito livre e fiquei tão fascinada com tudo que via que esqueci de mim mesma e redescobri a alegria. Às vezes é preciso tempo para que você se torne a mulher que deseja ser, para desenterrar a misoginia e o olhar crítico que não raro internalizamos.

A vaidade, de modo geral, pode causar muita infelicidade — e o convívio com ela é enervante. Os vaidosos quase sempre estão mais interessados no que as pessoas ao redor pensam delas do que em quem essas pessoas são de fato. Por outro lado, a rainha Vitória — e talvez Hatexepsute também —, apesar de todos os defeitos óbvios, aceitava os próprios limites físicos e tinha muita curiosidade pelas pessoas que a rodeavam. Esse tipo de curiosidade possibilita o encantamento e a conexão, e é uma das melhores formas de solapar as ansiedades sobre nossa aparência ou nossos defeitos.

Quando perguntaram a Barack Obama se ele se preocupava com a ideia de as filhas namorarem, ele disse à estação de rádio WDCG, em Raleigh, na Carolina do Norte, que estava "bem tranquilo". Uma das razões para isso, declarou, era que a esposa, Michelle, tinha sido "um ótimo exemplo de como se portar, porque não deixava que sua autoestima dependesse da opinião dos meninos sobre sua aparência, e que os outros a julgassem por outra coisa que não o caráter e a inteligência".[14]

Exatamente como a minha mãe. Dizem que este é um dos grandes horrores que uma mulher pode contemplar: ficar igual à mãe. Para mim, nada seria melhor.

9. Pare de se cobrar

Certa vez, enquanto olhava um vestido vintage cor de damasco em uma barraca do Upper West Side de Manhattan, já me imaginando nele na Riviera Francesa, tomando drinks com gim, meu companheiro de então sussurrou no meu ouvido: "Sabe, sempre chega o dia em que usar vestidos de senhorinha já não é mais um gesto irônico".

Ui! Eu tinha 36 anos. E aparentemente não era nem uma senhora vestida de menina, mas quase uma gagá vestida de senhora, se aceitarmos o conceito dúbio de que roupa tem idade.

Desanimada, deixei o belo vestido pendurado na cerca de arame farpado das redondezas desses mercadinhos, na esquina da avenida Columbus com a rua 76 Oeste. Mas continuo usando roupas vintage.

Mas o que exatamente significa se vestir como "uma senhorinha"? Ou mesmo "se vestir de acordo com a idade"? As mulheres vivem sendo criticadas por se vestirem como versões mais jovens, não mais velhas, de si mesmas. Quando chegam aos quarenta anos, de repente são inundadas de conselhos sobre peças "adequadas à idade". Isso não acontece com os homens, embora sejam alvos de comentários idiotas quando expressam criatividade através das roupas ou parecem transgredir qualquer norma de gênero arcaica, o que também é limitante. Faz mais de um século que mulheres usam calças; quando é que veremos um número significativo de homens usando saias? Das mulheres, espera-se que sejam vaidosas; os homens são ridicularizados quando demonstram interesse, ainda que passageiro, por moda, e é por isso que os termos que descrevem homens estilosos — "almofadinha" (um homem preocupado com suas roupas e aparência de forma excessiva e afetada), "janota" (um homem orgulhoso demais da própria aparência) e "dândi" (um homem muito preocupado com a elegância de suas roupas) — se tornam logo pejorativos.

Vale a pena frisar que, em um dos primeiros usos documentados de "senhora vestida de menina", a ideia era elogiar mulheres mais velhas e bonitas, e não zombar delas. Em uma revista feminina de 1811, a expressão foi atribuída ao futuro rei Jorge I, da Inglaterra, a quem perguntaram em um baile, quando ainda era príncipe, se achava alguma menina dali bonita. Ele deu uma risada debochada: "Menina! Meninas não fazem o meu tipo. Não gosto de meninas; gosto de senhoras vestidas de meninas!".[1]

O intuito de seu jeito de falar se perdeu: as mulheres não são elogiadas por se vestirem como jovenzinhas fabulosas hoje em dia. À medida que subimos os degraus da sabedoria e da maturidade, somos aconselhadas a adotar a contenção, a sermos "clássicas", "sofisticadas", evitar mostrar a pele em prol da caretice. E a cada ano que passa somos mais instruídas a ocupar menos espaço e sermos mais recatadas — e sem graça.

Também nos dizem que devemos estar atentas à nossa aparência de um modo que raramente os homens prestam atenção à deles. Se um dia me mostrarem um homem folheando uma revista que o instrua a levantar a gola para esconder as rugas do pescoço, eu mesma levanto a gola para ele.

Um guru da moda recomendou às mulheres: "A pior coisa que você pode fazer é se vestir como se tivesse menos idade do que tem".[2] A pior coisa! É tão ruim, ao que consta, que uma pesquisa da loja online isme.com apontou que 80% dos habitantes da Grã-Bretanha achavam que as mulheres precisavam "começar a usar roupas mais informais" quando completassem cinquenta anos e que um quarto das mulheres acima dos cinquenta tinha "medo de usar salto alto".[3] Medo. Elas estavam apavoradas.

Depois dos quarenta, segundo uma colunista de moda do *Telegraph*, devemos usar bastante condicionador e não arriscar um corte radical, porque "cabelo curto a essa altura pode te fazer parecer dez anos mais velha".[4] Uau! A colunista segue em frente, dizendo que saia comprida também pode acrescentar "dez anos". Basta cortar o cabelo e usar o vestido errado que pronto — você tem sessenta anos.

Recentemente, um website também caçoou das mulheres com mais de quarenta que usavam blusas sem mangas, jeans de cintura baixa, saltos plataforma, franja e brincos grandes, perguntando: "Você é uma fashionista de meia-idade que não sabe quando parar?".[5] Parar com o quê, exatamente? Homens em ternos elegantes por acaso são chamados de fashionistas?

Por fim, nos aconselham a sorrir mais. "A expressão amuada, indiferente, que talvez você imagine ser descolada (veja o exemplo da Victoria Beckham) depois dos quarenta parece azedume", escreve a conselheira do *Telegraph*.[6] A solução? "Anime-se."

É preciso dar um fim a essa humilhação.

Muito de vez em quando, temos licença para revelar pedacinhos de nossa sensualidade. Uma jornalista de moda recomendou, na *Harper's Bazaar*, que mulheres maduras continuem mostrando pedacinhos da pele — colo, punho e nuca são bons "candidatos à exibição. [...] Todos os pontos onde você passaria perfume e onde gostaria de ser beijada. A ideia é ser adorada, não destruída".[7]

É por causa dessa bobajada toda que adoro as octogenárias autênticas que achamos no Instagram, que se orgulham dos cabelos grisalhos, usam cores extravagantes, terninhos elegantes, óculos de sol enormes e turbantes. Elas se recusam a desaparecer, a se esconder ou a combinar as roupas com o papel de parede.

Minha maior fantasia como uma mulher madura é simplesmente usar e fazer o que eu bem entender, e esse tipo de preocupação nem sequer passar pela minha cabeça. Não existe um momento em que a mulher possa ser apenas uma nobre, uma grande dama, uma velhinha feliz? Quando é que podemos nos recusar a nos dobrarmos a normas e permissões e simplesmente caminhar com os sapatos que gostamos de usar?

A rainha Vitória se desfez dos espartilhos asfixiantes sem nem pestanejar, para o horror de seu médico. Mas quem se proporia a usar aqueles troços voluntariamente? Ela usou exatamente o que queria por meio século: o preto do luto acompanhado de diamantes.

Faz muito tempo que cogito a ideia de parar de me cobrar, de me deixar levar. É uma perspectiva deliciosa: um balão voando pelo céu, uma balsa vagando ao sabor da corrente. Um dia, eu já imaginei, vou me pegar andando na rua, alegremente desgrenhada, com o cabelo despenteado, ou fabulosíssima, com uma mistura curiosa de roupas — talvez um vestido vintage com saltos elegantes — exatamente ao meu gosto. Talvez esbarre em uma velha conhecida que me lance um olhar confuso. "Ah!", vou exclamar, com o riso fácil, e, tocando de leve no braço dela, direi: "Achei que você soubesse. Eu parei de me cobrar!". Então seguirei em frente, perigosamente liberta, sentindo os olhares invejosos às minhas costas — depois de chegar, enfim, à idade em que podemos rejeitar a rejeição.

Também precisamos nos perguntar se as mulheres ficam mais livres para deixarem de se cobrar quando param de gerar filhos. Acabei de descobrir que os ossos das mulheres vão se tornando aerados, cheios de bolhinhas de ar, e mais finos à medida que envelhecem, cavernosos feito os ossos dos pássaros.

Às vezes isso as torna frágeis. Mas talvez, além disso, a leveza de seus membros permita que voem. Permita que se deixem levar.

Não estou querendo dizer que a moda é trivial, de maneira alguma; é só que as reproduções impensadas de seus dogmas, além dos pressupostos de que deveríamos obedecê-la, são enfadonhos e limitantes. Deixar-se levar deveria implicar abrir mão de convenções onerosas de vestimenta, não da alegria de brincar com tecidos e estilos.

Pouco tempo antes de falecer, o fotógrafo Bill Cunningham tirou uma foto minha no baile de réveillon da Metropolitan Opera de Nova York e a divulgou em uma de suas colunas. Por ser uma candidata improvável, fiquei honrada: ele era inigualável, lendário e encantador. Mas o que me impressionou foi seu jeito de fotografar: ele sorria, incentivava — "Isso, menina", ele dizia, empolgado, repetidas vezes, "Isso aí!", correndo de um lado para o outro enquanto eu ficava parada, sorrindo para ele, contagiada pela avidez que claramente não tinha nada a ver comigo e tudo a ver com ele e com seu modus operandi. Foi como ser arrebatada e rodopiar em um jato de ar quente. Ele olhava para suas modelos — em geral, mulheres — cheio de aprovação e deleite. Não surpreende que Anna Wintour, editora da *Vogue*, tenha dito: "Nós todas nos vestimos para o Bill".[8]

Bill fotografou milhares de mulheres ao longo da vida, e mirava todas com um olhar de apreço, não de crítica.

John Fairchild, ex-editor da *Women's Wear Daily*, o chamou de "elfo de bicicleta": "Você está em um evento monótono. De repente vem um flash, uma palavra bonita, e ele te anima". Como escreveu Hilton Als na *New Yorker*, uma das coisas que Bill Cunningham deu ao mundo foi "seu deleite com as possibilidades alheias".[9]

Para Bill, a moda não estava à margem, mas no cerne de uma vida significativa. "O mundo percebe a moda como uma frivolidade que deveria acabar", ele declarou. "A questão é que a moda é a blindagem para sobrevivermos à realidade do cotidiano. Não acho possível acabar com ela. Seria como acabar com a civilização."

Assim, ao falar de "parar de se cobrar", não falo de abdicar de todas as tentativas de ser criativa, colorida ou fabulosa em suas roupas ou seu rosto, mas do exato oposto: fazer o que você quiser com seu visual. Depois das minhas cirurgias, fico muito feliz quando meu corpo funciona, se move e não dói. Minha filha, no entanto, juntou caixas de maquiagens e tem fortes convicções sobre moda. Até minhas amigas confessam vibrar em silêncio quando ela elogia as roupas que estão usando, de tão seguro que é seu ar de autoridade no assunto. Ela acabou de entrar na adolescência, e são inúmeras as coisas que eu quero que ela saiba, inúmeras as coisas de que gostaria que ela se lembrasse caso se depare com momentos sombrios.

10. Carta a uma jovem mulher

Minha filha querida,

Ainda tenho tanto a lhe dizer. Eu jamais ousaria ditar como você deve ser ou o que deve pensar, tendo você uma firme convicção de quem é — uma vez, exasperada com as pessoas que não paravam de lhe dizer que "a maçã nunca cai longe da árvore", você suspirou alto e me disse: "eu quero *ser* a árvore". Mas, depois de passar a vida pensando no destino tantas vezes turbulento, mas glorioso, das mulheres, tive vontade de lhe escrever estas reflexões.

Primeiro, exija respeito e seja respeitosa. Às vezes, ao agir assim, você se sentirá louca ou ouvirá que é louca. Persista.

Use o cérebro. Você sem dúvida será elogiada pelo rosto radiante, pela gentileza, pela graciosidade, mas também precisa sempre usar, proteger e exercitar seu belo cérebro. Mulheres se jogaram debaixo de cavalos, passaram fome, marcharam e lutaram para que você pudesse se expressar e ser ouvida.

Encontre amigos de coração genuíno e os ame muito, com lealdade. Nunca deixe de dar valor à sua família: ame-a firme e solidamente. Pratique o perdão com todos eles.

Não esqueça que a característica mais importante numa pessoa é a bondade. Se um dia decidir unir seu coração ao de outra pessoa para o resto da vida, certifique-se de que ela seja de uma rara bondade, de uma honestidade implacável. Para além da emoção que faz a cabeça virar e do desejo que revira tudo, para além dos fogos de artifício e do fogo inicial, o que importa é a bondade. Não cometa o erro de considerar a honestidade uma chatice. A sensação de segurança é mais rara do que você imagina. Então, já que estamos falando de relacionamentos...

Lembre-se de Stálin. A toda jovem às raias dos desejos vulcânicos da adolescência devia ser mostrada uma foto do jovem Ióssif Stálin. Antes de virar um ditador que matou milhões de pessoas, ele foi um poeta revolucionário e romântico de cabelos volumosos e esvoaçantes, olhos pretos intensos e um rosto lindo — talvez o tipo de garoto que você se imagine beijando no canto de um bar, alheia a todos os olhares, relógios e perigos.

Veja no Google. O jovem Stálin era um gostoso. Mas obviamente não era um bom partido, pois também era bruto, tirânico e um péssimo marido, que exagerava na bebida, vivia brigando e flertava com outras mulheres. Ele chamava a segunda esposa, Nadejda Alliluieva, com um "Ei, você!", e botou os amigos dela na prisão quando estes contaram a ela sobre os massacres que ele comandava. Aos 31 anos, Nadejda se suicidou com um tiro depois de uma briga pública humilhante com Stálin em um jantar, durante o qual ele jogou nela as cinzas de seus cigarros. Fico me perguntando como teria sido a vida de Nadejda caso tivesse aprendido a ver além do charme, a distinguir a paixão intensa do amor verdadeiro e a identificar sinais de agressividade, manipulação, abuso e controle mesmo no comecinho de uma relação.

Você sabe que já fiz muitas reportagens sobre esse tema. Pelo menos sabemos melhor quais relações evitar do que quando eu era criança, época em que grande parte da violência contra mulheres era considerada apenas "briga de casal". No entanto, você precisa evitar pessoas capazes de controlar, criticar e diminuir você, seja de que forma for, ou que a invejem e façam você se sentir irrelevante, ou que se sintam atraídas pela sua força mas a suguem completamente. Fique perto de quem lhe traz bem-estar, quem a entende, quem a deixa florescer.

Saiba também o seguinte: você merece amor. Amor verdadeiro, duradouro. Aos montes. O amor é a maior onda que existe na face da Terra. Mas lembre-se de Provérbios 4,23: "Guarda o teu coração acima de tudo, porque dele provém a vida".

Seja Você. Seja a melhor versão sua que conseguir ser. Faça um esforço para entender — e mostrar — o que é ter integridade.

Ouse. Não ligue para as opiniões alheias. Agarre todas as oportunidades que lhe derem e corra a toda.

Não deixe o mundo destruir sua extraordinária valentia. Uma vez, quando você tinha uns seis anos, havíamos estacionado do outro lado da rua, em frente ao nosso prédio, e você estava de mau humor, com raiva de alguma coisa, ou com fome, não me lembro agora. Eu lhe pedi que esperasse para atravessarmos a rua enquanto tirava o seu irmão da cadeirinha com um braço e pegava as sacolas de compras com o outro. Pedi inúmeras vezes que você aguardasse. Então levantei a cabeça e vi você atravessando a rua, devagar e a passos firmes. Quando chegou ao meio da pista, você se virou, parou, pôs a mão na cintura e me encarou. Berrei para você tomar cuidado com os carros, mas por dentro estava dividida: você estava sendo insolente, se colocando em risco, mas a expressão no seu rosto era de pura coragem e rebeldia.

Saiba que os momentos ruins passam. Sempre passam. Coisas ruins vão acontecer na sua vida, às vezes aos montes e às vezes por culpa sua, e você terá que aprender com isso. Mas outras vezes será por uma grande injustiça, e a única coisa sob o seu controle será a sua forma de reagir. Opine, mas não reclame; mantenha a cabeça erguida. Continue a caminhada, ponha um pé diante do outro, e saiba que vai passar. Se não passar, faça o possível para mudar a situação. Mas ande firme, respeite-se. Jamais recorra à sordidez e ao veneno. Nas belas palavras de Michelle Obama: "Quando eles descem, nós nos elevamos". Encontre o que a torna resiliente.

Continue lendo História. Aliás, continue lendo de tudo, mas principalmente História — há vidas que mal imaginamos que foram vividas. Na História você encontrará uma humanidade fervilhante que está sempre lutando e conquistando e caindo e fazendo besteira e sendo grandiosa e pequena ao mesmo tempo. Você vai descobrir que os direitos básicos podem ser rapidamente dilapidados, e que o mal floresce quando as pessoas boas desviam o olhar. Perceberá que os seres humanos são capazes de uma ternura extrema e de uma brutalidade extrema, tudo em um só dia; que uma pessoa pode conter contradições de tirar o fôlego, pecadores podem ter seus momentos de grandeza e santos podem ter traços sombrios. Entender isso é essencial para que você compreenda o que pode aceitar em si mesma e nos outros. Você também verá que o caráter é em certa medida inato, mas também construído: transforme a bondade, a compaixão, a disciplina, a humildade e a honestidade em hábitos. Trabalhe duro nesses atributos. Isso lhe dará uma força invisível e mágica.

Pelo menos uma vez na vida compre um vestido daqueles mais lindos — que dê a sensação de que você poderia dançar entre os planetas —, e o use feito uma rainha. Aliás, compre mais de um. Quando você era pequena, achava confusa a ideia de não ser normal usar tutu e vestidos brilhosos todo santo dia. Por que enfiar as roupas mais legais no fundo do armário, você pensava, se poderia andar na rua com elas? Saíamos para jantares em família "chiques" num restaurante perto de casa e uma noite você falou para eu me vestir direito. Foi assim que me vi caminhando pela avenida Columbus, em Manhattan, usando um minivestido de lantejoulas douradas e tentando me equilibrar no salto enquanto empurrava o carrinho do seu irmão e segurava a guia do nosso cachorro. Você andava ao lado do seu pai, sorrindo de orelha a orelha.

Escute com atenção. Demonstre respeito a todas as pessoas que conhecer, e às que não conhecer também. Veja o lado bom delas. Seja o tipo de pessoa que faz com que os outros se sintam melhores em relação a si mesmos, ao mundo, a tudo: incentive os outros, não os derrube. Tente entender o que é a graça, e como ela pode alinhavar as margens de um abismo e fazer surgir o impensável.

Nunca espere que alguém a sustente. Isso a libertará. Encontre seu objetivo, ou objetivos, e tenha uma vida plena de sentido. Trabalhe com afinco para conquistar sua independência financeira e compre um cantinho para morar assim que possível.

Ande pela terra com passos leves. Fique em paz com Deus. Nunca faça piada das crenças alheias. Permita-se, e permita aos outros, cometer erros. Aceite sua família com as fraquezas que tem. Ame seu irmão, pois ele sempre será seu principal aliado. Encare os valentões e não dê as costas a quem estiver sofrendo. Mas se permita ser vulnerável. Cultive o senso de humor. Demonstre misericórdia para consigo e os outros. Olhe para o mundo e tente tirar do caminho os obstáculos que impedem a igualdade e a satisfação, sua e dos outros.

Quando estiver em dúvida, insegura e frustrada com tudo, concentre-se nos outros. Na minha família, temos um ditado: "Tem gente que é de terraço e tem gente que é de porão". Em outras palavras, encontrar amigos, ou desconhecidos, é como entrar num elevador. No final da conversa, ou do tempo que passarem juntos, talvez você se sinta mais leve, mais feliz, animada. As pessoas que a levam para o terraço são assim. Ou talvez você se sinta estranhamente abatida, meio para baixo: é porque encontrou alguém do porão. Seu pai, sua avó e seus tios são do primeiro tipo. Você também deve ser uma pessoa de terraço: anime os outros e demonstre seu amor; não saia julgando ou criticando; procure o lado bom de todo mundo; e lembre-se do que vocês têm em comum.

Dê a mão a quem precisar, e fique do lado de quem está sendo alvo de zombarias.

Sempre compre a calcinha que combina com o sutiã — sem culpa. Acumule, aos poucos, móveis lindos ou resistentes, e se cerque de objetos que aprecia. Delicie-se com a generosidade: descubra a alegria que ela traz. Reze, ou medite, sempre. Descubra que tipo de arte a encanta e devore-a. Dance sempre que quiser e pelo tempo que quiser. Respire música.

Seja justa. Sei que já lhe falei isso várias vezes, mas é sério: trate os outros como gostaria de ser tratada. A menos que a estejam machucando, sendo cruéis com alguém ou causando sofrimento às pessoas. Nesse caso, saia correndo em busca de um lugar seguro ou os intimide com um de seus olhares.

Saiba que você é amada. Quando você nasceu, o mundo recomeçou do zero e meu coração se abriu para sempre. Foi como se você tivesse vindo de outro mundo e caído no meu peito, imediatamente olhando no fundo dos meus olhos. Você já estava formada: teimosa, engraçada, exuberante e segura, você desafiava qualquer um que atravessasse o seu caminho. Eu estava empurrando o seu carrinho pelo Central Park quando você disse sua primeira palavra — *cachorro!* — e segurando a sua mão quando você deu seus primeiros passos cambaleantes.

Você nunca teve interesse em engatinhar: foi direto do chão para o mundo. Fiquei admirada, ainda fico. Pedalei atrás de você em Paris, quando, apesar de ter só onze anos, seus pés não encostavam no chão enquanto você pedalava pelas ruas de pedrinhas. Isso não a detinha: você usava as paredes como freios.

Você me ensinou tanto. Sobre convicção, autoconfiança, estilo e palpites. Quando você passou por uma longa fase em que usava os sapatos com os pés trocados (na maioria das vezes sem querer), se alguém a repreendia, você olhava com firmeza e declarava: "É o estilo da Poppy".

Você é muito amada por ser exatamente quem é.

Saiba que ser mulher é magnífico. Em breve você será uma jovem mulher, brilhando nesta Terra. Lembre-se — como aprendi com as "senhoras" de Garma — que seus mais velhos e ancestrais lhe dão autorização: autorização para ser mulher neste mundo. Para ser forte e segura e audaz. Para ser capaz de gerar e nutrir a vida. Existem milhões de formas de ser mulher: ache a sua e se divirta com ela.

Não ligue para quem disser que você é menos do que é. Mas talvez eu não precise esquentar a cabeça com isso. Acabei de lhe mandar uma mensagem perguntando se havia alguma coisa sobre o seu dia que eu precisasse saber e você me respondeu: "Sim, você precisa saber que eu sou incrível". Fiquei pensando se você estaria começando a exigir não elogios, mas respeito — e torci para que fosse esse o caso.

Parte III

Acompanhando uns aos outros até em casa

A arte da amizade: "Estou aqui"

O autor Ram Dass nasceu numa família judia, mas se considerava ateu até começar a experimentar alucinógenos com o psicólogo e escritor Timothy Leary. Conhecido como Richard Alpert antes de receber seu novo nome de um guru indiano, Dass alegava que "não sentia nem cheiro de Deus antes de tomar psicodélicos". Depois passou a explorar um monte de tradições espirituais, entre elas o zen-budismo, o karma yoga, o sufismo, o hinduísmo e o judaísmo. Mas é bem possível que Dass seja lembrado principalmente por uma frase: "Estamos só acompanhando uns aos outros até em casa".[1] É uma bela ideia, e é verdadeira.

    Seria impossível escrever um livro sobre o que nos dá força quando o mundo escurece sem mencionar uma das principais coisas: a amizade. Conhecer pessoas maravilhosas é questão de sorte; mantê-las em nossa vida requer atenção, zelo, perdão e dedicação. A amizade é uma arte e uma dádiva, e certas pessoas são brilhantes nisso. As melhores amizades podem ir do jardim de infância à casa de repouso quase inalteradas e continuar nos fazendo rir. Ser capaz de caminhar ao lado de companheiros de infância ou de juventude a vida inteira é uma experiência insuperável.

    Minha amiga Jo, que ama música, comida e rir de si mesma — e é uma das pessoas mais engraçadas que eu conheço —, veio jantar comigo em um restaurante grego perto de casa pouco tempo atrás. Tomamos vinho tinto e falamos de um livro que eu tinha acabado de lhe dar, o romance *Ritos de adeus*, de Hannah Kent, sobre a última mulher condenada à morte na Islândia, em 1829, por um suposto assassinato.[2] Nas últimas páginas, um padre chamado Tóti cavalga ao lado da condenada, Agnes, enquanto ela se arrasta sobre seu cavalo, a caminho da morte. Agnes treme sem parar de frio e medo, incapaz de mexer as pernas na hora de desmontar. Tóti lhe diz, várias vezes: "Estou aqui".

Jo começou a chorar ao falar da beleza da cena, e me dei conta de que quando ela tirou semanas de licença do trabalho depois das minhas operações e ficou sentada na cabeceira da minha cama em diversos hospitais, me vendo afundar na dor e sair dela, perseguida pelas sombras, um zumbi, e depois ficou na minha casa, cozinhando e tentando me convencer a comer para que eu sobrevivesse a mais um dia, foi isso o que ela tentou me dizer: "Estou aqui".

Às vezes é difícil ser companheiro, cuidador ou testemunha. Mas nunca vou me esquecer dos que estiveram ao meu lado e da lealdade palpável que me mostraram, e dos que ainda permanecem ao meu lado.

No entanto, quando penso na minha amizade com Jo, lembro sobretudo da alegria. Boa parte dessa relação se define pelas risadas, as danças, as conversas intermináveis e as fugas para uma aldeia de pescadores na costa meridional de Nova Gales do Sul, onde exploramos os despenhadeiros e as praias desertas do intocado parque nacional, subimos nos navios naufragados que enferrujam nas costas rochosas, remamos pelos rios e manguezais e nos esbaldamos com os peixes frescos sob o céu azul enquanto meus filhos descobriam as poças entre as rochas.

Devemos tanto aos nossos amigos, cada um deles com a sua história: os que nos conhecem desde que éramos crianças, os que se juntaram à banda no meio do caminho, os que só encontramos de passagem mas continuam conosco, os que de uma forma ou de outra conseguem nos manter animados. Eles são as vigas da nossa resiliência. Sem eles, eu sinceramente não sei como viveria.

11. *Freudenfreude*: Compartilhando a alegria

Jane Fonda disse à revista *Vanity Fair* que suas amigas lhe "dão gás pra continuar". Digo o mesmo das minhas. É por isso que nunca entendi por que tem gente que se apega à crença obstinada, irredutível, de que no fundo as mulheres se detestam e trocam arranhões e puxões de cabelo a qualquer provocação — brigas de mulheres! Não sei muito bem por que esse mito persiste se as amizades femininas geralmente são revolucionárias, à prova de fogo e duradouras.

Uma autora australiana escreveu um livro se propondo a revelar "a verdade sobre a competição feminina", como se estivesse levantando a tampa de um vespeiro pútrido. Fiquei pasma ao ler essas palavras:

> A maioria das mulheres sabe que, assim que você vira as costas, as amigas olham o tamanho de sua bunda. Se estiver maior, o assunto será discutido pelas outras mulheres do grupo com euforia. Se estiver menor, várias hipóteses serão levantadas. Ela é bulímica, não, ela está usando cocaína, está tendo um caso, não, ela é lésbica, sem dúvida nenhuma, me dá um pedacinho do bolo? A fofoca é poderosa. Considerada uma forma de entrosamento feminino, ela envolve [...] desfrutar o júbilo fugaz do *Schadenfreude* e emitir juízo moral a respeito das outras mulheres.[1]

As mulheres podem ser feministas, ela argumenta, mesmo sendo competitivas.

Pois bem, eu sei que as mulheres são tão capazes de ser cretinas e brigonas quanto os homens. Afinal de contas, são seres humanos. Só fiquei perplexa porque a autora omite a conclusão óbvia: mulheres assim, ou pessoas assim, realmente existem, mas você não deve fazer delas suas amigas; é preciso correr delas. Sério: corra. Depois, com cuidado, puxe as mulheres inteligentes, dignas e de bom coração para perto, e ame fortemente *essas* mulheres. Livre-se das que são tóxicas e insignificantes; demonstre lealdade e honradez para com as que você ama. Não é um acaso: é cheio de propósito. Fique do lado de suas amigas e passe tempo com aquelas que preferem engolir sapos a magoá-la.

Há milhões de seres humanos excelentes no mundo. Encontre-os. Faça amizade com eles. Apoie-os. E em pouco tempo surgirá uma planta de caule e raízes fortes. Elimine quem tempera as conversas com críticas, quem é desleal ou rude, quem vai logo julgando e fala mal de você para estranhos. Porque se você está medindo mentalmente as amigas quando entram na sala, a pergunta que você tem que se fazer não é "Será que sou feminista?", e sim "Será que sou uma escrota?".

Gore Vidal, que não era conhecido pela humildade ou falta de ego, disse que sempre que um amigo faz sucesso "uma coisinha dentro de mim morre". Eu discordo. As pessoas adoram falar de *Schadenfreude*, o deleite com o infortúnio dos outros, mas raramente discutem o contrário, *Freudenfreude*. Uma das maiores e menos debatidas alegrias da vida é a que sentimos quando um amigo alça voo.

Eu me dei conta disso quando minha amiga Catherine Keenan foi considerada a Heroína Australiana do Ano em 2016. De casa, vi pela tevê o então primeiro-ministro Malcolm Turnbull, sob chuva fina e céu cinza, se esforçar para segurar o guarda-chuva acima da cabeça de Catherine. Cath é cofundadora e diretora executiva da Story Factory, de Sydney, que oferece cursos de escrita criativa para estudantes desfavorecidos, um quarto deles indígenas. Sediada em um prédio de Redfern conhecido como "Embaixada de Marte", a empreitada viu as mentes de milhares de jovens, dos sete aos dezessete anos, borbulharem e gerarem poemas, peças teatrais, ensaios, contos e livros, sob o olhar afável de mais de mil voluntários treinados.

Naquela noite, os olhos grudados na TV e os dedos nos celulares, trocando mensagens, a tribo de Cath transbordava de orgulho enquanto a víamos atravessar o palco para proferir seu discurso, ainda em choque, o vento soprando sua juba cacheada. Como ela disse então:

Contar histórias é parte fundamental de ser humano. É assim que entendemos o mundo ao nosso redor e convencemos os outros a colaborarem conosco para conseguirmos mudá-lo. Também é — como qualquer pessoa que já se sentou ao lado de uma criança seria capaz de dizer — um ato profundo e desenfreadamente criativo. Narrar histórias é nossa forma de lidar com sentimentos complicados e espirais bizarras de imaginação que surgem dentro de nós, e lhes dar forma. É assim que mostramos ao mundo quem somos.

E isso está longe de ser uma indulgência abstrata, ela acrescentou:

Sabemos do imenso impacto de ajudarmos a juventude a contar suas histórias. Sabemos disso pois um número cada vez maior de pesquisas demonstra os muitos e diversos benefícios que isso traz aos jovens. Eles têm mais chances de chegar ao ensino superior, veem menos televisão, têm uma tendência maior a servir à comunidade como voluntários. Já vi isso acontecer inúmeras vezes. Quando conseguem contar suas histórias, as crianças levantam a cabeça um pouco mais.

Meu peito doeu de tanta satisfação ao assisti-la, e comecei a refletir por que raramente confessamos a alegria de ver alguém que amamos triunfar — por exemplo, quando uma amiga é reconhecida depois de anos de um trabalho silencioso, árduo e importante, ou quando finalmente faz um gol e realiza um sonho depois de muito esforço. Eu estava vendo a mesma amiga que toda semana, ao longo de seis semanas, passou duas horas dirigindo para brincar com o meu filho pequeno no hospital, onde ele estava internado com a perna quebrada, para que eu pudesse escapar para a cafeteria e escrever meu livro sobre a rainha Vitória; que fez quilos de frango e sopa de couve-flor quando eu estava doente e preparou inúmeros almoços de aniversário para todas nós; que, quando éramos novatas nos jornais, aos vinte e poucos anos, era sempre a última a ir embora das festas.

Eu mal consegui dormir na noite da premiação, lembrando-me da empolgação na voz de Cath quando ela ligou para contar, enquanto eu caminhava por uma rua da Filadélfia, que ia sair do *Sydney Morning Herald* para montar a Story Factory com Tim Dick, grande amigo, advogado e colega de *Herald*, depois de se ver inspirada pelo 826 Valencia do autor americano Dave Eggers, um centro de escrita criativa para jovens de poucos recursos de San Francisco. Pensei nos meses extenuantes que ela tinha vivido lidando com solicitações de financiamento e lutando contra os orçamentos, e nas horas que todas tínhamos passado pintando as tábuas que formavam as paredes da Embaixada de Marte, organizadas em fileiras para criar a ilusão de que eram um portal para outro mundo, a barriga de uma baleia ou até parte de uma nave espacial.

Os budistas dão a isso o nome de *mudita* — o deleite com a bem-aventurança alheia, ou a alegria abnegada. A palavra ídiche *nachas* tem significado semelhante, de orgulho pelas conquistas de outra pessoa, em geral os filhos. Em inglês existe uma palavra um pouquinho diferente e raramente usada, mas com sentido similar: *confelicity*, o prazer com a felicidade alheia. Nos últimos anos, os psicólogos que estudam esse conceito cunharam o termo "*Freudenfreude*" para falar do sentimento oposto ao de *Schadenfreude*, e ele significa o júbilo genuíno diante do sucesso alheio. Não sei por que deixamos o *Freudenfreude* ser sempre ofuscado pelo gêmeo do mal, *Schadenfreude*, se a palavra é igualmente útil e o sentimento é muito superior. Psicólogos descobriram que o *Freudenfreude* é uma blindagem efetiva contra a melancolia e a tristeza — um jeito simples, em outras palavras, de parar de pensar em si e curtir o sol alheio.

Gore Vidal estava enganado: não é o sucesso dos nossos amigos que nos faz mal, mas o desapreço dele. Existem indícios de que a falta de *Freudenfreude* pode nos deprimir. Precisamos nos esforçar para vivenciá-lo: é uma atitude, uma mentalidade, que temos que incutir na mente. Se incentivamos as pessoas a sentirem compaixão pelos que enfrentam dificuldades, por que não incentivamos também o *Freudenfreude* pelos que triunfam? Ele é o antídoto da inveja.

A professora de psicologia Catherine Chambliss vem estudando o *Freudenfreude* há anos. Ela conduziu um experimento com pessoas com graves doenças mentais em uma instituição psiquiátrica para tentar saber se gerenciar impulsos competitivos e amizades pode deter a depressão no ambiente clínico. Ela e suas colegas passaram um tempo com os funcionários e pacientes, falando de como celebrar consciente, deliberada e genuinamente os sucessos dos outros, no que denominaram "Técnicas de Aumento de *Freudenfreude*". No livro *Empathy Rules: Depression, Schadenfreude, and Freudenfreude*, Chambliss afirma que, embora a estratégia não tenha propiciado "uma cura milagrosa", alguns resultados foram estupendos. Houve, por exemplo, uma "nítida influência positiva sobre o moral", o número de casos de agressões e automutilações caiu e a quantidade de altas bem-sucedidas "aumentou drasticamente". Chambliss conclui:

> A empatia faz maravilhas. A falta de empatia pode ser um grande problema. Não reagir com empatia ao sucesso ou ao contratempo de um amigo pode ser tóxico para a relação, minando o amparo social ao indivíduo e causando o isolamento social e a depressão que tantas vezes ele gera.[2]

Em 2016, a professora Chambliss reproduziu a pesquisa na Europa e descobriu que estudantes e pacientes hospitalares com depressão tinham níveis mais altos de *Schadenfreude* e mais baixos de *Freudenfreude*.[3] Ela e sua coautora admitem não saber se essas diferenças "contribuem para o desenvolvimento da depressão, são consequência dela, ou ambas as coisas". De qualquer modo, a correlação faz sentido.

A melhor parte de qualquer reality show de competição de canto são os parentes e amigos que ficam nos bastidores, berrando e pulando feito coelhinhos quando o candidato vence. Também é assim nos eventos esportivos, das Olimpíadas às competições locais de atletismo, em que o semblante dos pais e amigos demonstra um prazer desinibido pelo sucesso do amigo ou ente querido. Alguns pesquisadores chamam isso de "compartilhar alegria".

Em um estudo de Chambliss, os participantes que passaram pelo Treinamento de Aumento de *Freudenfreude* se tornaram "mais generosos, menos invejosos e menos irritadiços" do que os que não fizeram o treinamento.[4] Também ficaram mais felizes. Em outras palavras, a reação negativa aos sucessos e derrotas alheios acaba fazendo a pessoa se sentir um lixo. Portanto, compartilhe alegrias. (Um dever mútuo também está em jogo aqui: os campeões não podem ficar presunçosos; têm que agradecer àqueles que os ajudaram.)

Não estou insinuando que amizades entre mulheres sejam sempre mamão com açúcar: elas podem ser intensas, dolorosas e brutais, sobretudo quando terminam abruptamente. Como diz Roxane Gay: "Não quer dizer que as mulheres não sejam megeras ou tóxicas ou competitivas às vezes, mas [...] tais características não definem a amizade feminina, especialmente à medida que você fica mais velha." Ela acrescenta: "Se você achar que está se sentindo mal-humorada, tóxica ou competitiva em relação às mulheres que deveriam ser suas amigas mais próximas, observe o porquê e descubra como retificar e/ou encontrar alguém que possa lhe ajudar a corrigir essas questões".[5]

Sim! Porque as recompensas são enormes. Dan Buettner, autor que estudou as "zonas azuis" do mundo, onde as pessoas vivem mais, descobriu que uma característica que esses lugares têm em comum são os fortes laços de amizade. Em Okinawa, no Japão, em que as mulheres vivem em média noventa anos, bebês recém-nascidos já são inseridos em grupos quase formais de cerca de cinco pessoas. Esses grupos são chamados de *moai*, e seus membros cuidam uns dos outros ao longo da vida, oferecendo qualquer tipo de apoio de que precisem. Relações podem desmoronar e filhos podem se rebelar e abandonar o ninho, mas as amizades são duradouras, e frequentemente não são louvadas.

É raro ouvirmos odes aos amigos que ficam do nosso lado a vida inteira. Em certa medida, é por isso que representações de amizades fortes e complicadas — em séries como *Fleabag, Broad City, Younger, Parks and Recreation, Orange Is the New Black, Grace and Frankie, Inacreditável, Disque Amiga para Matar, Sex and the City, O conto da aia* e *Girls*, ou em livros como a elegante tetralogia napolitana de Elena Ferrante — conquistam um público tão dedicado, tão fanático.

A cantora e compositora Ellie Goulding escreveu uma canção, "Army", sobre a melhor amiga, Hannah. No Instagram, ela explicou:

> Percebi que focava boa parte das minhas composições em namoros passados e me dei conta de que nunca tinha falado da minha melhor amiga. A pessoa que conheci na faculdade, mais de dez anos atrás. Que estava no meu primeiríssimo show. A pessoa que me viu no fundo do poço e a primeira para quem eu ligo em meio a soluços abafados quando algo ruim acontece. Já deliramos de felicidade, já deliramos de cansaço e já deliramos de tristeza juntas. Eu queria mostrar nossa amizade como ela realmente é — sincera, verdadeira, eletrizante [...], as gargalhadas

pelas nossas besteiras e nossas tolices, as comparações de nossas tentativas e erros, a análise minuciosa de nossos términos e novos amores, as lembranças de tudo o que passamos para chegar até aqui e o orgulho que sentimos disso. [...] Abrimos nossos corações e corremos riscos, mas juntas somos mais fortes. Enfrentamos desafios todo santo dia, mas seguimos adiante e às vezes temos a impressão de que seríamos capazes de qualquer coisa.

Conforme ela disse a Hannah: "Quando estou com você, estou ao lado de um exército".

Não se trata de dar soquinhos no ar, ou de #metasdeequipe, ou de ostentações no Instagram como Taylor Swift e seu grupinho de amazonas esguias. Trata-se da tranquila certeza de que, quando uma amiga se levantar em um dia frio e úmido em Camberra para falar do sonho que batalhou para transformar em realidade, você também pode se orgulhar.

Há anos que minha filha me ouve falar no quanto acredito que escolher amigas leais, dignas, e permanecer ao lado delas é uma das coisas mais importantes da vida. O que eu espero que ela entenda é que, ao fazer isso, ela não está escolhendo convites para festas de aniversário. Está arregimentando um exército.

12. Ela destruiu as madeixas douradas

> *Quando eu era menina, tinha a forte sensação de que não me encaixava em lugar nenhum. [...] Estava na minha cabeça, o que eu pensava e sonhava, aquilo em que acreditava. [...] Era ali o meu lugar, o meu país.*[1]
> Tim Winton, *Cloudstreet*

O jeito mais certeiro de saber qual é o estado de espírito da minha melhor amiga, Jock, é observando seu cabelo. A primeira conversa que me recordo de ter tido com ela foi sobre sua juba colossal presa em um rabo de cavalo. Era volumosa, loura, lisa e comprida, balançava feito uma cauda de desenho animado e roçava nos meus ombros quando nos sentávamos lado a lado, na sexta série.

Eu tinha acabado de voltar de Nova York, onde havia feito boa parte do ensino fundamental, e infelizmente adotara o visual replicado das "Panteras" do cinema, populares no meu bairro naquela época. O resultado foi um cabelo sem graça, revolto, que caía sobre meus olhos; minhas tranças eram cotocos.

Um dia, caminhando até a escola nova, em Sydney, vi que Jock — na época conhecida por seu nome verdadeiro, Jacqui — não apenas tinha cortado a cabeleira gloriosa como agora ostentava praticamente um mullet. Perguntei a ela, atônita: "Por que você cortou o cabelo?".

Ela me fitou, quase carrancuda. "Boba", dizia seu olhar. "Que importância tem o cabelo?"

Eu a encarei com um respeito silencioso. Somos inseparáveis desde então. Quando estávamos com quinze anos, boiando em uma piscina na Gold Coast, eu a apelidei de Jock. Ela era direta, engraçada e esperta. Sempre foi mais descolada e menos emotiva do que eu. Dava as costas para cortes de cabelo, namoros, tudo, na verdade, sem sequer pestanejar. No nosso último dia de escola, de olhos marejados, eu abraçava os amigos e prometia com veemência que sempre manteríamos contato, embora — soluço — fosse provável que isso não acontecesse. Acabada, me virei e vi Jock sozinha, mirando o portão da escola. "Pronto", ela disse, botando os óculos de sol no rosto. "Vamos. Cair. Fora. Dessa. Bosta."

Eu ri. Ela tinha razão: já era hora. Nunca chegamos a sentir que aquele era o nosso lugar. Os subúrbios onde morávamos eram asfixiantes. O problema não estava nas nossas famílias, que eram próximas e — de modo geral — aguentavam nossos telefonemas de quatro horas nas madrugadas: era da atmosfera pesada de convenções e complacência nas ruas arborizadas das quais estávamos loucas para fugir. Jock diz que sua maior recordação é da censura: uma névoa densa de reprovação que parecia nos envolver.

Censura às nossas opiniões: os namorados que nos diziam "Você pensa demais". (Censura também aos nossos namorados, que suscitavam opiniões diversas; mas quem consegue dar as costas para o fogo do primeiro amor?)

Censura às nossas ambições: os padres que nos diziam que mulher devia ficar em casa e se submeter ao homem; o líder da igreja que demonstrou sua reprovação ao fato de eu ter faltado ao grupo juvenil por algumas semanas durante as provas finais da escola dizendo, ao saber das minhas notas: "É bom ser uma das melhores do estado. Mas é ruim queimar no inferno". O recado era claro: nossos cérebros, nossos desejos, nossos anseios, nossas vontades de caminhar pelo mundo a passos largos e firmes… tudo isso era pecado.

Censura à nossa aparência. Quando Jock raspou o cabelo na véspera de um casamento, a expressão no rosto dos pais de nossos amigos só poderia ser descrita como de pura repulsa. Eu permaneci imóvel e encarei os olhares; ela ficou imóvel e abaixou a cabeça, o rosto vermelho. A rebelde corada.

Censura às ideias que explorávamos, tivessem elas a ver com o feminismo, a desigualdade racial ou o tratamento chocante dado aos povos indígenas no nosso país. Quando eu tinha dezessete anos, um grupo de pessoas mais velhas me levou a uma cafeteria para tomar sorvete e ouvir um sermão: estavam preocupados comigo, disseram, preocupados com o meu desejo pouco refinado, mal articulado, embora genuíno, de ajudar a melhorar a vida dos vulneráveis. Uma mulher segurou a minha mão, olhou nos meus olhos e disse: "No fundo, justiça social é perda de tempo, sabe? Tudo nesta terra é perda de tempo". Lembro-me claramente da minha raiva ao andar devagar até o carro, um fusquinha branco acabado, entrar nele, botar as mãos no volante e pisar no acelerador.

Censura às nossas roupas, sobretudo as minhas: os terninhos retrô e os paletós, as botas de couro de cano alto e os casacos felpudos. A amiga que disse em tom afetado: "Vocês duas parecem estar sempre a caminho da boate". O parente que disse: "Melhor vocês não serem dessas garotas que vivem em boate". Mas ah, vivíamos mesmo. Queríamos dançar. Todo fim de semana percorríamos as linhas de trem como se fossem os corrimões da cidade para achar lugares onde dançar, comíamos nachos às cinco da manhã e usávamos roupas vintage que caíam mal no corpo e eram um triunfo da imaginação sobre a alfaiataria. Nos refestelávamos com a liberdade das madrugadas em que os relógios paravam e gastávamos as solas dos nossos sapatos. Nossos pais diziam que uma era má influência para a outra; as duas famílias se horrorizavam com os crimes que cometíamos contra a moda. Quando enviei para a minha família algumas fotos de um mochilão que eu estava fazendo pela Europa, meu irmão mais velho, que tinha 21 anos e estava noivo, me escreveu o seguinte: "Só me preocupam os homens e as roupas! Mas qual é a novidade?".

Dançamos feito loucas, muitas noites, por anos a fio, tentando nos livrar de uma sensação que não conseguíamos botar em palavras, mas volta e meia tentávamos, berrando mais alto que os alto-falantes, piscando por entre o laser da iluminação, segurando nossos sapatos nas areias das praias de Queensland ao amanhecer. Nunca brigamos; nunca nos cansamos de conversar. Ainda nos falamos quase todo dia, e ainda me empolgo ao ouvir a voz dela: temos tanto, sempre, para discutir.

Ríamos dizendo que estávamos "afogando as mágoas na pista de dança", como Bryan Ferry. Mas agora acho que estávamos procurando a felicidade. A verdade é que estávamos afogando a sensação esquisita de não pertencer ao lugar em que vivíamos, onde não concordávamos com o que nos ensinavam, onde meninas respondonas e senhoras teimosas eram enfiadas em rótulos sufocantes e ordenadas a calar a boca. Na igreja, ouvíamos sermões que avisavam dos pensamentos lascivos provocados pelas mãos dadas, e aprendíamos que o homem devia ser a cabeça da mulher em casa e na igreja e que a mulher precisava aprender em silêncio e se submeter ao homem — decapitadas, pelo resto da vida.

Estávamos tentando achar outra vida, uma espécie de emancipação do pensamento, para conseguirmos nos libertar. Na pista de dança, o rosto de Jock era sempre sonhador, autossuficiente e sereno. Mesmo depois de horas dançando, enquanto outros rostos eram tomados pela angústia, pelo suor, pela fadiga, ela era a gata sonhando com o patê fresquinho.

Mas também escutávamos que era pecado tentar encontrar uma maneira de escapar das armadilhas psicológicas preparadas para as mulheres, entender que ninguém nasce mulher, mas se torna mulher. Perdi as contas de quantas vezes ouvimos que essas ideias nos tornariam feias para os homens, que jamais nos casaríamos. Quanto à homossexualidade, ela era indizível e vista apenas como um pecado, um atalho certeiro para o inferno. Continua sendo, no lugar onde crescemos.

Ao mesmo tempo, falávamos horas e horas sobre feminismo, e devorávamos livros de Germaine Greer, Betty Friedan e Naomi Wolf, além de D. H. Lawrence e Tennyson, Oscar Wilde, Patrick White, Kenneth Slessor, Judith Wright, Les Murray, Alice Walker, Toni Morrison, Simone de Beauvoir e Doris Lessing. Trocávamos confidências sobre os sapos que tínhamos que engolir só por sermos mulheres. Os sons e suspiros de atenção indesejada foram um ruído baixo e persistente ao longo da nossa adolescência. O pai das crianças das quais eu cuidava que tentou me apalpar. O guarda da estação de trem que pegou nos seios de Jock quando ela tinha catorze anos. As cantadas que de um segundo para o outro mudavam de "Ei, gata!" para "Vai se foder, princesa!". O sócio da firma de advocacia que pedia favores sexuais. O menino da escola que estuprou a irmã, nossa amiga. O tio que tinha abusado da sobrinha, outra amiga nossa.

Ao nosso redor, jovens mulheres tentavam se encolher, passar despercebidas, discretamente ganhar controle. Amigas foram hospitalizadas com anorexia e perderam as provas finais. Jock e eu ficamos obcecadas com comida, e em cartas reclamávamos sempre: "Estou gorda. Engordei". Muitas vezes, a moeda de troca das conversas entre mulheres era a autodepreciação e a autorrepulsa; capitulávamos: que burras e feias e horríveis nós éramos. Era uma competição pelo auge da rejeição à autoestima, uma competição de ódio de si. Então Jock e eu tirávamos férias em que líamos sem nos mexer enquanto o sol dava a volta no céu; devorávamos tudo o que podíamos sobre a vida e as ideias de outras mulheres e entendíamos que aquilo que nos ensinavam era errado.

Os termos usados pelos ultraconservadores para mulheres falando sobre o que significa ser mulher são de uma similaridade tediosa: estridentes, rabugentas, briguentas, barulhentas. A palavra "estridente" descreve não apenas um ponto de vista como também um som: um som desagradável, agudo. Nossas opiniões eram estridentes porque eram dissonantes, discordantes, desafinadas. Isso para um ouvido não treinado. Para os nossos, aquilo era o início de uma canção, e nossa amizade era um metrônomo, os cliques regulares do companheirismo, da segurança e das chamas.

Quando fui viajar de mochila pela Europa, aos dezoito anos, Jock e eu trocamos montes de cartas cheias de histórias ridículas, citações dos livros que estávamos lendo e lamentos febris a respeito da nossa inadequação. Ao reler essas cartas, há pouco tempo, tivemos ataques de risos. Jock escreveu sem meias-palavras, com seu garrancho de bêbada, pérolas como:

Não acho que exista muita gente por aí que pense que nem eu, principalmente garotos canadenses de dezenove anos.

Almocei e jantei chocolate ontem e hoje.

Adoro essas noites vazias, cheias de som e fúria e brilho e gargalhada e álcool e diversão e frivolidade e grana, e essas noites estão me matando devagarinho. Estou me sentindo reflexiva, mas ousada. Preciso fazer alguma idiotice esta noite.

Vou comprar um vestidinho vermelho. Dane-se o preço, o que vale é a ideia. Não ligo se eu nunca usar.

A Renascença é uma época incrível.

Nos subúrbios pacatos onde vivíamos, mulheres usavam estampas florais; quando iam à igreja, algumas chegavam a levar cestas de vime com fitas combinando com o vestido. Não estou inventando. Os vestidos formais eram empolados e não caíam bem. Não admira que tenhamos ficado obcecadas com Madonna e suas meias-calças rasgadas e camisetas que deixavam os ombros à mostra, sua evidente arrogância, a sexualidade madura.

Também desenvolvi uma fixação por história, sobretudo a da Segunda Guerra Mundial e as de mulheres que, nos últimos dois séculos, se passaram por homens, tornando-se generais, soldados e padres para fugir da monotonia e dos tabus da vida feminina convencional. Jock e eu volta e meia usávamos ternos masculinos, geralmente achados em brechós, só por diversão. Aparecíamos de smoking em jantares, e, numa festa de 21 anos realizada em uma hípica, tendo como tema Maria Antonieta, usamos calças de montaria, paletós de brocado e perucas brancas. Mulheres de espartilhos incômodos, saias com crinolina e penteados enormes rodopiavam à nossa volta. A caminho de casa, meu namorado se virou para mim, furioso, e disse: "Imagina só você ver dois homens entrando na sala e um deles ser a sua namorada". Revirei os olhos no escuro.

Em 1946, Anaïs Nin descreveu roupas masculinas como "figurino da força" no livro *Escadas de incêndio*:

"A primeira vez que um garoto me machucou", Lillian disse a Djuna, "foi na escola. [...] eu chorei. E ele riu de mim. Sabe o que eu fiz? Fui para casa e vesti as roupas do meu irmão. Tentei me sentir como o garoto se sentia. Naturalmente, à medida que vestia a roupa, eu tinha a sensação de estar vestindo o figurino da força. Senti-me segura, assim como o garoto, confiante, sem-vergonha. O mero ato de enfiar a mão no bolso me deu a sensação de arrogância. Naquele momento, pensei que ser garoto era não sofrer. Que ser garota era o fator responsável por todo o sofrimento."[2]

Em certa medida foi por isso, é claro, que Joana d'Arc foi queimada viva pelos ingleses — não era apenas uma heresia contra Deus, mas também uma heresia contra o código de vestimenta, já que usava roupas masculinas.[3] Mas Joana d'Arc não estava brincando com as convenções da moda. Antes do encarceramento, tinha motivos práticos para se vestir como homem: esconder sua identidade, pois a armadura não cabia direito por cima do corpete (e talvez até por "razões performativas de gênero"; em outras palavras, queria se vestir de homem para poder agir como homem,[4] pelo menos da forma como se entendia que os homens deviam agir naquela época).

Depois da prisão, continuou usando roupas masculinas — para se proteger de estupros. Segundo a transcrição da "condenação", ou julgamento de fachada, presidido por um grupo de clérigos franceses escolhidos a dedo, loucos para solapar qualquer alegação da legitimidade divina de Joana d'Arc, ela usou duas camadas de roupa sobre as pernas. A primeira camada era uma calça de lã atada ao gibão por mais de vinte cordas grossas. A segunda era um par de botas de couro longas e grossas que subiam até a cintura e estavam amarradas à túnica. Em geral, eram as freiras que cuidavam das mulheres presas, mas soldados homens vigiavam Joana, uma adolescente cuja virgindade recebeu muita atenção. Seus pedidos frequentes de acompanhantes do sexo feminino eram rejeitados, assim como a reivindicação de que fosse protegida da Igreja. Ela vivia se queixando de que os guardas ingleses, bem como o "grande lorde inglês", haviam tentado estuprá-la várias vezes. (O tabelião da corte atestou que era verdade, e disse que ela tinha escapado por um triz de um abuso sexual porque um conde havia reagido a seus berros.)[5]

Sob interrogatório, ela declarou não ter infringido nenhuma lei, porque a teologia medieval permitia que as pessoas se vestissem como o sexo oposto por necessidade, quando por uma questão de segurança. Um cavaleiro da corte testemunhou ter falado com Joana muitas vezes quando ela estava trancafiada no castelo de Beaurevoir, e disse ter "muitas vezes também, por diversão, tentado tocar nos seios dela, tentando a duras penas pôr as mãos em seu busto",[6] mas Joana o empurrara com toda a força. Por diversão!

Imagine ser queimada viva por não querer ser estuprada. Ou ser considerada uma bruxa maligna por *ter sido* estuprada. Pense na Medusa. Lembramos que ela conseguia transformar homens em pedra com sua ira, que era monstruosa, feia e temível. Mas esquecemos, ou não nos contam, que, segundo o relato de Ovídio, ela era uma linda donzela que foi violentada no templo de Atenas pelo deus do mar, Poseidon. Por isso foi amaldiçoada e transformada em monstro. Castigada por ser vítima.

Quando éramos novas, os homens sempre desdenhavam das grandes amizades entre mulheres, ou tentavam transformá-las em algo sinistro, chamando-as de lésbicas. Costumava ser assim em lugares agressivamente masculinos, como os pubs das cidades litorâneas, sobretudo no grande Templo do Lamaçal e do Assédio Sexual — o Surfers Paradise, em Queensland. Só o fato de andarmos pela rua principal da cidade — onde a atmosfera era repleta de fumaça e possibilidades, e de caras aglomerados na porta das boates ou comendo sanduíches na rua — já parecia atrair comentários intermináveis sobre nossa sexualidade, sobretudo quando recusávamos convites sedutores dos homens para realizar diversos atos sexuais.

Uma vez, Jock me escreveu a respeito de um livro que estava lendo sobre atitudes e insultos que controlam o comportamento feminino:

> A citação é a seguinte: "Quando uma mulher vê essa palavra ser lançada em sua direção — lésbica —, ela sabe que está cruzando os limites. Ela recua, protesta, reformula seus atos para obter aprovação". Mas a gente nunca obteve, Jul. Nós estufamos o peito, afiamos as garras, entrelaçamos nossos braços e passeamos pela avenida Cavill afrontando todos eles, desafiando, provocando os gritos de "lésbicas de merda".

Deve ter sido assim que me passou despercebido o fato de que Jock realmente era lésbica.

Quando tínhamos dezenove anos e estávamos na universidade, ela deixou o cabelo crescer outra vez e, num gesto alarmante e atípico, começou a usar vestidos recatados cheios de florezinhas. Só um vestido floral era num tom neon berrante. Ela me contou que estava deprimida; reclamou do peso. Não consegui entender que estava voltando ao passado como um estilingue antes de se catapultar para o futuro.

Pouco tempo depois, ela se assumiu, cortou pedaços enormes do cabelo e o platinou. Não muito depois de completarmos vinte anos (fazemos aniversário com duas semanas de diferença), escrevi para uma amiga em Nova York: "A Jacqui acabou de cortar o cabelo. [...] Vários caras disseram que não falariam com ela se ela tivesse cabelo curtinho, 'Deixa comprido, fica tão bonito', e, meio que para contrariá-los, ela destruiu as madeixas douradas".

Jock se enfiou em vestidos curtos e brilhosos e entrou na comunidade queer com uma exuberância exultante: havia achado sua tribo. Acompanhei de perto seu mergulho em outro universo, que foi uma verdadeira revelação, o mundo de alegria, aceitação e derrubada de identidades que nós, ainda que fôssemos duas meninas brancas de classe média criadas nos subúrbios, tanto almejávamos — principalmente, é claro, Jock. Nas multidões ondulantes, sorridentes, de pessoas dançando sob tendas, com roupas lindas, que nos deixavam de olhos arregalados de tão criativas, em meio a todo o suor e delírio e júbilo, não interessava quem éramos e de onde tínhamos saído ou o que pensávamos. Foi uma delícia.

O cabelo de Jock ficou preto, ruivo, castanho, louro quase branco, ralo, curtinho, pixie. Eu me divertia fazendo luzes. Então ela se apaixonou, ficou enlouquecida, por uma garota de cachos pretos chamada Josie, que usava roupas de couro, correntes grossas em volta do pescoço e tinha olhos que imprimiam tamanha atitude que queimavam os ambientes apinhados.

Até então, era eu quem tropeçava em namoros intensos e emergia, o cabelo eletrocutado, anos depois; Jock abafava bocejos e dava as costas para namorados como se fossem roupas frouxas. Agora, dava cambalhotas de felicidade com seu novo amor, ressurgindo por breves instantes para telegrafar sua euforia.

Seu cabelo não mudou muito, nunca mais. Havia descoberto uma outra vida.

Enquanto isso, eu dei as costas para a carreira no direito a fim de escrever uma tese de doutorado, e continuei escrevendo, trabalhando e estudando até conseguir voltar ao país onde fiz meu primeiro e pior corte de cabelo, o país para onde eu sabia que voltaria: os Estados Unidos. Primeiro fui sozinha para Boston, como pesquisadora de Harvard, depois fui trabalhar na *Newsweek* com o brilhante escritor e editor Jon Meacham, arrastando para Nova York minha filhinha e meu então marido. Fazia um trabalho que amava, lado a lado com editores e jornalistas nerds que compartilhavam da minha obsessão por história, religião e política. Opiniões, a moeda de troca da nossa função, eram bem-vindas, devoradas e dissecadas, e, quanto mais irreverentes e inesperadas, melhor. Era inebriante. Eu estava encantada com a sensação de pertencimento que desconhecia e foi instantânea. Estava feliz.

Poucos meses após a minha chegada, me vi andando pela avenida Lexington a caminho de um salão na rua 56 Leste, gastando sem querer meu orçamento semanal em um corte de cabelo.

Olhei para o cabeleireiro: "Corta tudo. Talvez um corte mais moderno? Você é quem sabe".

Pela primeira vez na vida, meu cabelo estava curto.

Às vezes é difícil saber se nossa terra é o lugar para onde voltamos ou o lugar de onde começamos. Nossa terra são coisas intangíveis: as pessoas, não os códigos postais, e as conversas, não os sofás. Quando você começa de um lugar junto com uma amiga, percebe que está ligada não aos subúrbios onde foi criada, mas às pessoas com quem foi embora. E essas tramas das amizades, tricotadas por bilhões de palavras ao longo de décadas, primeiro unem, depois são pipas que nos permitem voar sabendo que podemos voltar para conversar com alguém que vai nos lembrar de que não somos apenas as bobas de cabelo repicado que dançavam sem parar para fugir da monotonia e da repressão, mas também mulheres que estavam escapando da asfixia; alguém que vai nos dizer que não há problema em correr, tropeçar, se apaixonar, chorar, cometer erros, tingir o cabelo de vermelho, ter vontade de escrever ou querer ser um ser humano pleno, igual, complexo, que está tudo bem em sonhar com mais. Desejar "Cair. Fora. Dessa. Bosta".

E elas vão entender que você talvez esteja procurando não um outro subúrbio, ou mesmo uma placa indicando a saída, mas o céu à vista, o céu com que mulheres pensantes sonharam durante séculos. E que o ímpeto de correr é o mesmo de passar a máquina zero na cabeça: é o ímpeto por liberdade. Nós nos desfazemos do cabelo para nos desfazer da pele.

Nesse sentido, o feminismo pode, para milhões de mulheres, ser um detonador da fosforescência: ele despe camadas de ideias podres, de negatividade, ou tacanhice, restrições e ciladas, e permite que assumamos nossa identidade verdadeira, complicada, que sejamos independentes, apreciemos a liberdade de pensamento e nos deleitemos com a reinvenção, ao mesmo tempo que nos lembra da magnífica e longa linhagem de mulheres, nossas predecessoras e ancestrais, que insistiram que a mulher poderia ser melhor. Isso evita que nossas luzes se apaguem fácil demais, com agressões ao nosso cérebro, corpo, autoestima, e nos permite erigir a estrutura de pensarmos sobre quem somos.

Ao longo de tudo isso, Jock e eu continuamos firmes, ombro a ombro. Uns anos atrás, quando pediram que eu fizesse o discurso de fim de ano na nossa antiga escola, mandei um e-mail para Jock perguntando se ela não queria ir. Ela respondeu: "Amiga, havendo uma chance de cantar [o hino da nossa escola] 'Kindle the Flame', ESTOU AÍ. Pode reservar uma cadeira para mim. Marque cabelo e maquiagem. Ah, e eu voltei a ser loura."

Quando fiquei doente, nos últimos anos, foi Jock quem ficou ao meu lado, apertando minha mão enquanto eu era empurrada em cadeiras de rodas até as salas de operação, rindo das minhas falas incoerentes quando eu saía do meu atordoamento grogue e das alucinações, guardando a cabeceira da minha cama para ter certeza de que não haveria dramalhão nem um monte de gente, me trazendo xampu e comida, garantindo que alguém fosse levar meu cachorro para passear. Ela tirou repetidas licenças do trabalho para ficar comigo no hospital, viajou para várias cidades quando meu tratamento me levou a elas, se sentou ao meu lado durante consultas com cirurgiões, a cabeça baixa, a testa enrugada, tomando notas. Às vezes, eu sei, foi difícil para ela aguentar a dor e a angústia, mas ela persistiu, tentando esconder a preocupação e as pontadas de tristeza. Seu pragmatismo e seu humor garantiram a minha sanidade. Quando éramos adolescentes, nossas famílias diziam que uma era má influência para a outra; dei berros de alegria silenciosos quando, há pouco tempo, meu irmão disse que ela era um anjo.

Ela é simplesmente uma criatura gloriosa — e está com Josie há 25 anos. Sinto muito orgulho: uma relação como a delas é rara e vale ouro. Elas se casaram em Washington — antes que o casamento fosse legalizado na Austrália —, Jock linda em um vestido vermelho, sapatos com estampa de leopardo e o cabelo louro escovado. Sempre jantamos juntas às terças-feiras e nos falamos quase todo dia. No instante em que soube que os australianos tinham votado em peso a favor do casamento entre pessoas do mesmo sexo, liguei para ela e choramos juntas.

13. Chama radiante: Candy Royalle

Por que pessoas com quem convivemos durante décadas, na escola, no escritório, na vizinhança, mal deixam rastro, enquanto outras, com as quais esbarramos rapidamente, nos deixam uma marca indelével? Você sabe como é: elas passam feito ciclones, com lampejos de luz — estrondosos, curtos, imparáveis —, enquanto mudam nossas vidas.

Foi essa a minha experiência com a escritora e artista performática australiana Candy Royalle, falecida em 2018 aos 37 anos. Tínhamos nos conhecido algumas semanas antes, mas tivemos uma conexão instantânea e passamos horas conversando sobre poemas, vozes desconhecidas, a beleza da comunidade, a forma como as palavras se desenrolam a partir de traumas e do câncer, e uma insistência no amor. Criamos sonhos em torno de uma competição nacional de poesia para mulheres, da qual eu desejava que ela fosse jurada. Amei a energia de Candy no instante em que a vi: era luminosa, generosa, impetuosa e afiada. Ao saber que ela havia morrido, senti como se um meteoro tivesse rasgado minhas entranhas.

Apenas duas semanas antes, Candy tinha subido ao palco do Red Rattler, no subúrbio de Marrickville, em Sydney, com sua banda, os Freed Radicals. Naquela noite, eu não sabia se devia ir ou não. Fazia frio, chovia, eu levaria uma hora de carro para chegar lá, precisaria arrumar uma babá, e todos os meus amigos estavam ocupados ou com preguiça. Então reli o e-mail dela: "Seria muito importante para mim que você fosse". Assim, acabei indo. E, para a minha surpresa, cinco minutos depois de chegar de fininho e me empoleirar num banco no meio do teatro, as lágrimas desciam pelo meu rosto. Ela falava de amor, tesão e dor, de injustiça, sofrimento e arte, bem como da traição de seu corpo. Era como assistir a uma fogueira: ela chamejava.

Candy estava tratando sua terceira ocorrência de câncer no ovário. Ficou metade da apresentação sentada — nos momentos em que não estava dançando — e nos falou da raiva, da angústia e da vulnerabilidade de estar doente. Eu também já tinha passado por cirurgias de corpo aberto e havíamos falado das cicatrizes que se estendiam pelos nossos torsos. "Como você poderia me amar", ela berrou no palco naquela noite, "com uma cicatriz que nem essa?". Mordeu o lábio e se virou para dançar. Levei um choque ao me dar conta de que eu me perguntava exatamente a mesma coisa.

Em um poema, "Birthing the Sky, Birthing the Sea", Candy falava da gana de viver:

> Ela não quer viver para sempre
> Só tempo suficiente para poder amar um pouco mais
> Para se tornar um pouco mais esperta
> Para sarar o mundo só o suficiente para que
> Corações em evolução tenham uma plataforma da qual saltar.[1]

O salão inteiro urrava de amor; isso lhe servia de estímulo por dias.

Embora mal a conhecesse, eu tinha encontrado a poeta cujas palavras eram cabos de força para a minha vida. Candy me ensinou que até o mais breve dos encontros tem relevância e que é preciso valorizá-lo; que as vozes das margens são essenciais; e que a poesia é de imensa importância.

Ao falar de poesia, geralmente pensamos em homens que viveram muito tempo atrás, em lugares distantes, ou nas guerras de gerações passadas. Não pensamos em uma mulher de 37 anos dançando ao som da melodia de seu sofrimento e nos desafiando — no último fôlego daquela que não sabíamos que seria sua derradeira apresentação — a chamar isso de arte. Candy, cujo nome de nascença era Cindy Malouf, escrevia sobre ser uma "mulher árabe queer, destemida",[2] que lutava contra a sensação de não pertencimento — até encontrar a tribo enorme, leal, ímpar e criativa que hoje lamenta sua morte. Essa tribo, ela disse, vive nas "Terras Fronteiriças": "Usamos coisas como a arte e o ativismo para criar um lugar de pertencimento dentro das margens e nos deleitarmos com a ideia de sermos excluídos que pertencem".[3]

O trabalho dessas pessoas raramente é divulgado pela mídia convencional, mas inúmeros poetas atuais, sobretudo os de comunidades diversas, sejam elas indígenas, de migrantes, muçulmanas, queer ou outras, são marcados por uma emoção contagiante, que fica nítida nos recitais de poesia que brotaram feito cogumelos nos últimos anos. A narrativa dessas pessoas desfia verdades.

Em maio, Candy me escreveu falando sobre as maneiras como a poesia é capaz de transformar vidas, de modo "tangível, real". Numa oficina realizada em uma escola, ela disse, ao longo de vários dias,

> a família de uma menina da ilha estava enfrentando um momento difícil. [...] A situação ficou tão ruim que ela acabou passando algumas noites em um abrigo, mas fazia questão de ir à oficina todo dia. [...] Alguns meses depois, ela me escreveu contando que me conhecer, começar a escrever, se envolver com poesia, tinha literalmente salvado sua vida. Que ela estava pensando seriamente em se automutilar e que, se não a tivéssemos ajudado, não sabe o que poderia ter feito.

Durante seus últimos cinco anos trabalhando com jovens aborígenes de Nowra, em Nova Gales do Sul, ela declarou,

> muitos disseram que foi a poesia que os salvou. Fui testemunha de sua sobrevivência em meio ao suicídio de entes queridos (muitos adolescentes como eles), assédio policial, abusos físicos e outras experiências traumáticas, mas dia após dia eles comparecem às oficinas e às sessões de mentoria porque isso os ajuda a dar voz ao que vivenciaram.
>
> Acho que esse é o aspecto mais forte da poesia. Todo mundo tem voz, e no entanto nem todas as vozes têm divulgação ou palco. A poesia é uma ferramenta que dá potência a essas vozes, uma forma de canalizar o trauma (e a alegria), uma plataforma para que elas possam ser ouvidas num mundo que costuma ser surdo às vozes marginalizadas — as vozes que na verdade são as que mais precisamos escutar.

Candy afirmou que "não era por acaso" que 90% das pessoas que iam às suas aulas para adultos eram mulheres que tinham enfrentado grandes traumas:

O mero ato de escrever e compartilhar é uma catarse. É importante lembrar da fase do compartilhamento: a poesia feita para as páginas de papel tende a permanecer apenas nelas. As obras escritas para serem compartilhadas nos ajudam a reumanizar os desumanizados — quer as histórias que dividimos sejam nossas ou dos outros.

Que bela mulher.
"Ela não quer viver para sempre", Candy entoou da última vez que pisou num palco, mais fragilizada do que imaginávamos, em um pequeno teatro vermelho martelado pela chuva. "Só quer que o mundo saiba que ela é um furacão e não um zéfiro."

A amizade com Candy marcou a minha vida. Foi um período curto, mas bastou para dar um solavanco na minha alma; foi um lampejo de luz, um estalo, uma conexão, por mais mal-empregada e banal que essa palavra seja hoje em dia. Ambas tínhamos sido cortadas ao meio, extirpadas e costuradas — éramos agora "quase mitológicas", como ela disse. Ambas amávamos as palavras e queríamos ampliar as vozes silenciadas, desconhecidas. Era um vínculo puro, do tipo que as pessoas que se sentem — ou são — excluídas tendem a apreciar e valorizar com todas as forças. Para nos acharmos, precisamos apenas estar abertos à ideia de encontrar os outros, e à arte, à criatividade e à poesia, creio eu. Só assim podemos construir e atravessar as frágeis pontes da comunhão e da esperança.

Quando o filho adolescente de Nick Cave, o músico australiano, morreu ao cair de um despenhadeiro em Brighton, na Inglaterra, Cave declarou que foi a comunidade de fãs que lhe deu forças para continuar: "Senti nitidamente que a sensação de dor era o tecido conjuntivo que unia todos nós. Sem querer ser hiperbólico, essa sensação de amor coletivo salvou a minha vida. É um círculo transcendente que parece ficar cada vez mais forte. É religioso".[4] O segredo da vida, ele diz, é tentar "ativamente diminuir o sofrimento uns dos outros". Esse também é "o remédio para o nosso próprio sofrimento; nossa própria sensação de desconexão e distância. E é o antidoto básico para a solidão". Concordo plenamente. Caso o seu coração esteja doendo e você não consiga apaziguá-lo, tente ajudar uma pessoa ou se abrir para ela, e talvez fique feliz de se esquecer dos próprios problemas por um tempo.

* * *

Às vezes, até completos desconhecidos podem nos dar um alívio inesperado. Há pouco tempo, fui ao hospital para uma tomografia que estava morrendo de medo de fazer. Foi três meses depois da minha terceira cirurgia, e na maioria dos dias eu ainda sentia dores fortíssimas, intocáveis. Tudo indicava que eu havia desenvolvido uma complicação, e era difícil não ficar aflita com a possibilidade de que o câncer tivesse voltado (o que não aconteceu). Resolvi ir sozinha e dar aos meus amigos uma trégua das visitas a hospitais.

Eu estava na recepção, esperando para ser levada. A mulher ao meu lado tremia e pedia desculpas à recepcionista: "Desculpa, estou nervosa". Eu cheguei mais perto, passei o braço em torno dela e apertei seu ombro.

Em seguida, fui levada a uma sala sem janelas com uma fileira de poltronas, onde, ao me sentar, uma enfermeira cobriu minhas pernas com uma colcha. Outra enfermeira veio colocar uma cânula no meu braço, mas se atrapalhou toda: tinha perdido a veia, mas continuava cavoucando com a agulha, fazendo força, até que meu sangue esguichou. Por conta da dor, e para meu constrangimento, lágrimas começaram a escorrer pelo meu rosto, enquanto ela se desculpava e tentava outra vez. Mas é tão raro eu chorar que quando comecei não consegui mais parar.

Fui para o canto, me sentei em uma das cadeiras em frente à sala de tomografia e chorei. Todo o medo reprimido — o pavor dos exames que quem tem de câncer sente — transbordou. Então a mulher que eu tinha conhecido na recepção, uma mãe de meia-idade de rosto bondoso e abatido, se sentou ao meu lado, segurou minha mão e disse: "Escuta, meu bem, isso me acontece o tempo inteiro. Você devia ver como eu fico quando perco o controle... eu perco mesmo, desato a chorar. Pode chorar à vontade. Vai, dá uma boa chorada".

Minha nova amiga, Deanne, segurou firme a minha mão e começou a falar sem parar enquanto eu a fitava, os olhos vermelhos. Ela sabia como era, disse. Fora mãe solteira com câncer — primeiro de mama, depois de pulmão —, e ainda estava doente. Tinha um orgulho enorme de si mesma por ter parado com o álcool, mas parar de fumar, um vício que adquirira aos doze anos a fim de tentar amenizar a dor da fome quando saía para pastorear ovelhas, era mais complicado. Ela me disse que eu estava muito magra, e com delicadeza me repreendeu por tentar aguentar a situação sozinha. Segundo ela, eu devia aprender a recorrer mais aos meus amigos: "Você parece ser daquelas que é sempre forte, mas saiba que não tem problema se às vezes não for". Assenti com a cabeça.

Fizemos nossas tomografias e saímos; durante a retirada das cânulas, Deanne — que tinha viajado catorze horas até o hospital — se deu conta de que agora podia quebrar o jejum. Seus olhos brilhavam enquanto contemplava as opções em voz alta, antes de se decidir por churrasquinho de frango. Ela sorriu para mim e se despediu com um aceno. Enquanto ela atravessava as portas de vaivém rumo à saída, eu ainda sentia seus dedos segurando os meus.

Parte IV

Verão invencível

Regarde: *Olhe e aprecie*

No meio do inverno, eu aprendia enfim que havia em mim um verão invencível.
Albert Camus, "Volta a Tipasa"[1]

Por muitos anos mantive uma palavra afixada acima da minha escrivaninha, uma citação da escritora francesa Colette: "*Regarde!*". "Olhe!" Olhe ao redor. Esqueça suas ruminações e absorva aquilo que vê. A mãe de Colette, Sido, a instruíra a observar o mundo com atenção e se deleitar. "*Regarde*, minha querida, a lagarta peluda", dizia ela, "parece um urso dourado! Ah! *Regarde!* O broto da íris-roxa está se abrindo! Vem logo, senão ele se abre antes de você chegar."[2] *Regarde* se tornou o lema de Colette: olhe, admire, sinta, viva. Quando criança, ela acordava às três e meia da madrugada e passeava pelo bosque perto de casa, no noroeste da Borgonha, onde bebia de nascentes escondidas e punha em cestas grandes os morangos e groselhas que catava. Essa enorme curiosidade pelo mundo natural durou até o fim de sua vida.

Sobretudo no que dizia respeito a flores. Em 1954, quando vivia seus últimos dias em Paris, Colette gravou uma mensagem para estudantes que começava assim: "Ao longo da minha existência, estudei a floração mais que qualquer outra manifestação da vida. Para mim, é nisso que reside o drama essencial, e não na morte, que é apenas uma derrota banal".[3] Amigos a levavam para ver os botões da primavera, e ela folheava livros ilustrados de insetos e flores e pedia que tirassem suas amostras de borboletas da parede para que pudesse olhá-las de perto. Na tarde da véspera de sua morte, ela olhava um livro de litografias com uma amiga quando andorinhas se aglomeraram diante de sua janela, antecipando um temporal. Em sua primorosa biografia sobre a escritora, Judith Thurman conta: "O céu estava carregado. [...] Com um gesto do braço abarcando o farfalhar das asas vivas no jardim e as imagens na página, Colette disse sua derradeira palavra coerente: '*Regarde!*'".[4]

Ao manter a palavra "*Regarde*" rabiscada em um papel amarelo desbotado grudado na parede, quando tinha meus vinte e poucos anos, eu tentava chamar minha própria atenção para a ideia de que devia — como os australianos diriam, sem rodeios — parar de pensar em mim e olhar em volta. Olhar é, acima de tudo, um grande bálsamo: imagine tudo o que perderíamos se tropeçássemos eternamente na interminável escada caracol interna da autoanálise. A palavra também era um lembrete constante de que eu precisava me encantar e curtir — algo que meu filho também me ensinou, e que agora eu enxergo como o segredo da alegria serena.

A doença ou o isolamento podem limpar o terreno para esse tipo de contemplação. Quando estamos doentes, olhamos para os saudáveis e nos perguntamos por que não andam por aí com uma alegria irrestrita o tempo inteiro, por que não dão valor aos mais simples dos prazeres e atividades: sentir fome, fazer uma refeição, conseguir se alimentar sem vomitar, ter órgãos que funcionam, planejar a aposentadoria, sonhar com o futuro.

O que o doente faz é pensar e observar. Ele fica sentado ou deitado na cama, no sofá ou na maca de hospital, e pensa. Em *Life in the Sick-Room*, lançado em 1844, Harriet Martineau, uma formidável socióloga inglesa, escreveu: "Nada é mais impossível de se traduzir em palavras [...] do que a sensação de ficar deitada à beira da vida e observar, sem ter nada a fazer além de pensar e aprender com o que vemos".

Precisamos aprender a olhar e prestar atenção, a explorar nossa força interior e aceitar a possibilidade de emergir da dor e crescer sob o luar em épocas de trevas — de "recuarmos" no inverno e acharmos um verão dentro de nós. O caminho da fé, da esperança e do propósito não está no desdém pelo mundo ou pelos fatos de nossa vida, mas na observação minuciosa deles. Também temos que buscar e estabelecer um propósito de vida — algo que muitos só parecem encontrar quando abrem bem os olhos.

É assim, eu acredito, que podemos nos tornar fosforescentes.

14. Reflexões para o meu filho: A arte do deleite

Descobri que basta uma única nota lindamente executada.[1]
Arvo Pärt, compositor estoniano

São inúmeras as coisas que quero ensinar ao meu filho. Que ele se erga como uma árvore; que seja verdadeiro; que respeite as mulheres como iguais e também como seres humanos de verdade, cheio de falhas, magníficos; que seja bondoso; que entenda as partes mais profundas e mais rasas dos oceanos; que perdoe os tolos; que escolha as pessoas de bom coração como se escolhesse conchas na praia; que encontre a parte da natureza que mais lhe traz alegria e explore cada cantinho dela.

Que entregue a declaração do imposto de renda dentro do prazo e aprenda a respirar direito em terra firme e debaixo d'água, que seja humilde, que dobre as coisas da forma certa porque eu ainda erro, que tire as cracas das amizades tão logo se formem, que ame a família fervorosamente e nunca parta do pressuposto de que ela é inabalável.

Que ache um propósito de vida e o honre, que procure afinidades em todas as pessoas, que ria sempre de si mesmo, que vá atrás do assombro, que dê valor ao silêncio e à disciplina de se desconectar, que encontre formas de amar os inimigos, que aprenda a cozinhar pratos que deixem as pessoas felizes, que se esquive da perfeição, que busque o divino.

Que dance sempre que possível, que continue a caminhada na chuva, no granizo e na neve, que aprenda a ser autossuficiente, que não perca nem um segundo com as zombarias dos cínicos ou os debochadas de pessoas cheias de ódio, que persevere, que corra e ande e nade e viaje e se permita cometer erros e ser sincero com todo mundo e consigo mesmo. E que reconheça que, mesmo na loucura, na toxicidade, na decadência e na podridão do mundo, ainda há músicas sendo compostas, tocadas e dançadas.

Que, como revela Aslan em *O leão, a feiticeira e o guarda-roupa*, de C. S. Lewis, por trás de cada lei terrena existe uma magia mais profunda que desafia a lógica: o perdão do imperdoável, o gesto abnegado, um momento de graça. Que essa graça recarrega galáxias, que o sol energiza o planeta e a lua dá impulso a marés, mas o universo é em grande medida desconhecido, gira e é vasto, e só isso já é uma ode à curiosidade.

Que ele estude a arte dos matemáticos, mas também escute os poetas e aprenda com os bardos. Que respeite os 60 mil anos de história de seu país, ouça os lamentos de seus primeiros habitantes, reconheça o lugar essencial que têm na nossa terra, que é deles por lei, e que se oponha àqueles capazes de interditá-los, silenciá-los, resistir a eles ou diminuí-los.

E isso é só para começar.

Porém, quanto mais velho meu filho fica, mais me dou conta do quanto ele me ensina. Ele tem o que o poeta americano Jack Gilbert chama de contentamento teimoso.[2] Tem apenas onze anos, mas curte a vida, e isso é contagiante. Quando era bebê, brincar de esconde-esconde com ele era a coisa mais divertida do universo. Até agora os melhores momentos da vida dele foram: 1. Quando comeu uma tigela de massa maravilhosa, simples, com azeite de oliva, em Gold Coast. 2. Quando comeu uma bola de massa de pizza crua em Washington, DC. Esse, para ele, foi o auge de uma viagem aos Estados Unidos. Ele volta e meia se recorda com carinho desse momento.

A regra na mesa de jantar de casa é que todas as crianças façam duas perguntas a cada adulto que esteja de visita, para que elas aprendam a pensar nas pessoas ao redor em vez de simplesmente martelar perguntas batidas tipo "Como é que vai na escola?". Em geral, eles perguntam sobre o dia que esses amigos tiveram, ou qual é a cor preferida deles, ou que prato escolheriam se fossem obrigados a comer a mesma coisa pelo resto da vida. Mas não raro meu filho surge com alguma esquisitice. Como me disse seu padrinho Woody, "o pensamento dele pega as estradas secundárias". Eis uma pergunta recente que fez: "Se você fosse uma fatia de presunto na geladeira, tivesse que sair de casa e precisasse passar pelo gato para chegar a outro país, como é que faria? Lembrando que você não saberia andar e não teria braço: só poderia rastejar". E na noite passada: "Se você fosse um hambúrguer brigando com um burrito, qual seria a sua estratégia para ganhar a luta?".

Quando pequeno, ele criou o hábito de perguntar a cada pessoa sentada à mesa qual tinha sido a sua parte favorita do dia. Então, depois que todo mundo respondia, ele recomeçava: "Qual foi a segunda melhor parte do seu dia?". Ele sempre declarava que era aquele exato momento. Podíamos ir para a Disneylândia, escorregar por quilômetros de tobogãs, saltar de enormes trampolins ou comer sorvete na praia, mas a resposta dele era quase sempre: "Este jantar com todos vocês".

O que realmente quero que meu filho saiba é que a vida, com toda a sua luta e seriedade, com suas buscas cerebrais e anseios espirituais, está contida em maçãs vermelhas crocantes e luas brancas como mármore, em lagartas peludas e lesmas com manchas de leopardo, na baba de cachorros animados, nas gargalhadas, nas ondas se quebrando, na visão de uma foca na base de um penhasco ou de um choco em um recife, no aroma de jasmim após a natação matinal, na tigela fumegante de massa fresca, no cheiro do bolo recém-saído do forno — que todos esses momentos que se acotovelam e balançam nos dão forças, que eles são os fios que costuram nossos dias.

Mas, para ser totalmente sincera, é isso o que ele já vem me ensinando.

Sociólogos chamam esse aproveitamento dos momentos felizes de *savoring*, isto é, apreciação. Sua essência está na atenção ao prazer. Fred Bryant, que escreveu um livro sobre o tema, descreve a apreciação como "jogar a experiência de um lado para o outro [...] da mente".[3] Bryant, professor adjunto de comportamento organizacional na Esade Business School, em Barcelona, sintetiza em três recomendações a pesquisa sobre o *savoring*: ansiar por algo; aproveitar quando ele se concretiza; e recordar posteriormente. Sei que isso parece uma enorme obviedade, mas a ideia é que, mesmo que não tenha nascido com o dom de apreciar, a pessoa pode cultivar sua prática.

Os atos são simples. Coma devagar. Não se distraia. Esteja presente. Procure algo bonito durante sua caminhada diária. Não perca tempo procurando defeitos ou remoendo percalços. Evite pessimistas. (Essa tarefa é de enorme importância e não é simples. É preciso tomar a atitude de eliminar da sua vida aqueles que só enxergam sombras na luz. Tome o cuidado de não deixar que se aproximem demais.) Ao receber boas notícias, compartilhe-as com os amigos. (Espantosamente, mas certos pesquisadores do *savoring* sugerem que a pessoa se permita dar pulinhos quando estiver animada, mas trate esse conselho com prudência: quem me vem à mente é Tom Cruise no programa da Oprah.) Dê festas para marcar suas conquistas — ou as dos outros. Explore a meditação. Acolha a irregularidade.

A única vez que fui expulsa de uma aula na faculdade foi quando estava no primeiro ano de economia, brincando de cabo de guerra com uma cobra de gelatina com meu amigo Jeremy, que tem um amor ímpar pelos pequenos prazeres da vida. Jeremy só precisava de comida, cerveja e uma onda boa de surfar para ser feliz. Quando dividimos uma casa em Bondi, a primeira coisa que ele me falava todo dia era de seu almoço. Ele entrava porta adentro e ia direto ao ponto: "Ah, Jule, comi um kebab divino. Incrível. Sei lá o que eles fazem para ficar tão bom!". Então descrevia as camadas, texturas, molhos e coberturas, e eu ria. Era contagiante. O que eu não sabia na época era que essa tendência a falar por horas a fio sobre uma comida indicava uma forte capacidade de apreciação, de se agarrar a uma sensação positiva bem depois de experimentá-la.

Jeremy ainda é assim, aliás. Hoje, ele tem uma jovem família, e, quando telefonei, há pouco tempo, eles tinham saído para jantar. "Jeremy! Como é que você está?", perguntei. "Ah, Jule, estou ótimo. Estou comendo uma pizza. A crocância está perfeita, uma maravilha: é metade napolitana e metade de outro sabor; é de uma família italiana que faz o próprio molho, com um queijo derretido... sério, você precisa provar." Tenho certeza que ele chegou ao trabalho no dia seguinte e contou aos colegas. Outros comeriam a pizza e se esqueceriam dela na mesma hora.

Meu amigo Woody é parecido. Ele dedicou a vida a buscar o assombro — esse é o DNA da nossa amizade. Woody passou anos fazendo pesquisas em oceanos, desertos e parques, e escrevendo livros sobre vombates, tubarões--brancos, pinheiros antigos, a Grande Barreira de Coral e cercadinhos para cães. Ele mergulha, pega onda, pedala, corre por horas acompanhado de seu lindo border collie, Ringo, e constrói as próprias casas em enormes terrenos sossegados aninhados entre o mar e a floresta tropical. Não raro, quando telefono, ele está empoleirado no trator fazendo algum serviço, esbaforido. Volta e meia recebo mensagens dele contando ter avistado uma coruja, ou sobre a perfeição de uma banheira que ele pôs no meio do terreno arborizado, e ele me manda fotos de tartarugas saindo dos ovos e crepúsculos, que retribuo com fotos de chocos, do boboca do meu cachorro e de várias aventuras subaquáticas. E no entanto ele também é mestre em apreciar as pequenas coisas. A parte do cotidiano que mais o alegra é o chá inglês que prepara assim que acorda, com gengibre ralado na hora. Ele não precisa que nenhum sociólogo lhe diga que esse é um saudável indício de sua capacidade de apreciação: seu sorriso logo que acorda entrega tudo.

Uma série de pesquisas examinou as características que nos tornam mais ou menos aptos à apreciação, e um estudo chegou a postular a tese de que determinar o que separa quem aprecia as coisas boas de quem não as aprecia desvendaria alguns dos mistérios biológicos associados à depressão.[4]

Um dos segredos da felicidade, ao que consta, é a baixa expectativa. Meu irmão caçula, Steve, um homem imperturbável, pacato e muito amado, adotou o seguinte lema para sua festa de casamento: "Espere a imperfeição". Se as coisas derem errado, ele declarava, não tem problema. Mas é claro que o casamento foi glorioso, e nem sequer me lembro se alguma coisa deu errado.

Em uma pesquisa de 2014 conduzida pela Universidade de Londres, os participantes recebiam uma pequena soma em dinheiro para apostar. Quem não imaginava que ganharia ficava mais feliz quando ganhava. "O segredo da felicidade", disse o psicólogo Barry Schwartz, "é a baixa expectativa."[5] Ou pelo menos uma expectativa realista, que penda para baixo.

Os dinamarqueses não descobriram isso ontem.[6] Em 2006, epidemiologistas da Universidade do Sul da Dinamarca tentaram apurar por que os dinamarqueses sempre ficam no alto da lista dos povos mais satisfeitos do Ocidente. Junto com sua equipe, o professor Kaare Christensen concluiu: "Se as expectativas são tão altas a ponto de não serem realistas, podem servir de base para decepções e uma vida pouco satisfatória. Embora os dinamarqueses sejam muito contentes, suas expectativas são bastante baixas".[7] Veja por exemplo a seguinte manchete, tirada de uma matéria de um jornal dinamarquês sobre os resultados da última pesquisa sobre o otimismo da população em 2005: "Somos os mais felizes *lige nu* [neste exato momento]". O professor Christensen descreveu esse sentimento como o "do momento presente, mas que provavelmente não será duradouro, e que não temos a expectativa de que se prolongue". Não presuma que este momento voltará a se repetir: é melhor aproveitá-lo.

Por outro lado, os perfeccionistas compulsivos lutam para apreciar os prazeres mais simples. Um estudo de 2014 sobre o aproveitamento das últimas férias por estudantes de graduação revelou que personalidades do Tipo A são menos propensas a curti-las do que personalidades do Tipo B, em certa medida graças ao perfeccionismo. Os autores declaram:

> Os resultados revelam que o foco do Tipo A é no orgulho que sentem e na impressão que causaram nos outros, mas engloba num grau de moderado a baixo o armazenamento ativo de lembranças positivas para recuperação posterior, ou a recordação de acontecimentos positivos anteriores.[8]

Isso talvez ocorra, sugerem os autores, porque essas pessoas ficam impacientes para embarcar em novas oportunidades, ou relutam em perder tempo "codificando lembranças às custas do esforço que poderiam empregar na busca de conquistas futuras".

Outro fator influente pode ser o exercício da disciplina. Não é nenhuma surpresa que o conceito de *savoring* tenha sido frequentemente posto à prova com um dos grandes prazeres da vida: o chocolate. Em um estudo, os participantes foram divididos entre quem poderia comer chocolate na hora que quisesse e quem teria que se abster por uma semana. O fato de os abstêmios vibrarem tanto ao voltar a comer chocolate foi considerado uma prova dos méritos da abnegação ocasional. O ascetismo, concluíram os pesquisadores, traz benefícios à felicidade, até mesmo em rituais como a observância cristã da Quaresma, o jejum do Ramadã ou as resoluções de Ano-Novo.[9] O simples aumento da percepção subjetiva da pessoa sobre há quanto tempo não come sua comida preferida já faz com que ela se sinta mais feliz ao comê-la.

Pessoas que se consideram muito merecedoras de felicidade — e todos nós conhecemos algumas assim — têm uma tendência menor a apreciá-la. Uma pesquisa feita em 2016 na Universidade Case Western Reserve constatou que a arrogância — "um traço de personalidade motivado pela sensação exacerbada de mérito e superioridade" — pode gerar um ciclo inesgotável de negatividade. O pesquisador que chefiou o estudo, Joshua Grubbs, afirmou: "Em níveis extremos, a arrogância é um traço narcisista tóxico, que repetidas vezes expõe a pessoa ao risco de se sentir frustrada, infeliz e decepcionada com a vida".[10] Narcisistas se promovem como grandes otimistas, prontos para conquistar e controlar, mas, quando não conseguem fazê-lo, desmoronam. É um otimismo frágil.

Parece que a riqueza também pode ser um empecilho para a apreciação, uma vez que com o tempo a sensação de prazer pode ser diluída pela repetição e a abundância — mesmo no que diz respeito à apreciação de pequenos prazeres como o chocolate, que em uma pesquisa os ricos comeram mais rápido e curtiram menos.[11]

O psicólogo Daniel Gilbert cunhou o termo "experiência de alongamento",[12] que em certo sentido quer dizer, nas palavras de Jordi Quoidbach, que

> experimentar as melhores coisas da vida — como surfar no famoso North Shore de Oahu ou jantar no Daniel, um restaurante quatro-estrelas em Nova York — pode abrandar o deleite que a pessoa sente com as alegrias mais mundanas, como dias ensolarados, cervejas geladas e barras de chocolate.[13]

Você nem precisa ir a esses lugares para que isso aconteça — só o fato de *saber* que é possível visitá-los já é capaz de embotar a apreciação:

> Em outras palavras, não é preciso visitar as pirâmides do Egito ou passar uma semana nos lendários spas de Banff, no Canadá, para que a capacidade de apreciação de uma pessoa se enfraqueça — saber que essas grandes experiências estão à nossa disposição já pode exacerbar a tendência da pessoa a não dar o devido valor aos pequenos prazeres do cotidiano.[14]

E são tantas as coisas dignas de apreço que estão bem diante do nosso nariz. A risada sincera de um bebê; o cheiro da grama depois da chuva (petricor);

o equilíbrio perfeito da gota de chuva em um caule; a floração das cerejeiras; lagos que refletem o céu; a terra vermelha; a bochecha de seu filho amassada contra o travesseiro enquanto ele dorme; roupa de cama nova; música; chuva forte no telhado; uma mãozinha esticada para segurar a sua; a queda das folhas no outono; uma noite de verão interminável; a orquestra se afinando; o rosto orgulhoso dos pais nas arquibancadas; as luzes se apagando antes de uma peça de teatro; a xícara de chá, forte na medida certa, com a quantidade perfeita de leite, na temperatura ideal; espremer-se na multidão para achar o lugar perfeito diante do palco de um show; cantar em um coro; o gorjeio de um passarinho; os braços e pernas curvos de um dançarino no ar; o êxtase de ouvir uma canção que você ama cantada a plenos pulmões; o aroma da massa de pão crescendo no forno; um broto rompendo a terra; dançar como se ninguém estivesse vendo; raios lampejando sobre o mar; e o bálsamo adorável de um banho quente depois de nadar na água gelada.

Quando eu morava nos Estados Unidos, uma revista feminina me pediu que listasse meus dois maiores bens. Perdendo a deixa para citar algo mais glamoroso, falei da minha bicicleta e da minha chaleira. Os editores cortaram essa parte da matéria. Agora, vivendo na montanhosa Sydney e não mais na plana Filadélfia, já não pedalo com muita frequência, mas continuo muito apegada às minhas chaleiras. No trabalho, tenho três, de tamanhos diferentes: uma de tom laranja, uma de pintinhas e uma com redemoinhos de cores vivas; e tenho outra em casa, com uma Alice no País das Maravilhas empoleirada na tampa. Curtir um chá recém-preparado na varanda, depois de nadar ou correr, é a melhor coisa do mundo. O sol passa pelos meus pés, cacatuas voam, e até o meu gato peludo e tirano se deita ao sol, sereno. Todos temos esses momentos, em que nos satisfazemos com prazeres simples. Deleite-se com eles.

15. *Ert*, ou O senso de propósito

Tenho cada vez mais certeza de que os verdadeiros filósofos não usam paletós de tweed e sim roupas de mergulho. Existe algo cativante nas pessoas que desenvolvem uma agradável obsessão pelos pequeninos habitantes da natureza, como polvos, dragões-marinhos e até tubarões. E foi assim que me vi percorrendo ruidosamente e em alta velocidade as estradinhas que levam de Hobart até a área rural das redondezas, ao lado da bióloga marinha Lisa-ann Gershwin. Ela estava ao volante de seu Mazda conversível vermelho, tomando chocolate enquanto atravessava as colinas com sombras roxas, empolgada ao falar de águas-vivas. Meu xale balançava ao vento, minhas pernas torravam debaixo do aquecedor do carro, e eu estava no auge da felicidade.

Gershwin, nascida nos Estados Unidos, me contou sobre a vez em que sofreu repetidas queimaduras por uma água-viva Irukandji, que é extremamente venenosa; de sua preocupação com o uso de agrotóxicos na China; de sua água-viva predileta, a bazinga, translúcida e coberta de verrugas, que ela descobriu e se revelou parte de toda uma nova subordem; de seu amor pelo nome que a água-viva *Apolemia uvaria* recebeu em inglês, "*long stringy stingy thingy*" [algo como "coisinha longa e ardida"]; da época em que diz ter sofrido bullying no trabalho e acabado em um abrigo para sem-teto; de sua luta contra a depressão; do reconhecimento global cada vez maior de seu trabalho; de como as estrelas-do-mar invadiram a Tasmânia; e da importância de ter finalmente recebido o diagnóstico de portadora da síndrome de Asperger.

"Finalmente entendi onde eu me encaixo", ela explicou, "depois de passar a vida inteira com a sensação de ter caído de paraquedas no Japão medieval!" Ela é encantadora e despretensiosa.

Eu havia lhe telefonado depois de ouvi-la falar no rádio, rindo de si a todo momento e discutindo com um entusiasmo vital seu grande amor, a água-viva.[1] Perguntei se toparia tomar um café comigo enquanto eu estava na Tasmânia para cobrir um festival cultural chamado Dark Mofo; ela preferiu me buscar de carro, o cabelo esvoaçante, pronta para me levar em uma aventura. Percorremos cerca de oitenta quilômetros até o vilarejo histórico de Oatlands, construído por prisioneiros e antigo lar do carrasco que por mais tempo serviu ao Império Britânico, Solomon Blay, que ao longo de 51 anos executou mais de duzentas pessoas, o que o levou a ser segregado.

Foi só aos vinte e tantos anos que Gershwin descobriu a paixão que viraria sua vida de cabeça para baixo. Em Los Angeles, ela resolveu visitar o aquário de San Pedro, onde se pegou olhando fixamente para um tanque pequeno com vultos que mudavam de forma e se apaixonou. Medusas-da-lua passavam na sua frente "que nem nuvens no céu, imóveis, com tentáculos dependurados". Gershwin foi arrebatada, quase hipnotizada por um fascínio reverente. "Eram a coisa mais linda que eu já tinha visto na vida; elas roubaram meu coração", relembrou. Ela se ofereceu para trabalhar lá como voluntária e se tornou uma cientista especializada em águas-vivas. Como havia largado o colegial, teve que "assistir a um bocado de aulas" para entrar na faculdade; em seguida, depois de muito estudo, ganhou uma bolsa integral para fazer o doutorado na Universidade da Califórnia em Berkeley e uma bolsa Fulbright para se mudar para a Austrália. Agora, é uma das maiores especialistas em águas-vivas do mundo, e já descobriu mais de duzentas espécies.

"Eram mágicos, aqueles animaizinhos invertebrados, sem cérebro, sem nenhum meio de subsistência visível", ela disse, aos risos. "Já saí com alguns caras assim! Estão vivos, mas são como alienígenas; não há nada neles que se possa reconhecer como um organismo vivo. A gente fica se perguntando: 'Quem é você e de onde foi que veio?'"

Os chocos mudaram a minha vida de forma discreta, mas as águas-vivas mudaram a vida de Lisa-ann de forma espetacular. Comendo um prato de torradas com patê de fígado, ela me disse que estava em busca do que chama de *ert* — termo que ela própria cunhou, e que significa o oposto da inércia — desde os treze anos, e que tinha acabado de perceber do que se tratava: propósito. "Não acho que vai ser água-viva para todo mundo, mas no meu caso é",[2] ela disse na entrevista de rádio:

> Trata-se de ter um propósito de vida, de encontrar um trabalho que faça sentido, um hobby que faça sentido, que traga seu fascínio para um lugar onde a depressão não entra. Ela simplesmente não consegue existir quando você está nesse lugar. *Ert* é isso. Encontrar algo que você ame.

A procura de Gershwin chegou ao ápice depois de um longo período de depressão após a briga com um ex-chefe, quando se viu morando em um abrigo para sem-teto em Launceston. Ela sentia, segundo me contou, "uma inércia imensa, que me esmagou e me derrubou como se fosse um rolo compressor. Eu imaginava que, se conseguisse descobrir o que era essa 'coisa', seu oposto me libertaria". Ela queria algo que a pusesse de pé quando estava no chão:

> Hoje eu olho para trás e sei que estava sofrendo de depressão. Mas na época eu não sabia. Só sabia que passava muitas horas dormindo e ficava dias sem sair da cama. Não estava triste: estava sem vida, abatida, cinzenta, entorpecida. Estava paralisada pela enormidade de algo muito maior que eu. Tinha a clara consciência de que a vida estava passando enquanto eu tentava organizar as ideias para conseguir fazer uma *quesadilla* (que é um sanduíche mexicano incrivelmente simples: uma *tortilla* dobrada ao meio com fatias de queijo no centro, que vai no micro-ondas por trinta segundos). Às vezes, levava dias. Então, que não sabia nada de psicologia, terapeutas ou transtornos mentais, eu sabia apenas que precisava achar um jeito de sair daquela situação. Minha busca pela *ert* se tornou o fio que definiu minha adolescência, meus vinte anos, meus trinta, meus quarenta. Estava entrelaçada a tudo o que eu fazia. Quer as coisas estivessem boas, ruins ou angustiantes, eu tinha dentro de mim o ímpeto de achar essa coisa, que nunca estava muito longe do meu alcance.

Esse ímpeto voltou no dia em que ela saiu do abrigo. Havia chegado a um acordo com o ex-chefe e comprado uma casa nova com o dinheiro recebido;

no mesmo dia, recebeu um adiantamento de 2 mil dólares por seu livro sobre águas-vivas, intitulado *Stung!*, mas nunca descontou o cheque: ele foi emoldurado e pendurado na parede da casa nova.

O segredo da *ert*, ela me disse depois, por e-mail, é diferente para cada pessoa:

> Para mim, é uma mistura de alguém ou algo para amar (dei sorte, tenho duas coisas: as águas-vivas e o meu carro!), um propósito de vida (minha pesquisa e escrita), um trabalho que faça sentido (trabalho com a Commonwealth Scientific and Industrial Research Organization, a agência federal do governo da Austrália responsável por pesquisas científicas) e autocuidado (minhas unhas fabulosas!). Pode até soar simplista, mundano ou superficial para quem tem objetivos mais grandiosos, mas, sinceramente, se eu tiver apenas isso fico feliz feito um mexilhão na maré alta.

E um mexilhão na maré alta não deseja muita coisa: apenas água, areia e movimento.

Se acertarmos na mosca, a *ert* pode completar nossas vidas com um propósito. Então, devemos procurá-la. Talvez ela não seja um objeto palpável. Para muita gente, é simplesmente o movimento. Para quem já teve depressão, ansiedade ou passou por uma doença grave, a *ert* pode ser apenas conseguir ficar de pé, andar ou chegar ao fim do dia. Para outras pessoas, pode ser a natação, a dança, a corrida, a caminhada — que nos ajudam a permanecer tranquilos e fortes, e combatem a depressão e outras enfermidades, como várias pesquisas já confirmaram. Um passo após o outro. Uma braçada após a outra. Uma palavra após a outra. O que quer que o estimule a seguir em frente.[3]

Michael McCarthy, um ambientalista e jornalista britânico, encontrou sua *ert* nas borboletas. Em *The Moth Snowstorm: Nature and Joy*, ele descreve o momento, quando tinha sete anos, em que se apaixonou por essas criaturinhas delicadas. Era 1954, ano em que a mãe de Michael foi enviada a um hospital psiquiátrico depois que sua mente "se despedaçou", e ele e o irmão foram morar com a tia em Merseyside. Certa manhã, ao sair para brincar, Michael reparou em uma budleia coberta de "joias tão grandes quanto a minha mão naquela idade, joias que ostentavam misturas de cores deslumbrantes. [...] Como era possível que existissem aquelas joias vivas?",[4] escreveu. Foi nesse momento, ele diz, que "as borboletas entraram na minha alma". Desde então, "todas as manhãs daquele verão calorento mas fugaz, enquanto minha mãe sofria em silêncio e meu irmão gritava, eu saía para vê-las, sem nunca me cansar de observar aquelas almas aladas que voavam livremente, coloridas feito bandeiras".

As borboletas despertaram uma paixão para a vida toda. Dali em diante, McCarthy passou seus dias estudando e admirando a natureza — pássaros, insetos e flores —, e agora lamenta sua perda. *The Moth Snowstorm* examina a outrora abundante e agora minguante população de pardais, cotovias, efemerópteros e mariposas, lembrando-nos de uma época em que dirigir à noite significava enfrentar o baque de centenas de mariposas nos para-brisas e paradas regulares para limpar a "exuberância estarrecedora da vida" que dificultava a visão do motorista. Agora, diz ele, os seres humanos estão destruindo a terra e massacrando a abundância da natureza. Assim como Rachel Carson e muitos outros alegaram, McCarthy insiste que, se fruirmos a natureza e encontrarmos alegria nela, não vamos desejar saqueá-la, negligenciá-la e destruí-la como se não tivesse importância. Ele chama isso de "defesa através da alegria". A natureza, afinal, é "parte da nossa essência — o lar natural de nossas almas".

A ert de Bill Cunningham era a moda: documentá-la como historiador, fotógrafo e conhecedor. Quando tinha quatro anos, a mãe bateu nele por ter usado o belo vestido de organdi da irmã e, segundo ele escreveu, "ameaçou quebrar todos os ossos do meu corpo desinibido caso eu voltasse a usar roupa de menina",[5] mas seu amor pelas peças femininas perdurou. Ele não se considerava um bom fotógrafo, pois não era agressivo o suficiente: "Eu simplesmente amava ver mulheres bem-vestidas, e ainda amo. É só isso".[6] Celebridades não eram de seu interesse a menos que usassem roupas interessantes: disparar o obturador da câmera era dar uma espécie de unção.

A atenção que Bill prestava ao mundo, escreveu Hilton Als, era quase "um exercício espiritual [...] uma disciplina amorosa".[7] Uma fosforescência. Als resumiu da seguinte forma:

A luz que vinha de dentro de Bill — a luz do coração — era a daquelas pessoas que nem acreditam na sorte que tiveram: ele estava vivo. E tenho certeza de que Bill sabia que parte do privilégio da vida é a nossa capacidade de ter esperança, manter essa que é a espinha dorsal dos nossos dias.

A *ert* da chef americana Julia Child obviamente era a comida. Ela aconselhava que as pessoas "achassem uma coisa pela qual fossem apaixonadas e nutrissem sempre um grande interesse por ela". A mulher conhecida pela cozinha francesa e pelo entusiasmo obstinado fez suas primeiras experiências culinárias durante a Segunda Guerra Mundial, tentando ajudar a Marinha a encontrar maneiras de impedir que tubarões disparassem explosivos subaquáticos sem querer: ela criou um repelente de tubarões ainda usado hoje em dia. Só descobriu sua paixão já nos trinta anos, quando um prato de linguado com ostras em Rouen provocou "a abertura de sua mente e alma", segundo contou ao *New York Times*.

Para outros, é a beleza que pode propiciar *ert* — tanto consolo quanto propósito. Meu amigo Shane Clifton, um simpático teólogo de intelecto afiado, relata exatamente isso. Quase uma década atrás, ele sofreu um acidente que o deixou quadriplégico:

> Por muito tempo fiquei numa infelicidade desesperadora. Depois, contrariando todas as expectativas, saí do desespero. Não fui curado, e vou sempre enfrentar os limites, as dores e as vulnerabilidades de um corpo destruído num mundo que ainda não é talhado para as deficiências. No entanto, a alegria chegou de fininho.

Essa alegria, diz ele, veio da leitura de autores como Aristóteles e Tomás de Aquino e seus escritos sobre a felicidade trazida por uma vida com sentido, bem como "do evangelho cristão, que é de uma clareza especial quando se está sofrendo"; do amor dos parentes e amigos; e de descobrir "a história potente e os diversos dons da comunidade de deficientes", através da qual "passou a entender que minhas debilidades e fracassos não me tiram as forças, e sim podem se tornar fontes de força".

Em meio a tudo isso, diz Clifton, a revelação da beleza o transformou. Antes um surfista fervoroso, após o acidente ele passou a detestar a praia, pois ficava "atordoado pelas ondas que não podia pegar". Mas uma noite, anos depois de perder o movimento dos braços e pernas, ao ver o sol se pôr na Sharkies Beach, em Wollongong, "me dei conta de que a única coisa que eu sentia ao ver as nuvens rosadas refletidas nas ondas lisas era fascínio. E, embora o crepúsculo fosse passageiro, comecei a perceber que o mundo natural e social podia ser lindo e repleto de sentido". Agora ele deseja a beleza e tira forças e alegria dela — e de uísques caros e gargalhadas.

A *ert* também pode ser encontrada no trabalho. Ele geralmente é visto apenas como um dever que nos distrai do que realmente importa ou como simples labuta, mas o envolvimento com um trabalho de que se gosta — seja ele remunerado ou não — pode ser muito satisfatório e significativo. Isso acontece sobretudo se o trabalho é sua paixão, algo que você ama. A biógrafa britânica Claire Tomalin disse ao jornal *The Guardian* que, quando está aborrecida com alguma coisa, "vou para o meu escritório e trabalho".[8] O trabalho a manteve de pé em meio a todas as dores e dificuldades que a vida lhe trouxe. Um de seus filhos morreu ainda bebê, outro nasceu com espinha bífida, e o primeiro marido, um repórter (que traiu Claire por anos a fio), foi morto por um míssil sírio. Ela criou quatro filhos sozinha; uma das filhas cometeu suicídio quando estava na universidade. De alguma forma, em meio a tudo isso, Tomalin encontrou um alívio ao entrar em mundos da imaginação — a vida de seus biografados — e escrever. Ela declarou que fechar a porta do escritório e entrar no mundo sobre o qual estava escrevendo, como a Londres vitoriana de Charles Dickens, era mergulhar tão fundo em outro universo que era como "afundar os pés na lama" das ruas imundas. Muitas vezes também sinto isso ao escrever. Compenetração total e propósito.

A *ert* é aquela pequena fagulha dentro de nós que pula da bagunça do cotidiano em direção ao que é bom e ao que mais ansiamos ser, fazer e amar. Às vezes, ela é simplesmente a vontade de sobreviver.

16. Crescendo ao luar

> *O broto parecia seguir a lua, e, quando as plantas foram colocadas na janela com vista para o oeste, viu-se um movimento novo, e foi assim até a lua desaparecer atrás das colinas.*[1]
> Frank Crisp, *Journal of The Royal Microscopical Society*

Em geral, a lua é retratada no imaginário popular como uma fachada para o mistério e a ameaça: as atividades furtivas do arrombador, o uivo do lobisomem. Mas ela faz muito mais do que nos damos conta. Sem ela, a Terra giraria mais rápido sobre o próprio eixo, nossos dias ficariam mais curtos, nossas marés ficariam mais fracas e diversos bichos noturnos — morcegos, gambás e universitários — ficariam perdidos. Certas plantas se viram na direção da lua, reagindo à sua curva pálida e luz gélida; cientistas falam em "maré das árvores" ou "maré das folhagens", em que os movimentos das plantas acompanham a lua como o mar é puxado pelas marés, essa enorme força que atrai ondas e folhas em arcos de vida.

Há plantas que chegam a crescer ao luar, ou reagir de formas diferentes a ele, um fenômeno que poderia ser chamado de selenotropismo. Trata-se de um movimento quase invisível, que acontece no escuro, no silêncio: devagarzinho, as plantas se curvam durante a noite, despercebidas. Algo parecido aconteceu comigo quando fui diagnosticada com câncer: quando o mundo escureceu, me curvei e cresci. Era inevitável que a doença me causasse uma transformação irreversível. Mas o que eu não esperava era que minha força também crescesse. Calmamente, de modo quase imperceptível, e em geral nos piores momentos, sozinha na calada da noite, criei uma determinação que pegou de surpresa até a mim mesma. Ao longo dos anos, eu havia confidenciado todos os detalhes, agonias e triunfos da vida a um grupo de amigos íntimos, mas nesse período me recolhi e assim fiquei mais tranquila.

Sem dúvida minha atitude foi, até certo ponto, imposta pelo sofrimento. Eu mal reconhecer tudo o que eu poderia perder, ou cogitar um futuro a respeito do qual não tinha mais certeza, a despreocupação agora dando lugar a uma cautela entorpecida. Eu não era capaz de compreender as possíveis perdas, nem queria isso. Pensei no poeta Rainer Maria Rilke, que em 1904 escreveu: "Ainda não sei muito sobre a dor, portanto essa escuridão colossal me apequena".[2] Só a ideia de que posso não estar viva para ver meus filhos adultos já me faz chorar — deixar filhos antes que eles cresçam é o pesadelo de qualquer pai ou mãe.

No entanto, como disse Oscar Wilde, "onde há tristeza há um solo sagrado", e ele tinha razão, por pior que seja admitir isso. O sofrimento nos rebaixa, nos esmaga e nos força a reconhecer a transitoriedade, a encontrar paz em Deus ou na espiritualidade. O escritor judeu Elie Wiesel, aprisionado e mandado para Auschwitz quando tinha apenas quinze anos, disse à *Paris Review* que sua atração pelo misticismo o levou a descobrir que todas as religiões têm em comum o sofrimento: todas tentam abordar o problema básico de como devemos lidar com ele. O cristianismo, ele declarou, "é quase todo baseado no sofrimento".[3] O psiquiatra Viktor Frankl, também sobrevivente do Holocausto e prisioneiro de um campo de concentração, ganhou fama por insistir que "se existe algum sentido na vida, deve haver sentido no sofrimento".[4]

Eu muitas vezes me perguntei qual seria a sensação de se ter um câncer crescendo dentro do corpo, de ficar sabendo de repente que está carregando, dentro ou em volta dos ossos e órgãos, algo que corrói seu organismo, uma massa feia e que o consome; estar seguindo a vida alegremente sem saber que está sendo traído pelas próprias entranhas. Mas não esperava descobrir, pelo menos não tão jovem. Sempre fui saudável e forte; pratico hot yoga regularmente e nado mais de um quilômetro e meio na baía perto da minha casa em Sydney, repleta de peixes, tudo isso enquanto cuido dos meus dois filhos, apresento um programa de tevê e escrevo colunas e livros.

Mas agora eu sei: foi como se eu estivesse gestando um bebê. Os enormes tumores que cresciam em silêncio dentro de mim inflaram de repente, num fim de semana, transformando minha barriga em um balão. Foi muito esquisito; nos meses anteriores, eu me sentia inchada e minhas roupas foram ficando apertadas, mas meus amigos riram e delicadamente chamaram a minha atenção para a quantidade de chocolate que eu comia quando prazos se aproximavam. Eu estava exausta, mas minha médica atribuiu isso à minha carga de trabalho.

Então, em um sábado de junho, fui acometida por uma dor lancinante e acabei no hospital. O diagnóstico de que suspeitavam era péssimo: câncer de ovário avançado. "Preciso ser franca com você, Julia", minha cirurgiã disse quando perguntei se havia chances de que fosse benigno. "Tudo indica que é bem sério."

Passei duas semanas aguardando a cirurgia, sem saber se viveria até o fim do ano. Quando andava, a sensação era sinistramente similar à que eu tive quando estava grávida: órgãos comprimidos, amassados uns contra os outros. Quando não estava atenta, tinha a certeza de que sentiria um chute e minhas mãos iam direto para a barriga, como se estivesse protegendo um bebê. Então eu me lembrava: não era um bebê, mas uma massa do tamanho de uma bola de basquete alojada entre o umbigo e a coluna. Em pouco tempo, eu estava andando como uma pata-choca. Um bebê sombrio, assassino. Eu não sabia ao certo se queria ser operada ou exorcizada.

Seu mundo se reduz a uma fresta quando você recebe um diagnóstico desses; de repente, pouca coisa importa. Contei à minha família e a poucos grandes amigos, depois me isolei. De certa forma, era como ser levada pelo "Devorador de Mentes" da série *Stranger Things*: você vive ao mesmo tempo no mundo normal e no "mundo invertido", enquanto uma massa de muco ameaça lhe dominar, devorar e destruir. Você é lembrada disso em lampejos de luz e insights que ninguém mais vê. Durante o dia, você caminha sobre a terra. De noite, rasteja pelo submundo.

De manhã cedinho, eu acordava tomada pelo terror e em silêncio contemplava a perspectiva da morte antes de me levantar para arrumar meus filhos para a escola. Eu estava passando manteiga nos sanduíches que eles levariam para o lanche quando a cirurgiã me ligou para dizer que parecia que o tumor havia se alastrado para o meu fígado. Cerrei os lábios, cortei os sanduíches em dois e segurei as mãozinhas dos meus filhos com força enquanto descíamos a colina até a escola primária de tijolinhos vermelhos.

Nos dias anteriores à operação, desliguei o telefone e o computador. Rezei tanto que fui tomada por uma tranquilidade anormal, como se me equilibrasse à luz da lua. Eu me sentia como uma flor se dobrando sobre si mesma, preparando-se para a noite, fechando-se numa serenidade impassível.

Receber o diagnóstico de câncer é um tipo de impotência peculiar, solitário. Ainda que corresse mil quilômetros, gabaritasse milhões de provas ou fizesse dezenas de home runs, nada poderia reverter ou apagar a existência do câncer. A não ser, talvez, uma cirurgia.

A operação durou cinco horas. A massa foi retirada por inteiro, mas a intervenção foi bem mais complicada do que o esperado. Fiquei oito dias na UTI, num emaranhado de fios, em meio a máquinas apitando, com drenos nos pulmões e no fígado. Estava tão grogue que alucinava — Donna Summer fazia aeróbica aquática no corredor, Angelina Jolie não parava de me telefonar (eu não a atendia), um músico de reggae estava sentado, mudo, na minha cama, meu irmão mais velho tinha três cabeças, um dos meus pés vivia pegando fogo, e periodicamente chovia em volta da minha cama.

Quando eu fechava os olhos, o quarto continuava vívido, mas as enfermeiras estavam todas vestidas com figurinos de *Downton Abbey* e as paredes eram revestidas de veludo. Eu me apegava cada vez mais às enfermeiras, grata por sua gentileza, e ficava me perguntando se haveria trabalho mais importante que aquele.

Também me apeguei aos meus cirurgiões, que ficaram contentes em descobrir que os tumores ovarianos — um em cada ovário — não eram malignos. Eu não tinha câncer de ovário, mas sim um tipo raro de câncer de apêndice, que pode ser recorrente mas não é agressivo e apresenta uma taxa de sobrevivência bem maior.

Após a primeira cirurgia, fiquei animada com o fato de, aos poucos, começar a me sentir mais forte: depois de alguns meses passei a acordar sem nenhuma dor pungente, consegui andar com as costas eretas de novo e retomar o trabalho. Desde então, no entanto, o câncer voltou duas vezes, e tive que aguentar mais duas cirurgias, cada uma mais difícil que a anterior. Escrevi o primeiro rascunho deste livro antes da minha terceira operação, e o finalizei durante a longa e penosa recuperação, durante a qual lutava para ver uma única estrela piscando, que dirá um universo cheio de luzinhas. Na época do Natal, minha ala no hospital foi decorada com tiras de ouropel que pendiam como águas-vivas, e eu as fitava com melancolia. Amigos me levaram champanhe e sorvete de caramelo salgado no aniversário que passei presa no hospital, mas vomitei logo depois. Depois dessa rodada, a dor estava muito mais duradoura e intensa, e precisei lutar ainda mais pela minha tranquilidade, que de fato voltou, pouco a pouco, devagarzinho.

Sinto uma profunda gratidão por estar livre do câncer agora. Minhas três cicatrizes se estendem pelo meu torso; já tentei, como recomenda a poesia de Atticus, vê-las como asas, mas me sinto permanentemente alterada. Tenho pavor de outra cirurgia. É sempre estranho retomar a vida normal. Da primeira vez que saí do hospital, de repente todo mundo me parecia absorto em problemas irrelevantes, tolos, passageiros. Ler as letras miúdas da sua mortalidade é uma grande peneira para bobagens. Eu fechava a cara para as reclamações postadas nas redes sociais enquanto estava me recuperando — pessoas resfriadas, irritadas com políticos ou assoberbadas de trabalho, ou que conjugavam carreira e filhos. Eu queria gritar: "MAS VOCÊ ESTÁ VIVO! *Vivo!*". Todos os dias deveriam ser uma glória, sobretudo se você é capaz de ficar de pé e se mexer com facilidade, sem sentir dor.

Ainda estou tentando entender o que tudo isso significa. Mas, durante esse período, três verdades milenares se tornaram ainda mais claras para mim.

Primeiro, o silêncio e a fé podem nos dar uma força extraordinária. A comoção suga nossa energia. O papo do guerreiro "corajoso" que sempre cerca o câncer me soava falso. Eu não queria guerra, tumulto ou batalhas. Apenas rezava a Deus. E acho que encontrei algo bem parecido com o que os filósofos gregos chamavam de ataraxia, uma espécie de calma suspensa na qual achamos uma força surpreendente. Uma força que pode ser desenvolvida em quietude, em um mundo de escuridão, fracamente iluminado pelo luar.

Segundo, talvez você se pegue tentando acalmar pessoas em pânico ao seu redor. Mas as pessoas que vêm enxugar sua testa quando você parece um fantasma, que tentam fazê-lo rir, distraí-lo com histórias bobas, as pessoas que cozinham para você — ou que pegam um voo de vinte horas só para abraçá-lo — são companheiros de primeira ordem. Sua família é tudo.

Terceiro, não devíamos precisar nos refugiar no meio da mata como Henry David Thoreau para "viver deliberadamente". E seria impossível e francamente exaustivo viver cada dia como se fosse o último. Mas escrever um testamento em que as principais beneficiárias são crianças pequenas faz o mundo parar de girar.

Minha médica me perguntou como fiquei tão calma antes das cirurgias. Falei para ela: rezei, bloqueei a negatividade e o dramalhão; puxei para perto minha família e minha tribo — pessoas pragmáticas de coração imenso. Tentei viver deliberadamente.

"Se me permite dizer", ela comentou, "você devia agir assim pelo resto da vida."

17. Lições de esperança tiradas do Hanoi Hilton

Variável e portanto miserável é a condição do homem! […] Estudamos a saúde e ponderamos sobre nossas carnes, bebidas, ares e exercícios, e lavramos e polimos todas as pedras que entram nesse edifício; por isso nossa saúde é um trabalho demorado e regular; mas num instante um canhão destrói tudo.[1]
John Donne, *Devotions Upon Emergent Occasions*

O que é feito para dar luz deve suportar as chamas.[2]
Anton Wildgans, "Helldunkle Stunde"

Enquanto escrevo isto, tenho plena consciência de ter talvez passado a impressão de que devemos todos fazer a Poliana ao longo da vida, sempre procurando o lado bom, as partes mais luminosas, os fragmentos mais reluzentes. Na verdade, é comum que a vida seja feia e terrível, e que diante disso possamos nos tornar insignificantes, raivosos e obcecados com ninharias. Podemos acabar lamentando perdas ou deitados em camas de hospital de punhos cerrados de medo e revolta, resistindo ao par diabólico formado pela dor e a impotência. Tive momentos sombrios enquanto estava doente, sobretudo quando era devastada pelo suplício físico ou quando estava presa em casa por conta das limitações do meu corpo, o que fez com que me afastasse das pessoas para as quais não queria ser um fardo. A recuperação às vezes é uma longa caminhada.

Era raro que eu traduzisse minhas ansiedades em palavras, em grande medida porque isso geralmente não me ajuda em nada. Prefiro a repressão a outras técnicas para lidar, me concentrando apenas em botar um pé diante do outro. Mas, quando desmorono, desmorono de verdade. Meu corpo me traiu, e às vezes a dor era terrível. Eu via a minha paciência se esgotar quando enfermeiras se atrapalhavam ao me enfiar agulhas ou me apertavam demais com o aparelho para medir a pressão; quando, a partir das cinco da manhã, me acordavam repetidas vezes para avaliações rotineiras; quando uma fisioterapeuta me deixou sentada em uma cadeira por horas a fio dois dias após a cirurgia que tinha me cortado ao meio. (Ao se deparar comigo curvada, a especialista em dor berrou: "Ela é sádica? Isso não é uma academia de ginástica, é um hospital!") Eu me ressentia de que me dissessem o que comer, como respirar e como andar. Não sou nenhuma idiota. Em geral, sou bastante forte e saudável. Já completei tarefas longas e complicadas, como escrever livros e defender um doutorado, já chefiei uma sala de redação, já falei diante de multidões, escrevi centenas de milhares de palavras, fui aprovada em testes difíceis, virei noites para cumprir prazos.

No entanto, algo no diagnóstico de câncer faz com que as pessoas tratem o doente feito criança. Como a jovem e pálida psicóloga do hospital que apareceu para fazer uma sessão surpresa comigo durante um check-up. Eu não a conhecia. Quando perguntei se seguia um modelo cognitivo-comportamental, ela fez que não: "Não, porque ele se baseia totalmente no reconhecimento de falsos medos. Com gente que nem você, os seus maiores medos podem virar realidade. Seus medos são reais". Aplausos!

Precisei também me apegar à ideia de que a esperança é real. Minha amiga Briony vivia me lembrando disso, e do fato de que um tipo de realismo resiliente, esperançoso, foi enunciado com perfeição por um homem que aguentou sete anos e meio de tortura.

Seria difícil achar um ser humano mais durão que o almirante Jim Stockdale. O nome completo dele, por incrível que pareça, é James Bond Stockdale, mas seu tipo de heroísmo não se baseou em sexismo irônico, brinquedinhos e martínis, mas em ossos quebrados e em uma Medalha de Honra. Em 1943, aos dezenove anos, Stockdale ingressou na Marinha dos Estados Unidos e se tornou aviador. Foi promovido a comandante do Esquadrão de Caça 51 e pilotava os supersônicos F-8 Crusaders, primeiro na estação aérea naval próxima de San Diego, depois sobre o mar, decolando de porta-aviões no oceano Pacífico. Em 1965, chefiou a primeira missão de bombardeio sobre as colinas verdes do Vietnã do Norte.

Na mesinha de cabeceira, ao longo de sua carreira militar, fosse qual fosse sua missão, ficavam os livros *A arte de viver* e *Discursos*, de Epicteto, um escravo romano que se tornaria um filósofo estoico grego; as *Memoráveis* de Xenofonte; uma coletânea de diálogos socráticos; a *Ilíada* e a *Odisseia* (Epicteto esperava que seus alunos fossem versados nos enredos de Homero). Ao estudar o estoicismo, Stockdale se tornou, segundo ele próprio, "um homem desapegado — não indiferente, mas desapegado —, capaz de jogar o livro fora sem nem um pingo de hesitação se ele já não for compatível com as circunstâncias externas".[3] Os estoicos conheciam bem a noção de que merdas acontecem. Stockdale cita Epicteto:

> Preferiria que outra pessoa estivesse adoentada, outra pessoa saísse em viagem, outra pessoa morresse? Pois é impossível em um corpo tal como o nosso, isto é, neste universo que nos rodeia, entre os nossos pares, que fatos assim não aconteçam, alguns deles para um homem, outros para outro homem.[4]

Por volta do meio-dia de 9 de setembro de 1965, voando não muito acima das copas das árvores do Vietnã, o pequeno A-4 Skyhawk de Stockdale foi atingido por fogo inimigo. Ele "se ejetou" e viu seu avião cair em um arrozal e pegar fogo.[5] Em um relato escrito quase trinta anos depois, ele conta o que aconteceu em seguida:

> Depois de me ejetar, eu tinha uns trinta segundos para fazer minha última declaração em liberdade antes de aterrissar na rua principal de um vilarejo. E, com a graça de Deus, sussurrei para mim mesmo: "Cinco anos aí embaixo, na melhor das hipóteses. Estou saindo do mundo da tecnologia para entrar no mundo de Epicteto".[6]

Ele levaria quase oito anos para ir embora de lá.

Parece extraordinário — e bem esquisito — pensar que ao saltar de um avião em chamas voando baixo e tentar achar a cordinha do paraquedas enquanto as pessoas da aldeia o aguardavam, alguém pudesse aceitar de bom grado e conscientemente um desafio filosófico proposto por estoicos antigos. Mas Stockdale diz que suas ferramentas mentais estavam afiadas e à mão. Ele precisava conseguir separar as coisas que poderia controlar daquelas que não poderia. A primeira categoria incluía "minhas opiniões, meus objetivos, minhas aversões, minha própria dor, minha própria alegria, minhas críticas, minha atitude quanto ao que estava acontecendo, meu próprio bem e meu próprio mal".[7] A segunda abarcava tudo o que estava fora dele e incluía o nebulosíssimo conceito de "sua posição na vida", que ele estava prestes a entender que era insignificante, ao passar de chefe de mais de cem pilotos e mil homens, com "todo tipo de status simbólico e boa vontade", a um "alvo de desprezo", um criminoso.[8] Pior ainda era a compreensão da fragilidade do corpo, "que em questão de minutos pode ser reduzido, pelo vento, a chuva, o gelo, a água do mar ou os homens, a uma ruína impotente, soluçante — incapaz de controlar sequer os próprios intestinos".

Enquanto descia, Stockdale ouvia gritos lá de baixo, tiros de pistola e o silvo das balas que rasgaram seu paraquedas, que ficou preso a uma árvore, enquanto "uma horda trovejante de homens vinha na minha direção".[9] Ele pousou no chão e foi atacado por uma gangue de dez ou quinze homens que o chutaram e esmurraram até um policial com capacete de safari se aproximar e apitar, dispersando a briga. A essa altura, a perna de Stockdale já estava gravemente quebrada.

A recepção foi um prenúncio do inferno que viria. Stockdale foi mandado para a prisão de Hỏa Lò, conhecida por suas barbaridades. Os prisioneiros eram espancados e passavam fome; eram presos com cabos, grilhões ou cordas que quase os asfixiavam; privados de luz natural durante o dia e de escuridão à noite; alimentados com sopa contaminada com fezes humanas e de animais; e obrigados a passar dias em pé — o objetivo era subjugá-los e forçá-los a criticar publicamente os Estados Unidos. Os reclusos deram à prisão os irônicos apelidos de Hanoi Hilton e Heartbreak Hotel, numa referência à canção gravada por Elvis Presley.

Stockdale fazia parte da chamada Gangue de Alcatraz, os líderes da resistência que aprenderam a se comunicar com um código feito de batidinhas e eram considerados os prisioneiros de guerra americanos mais perigosos e subversivos. Eles foram colocados em solitárias, em um prédio a um quilômetro e meio da prisão, trancafiados em celas minúsculas sem janelas onde as lâmpadas jamais se apagavam, e obrigados a usar grilhões como pijamas — no caso de Stockdale, por dois anos, metade de sua estadia ali. As celas ferviam no calor e fediam a excremento. Um prisioneiro de guerra morreu.

Stockdale zombava de seus captores. Resistia aos interrogatórios e, quando ouviu que seria exibido com fins de propaganda, desfigurou o próprio couro cabeludo, cortando-o inteiro com uma navalha. Depois que os guardas disseram que cobririam as feridas com um chapéu, ele usou um banco de mogno para espancar o próprio rosto, transformando-o em uma massa irreconhecível. Ao saber que apareceria em uma filmagem na qual teria que dizer aos companheiros de prisão para colaborar com os captores, tentou se matar com o vidro de uma janela quebrada. A filmagem nunca foi feita. Depois do espetáculo sangrento de Stockdale, o comissário foi despedido e os piores métodos de tortura — as cordas — foram proibidos. "Dali em diante", Stockdale escreveu, "a vida nunca mais foi a mesma. Eu não estava feliz, mas pus fim ao sistema de tortura, e eles queriam que nunca mais se tocasse do assunto."[10]

Por fim, 2714 dias depois de chegar ao Hanoi Hilton, Stockdale foi libertado. Quando os prisioneiros de guerra voltaram para casa, ele foi o primeiro a descer do avião, mancando, sob vivas e aplausos. Mais tarde, participou de eleições (em 1992, foi candidato a vice-presidente na chapa de Ross Perot), assim como seu melhor amigo e companheiro de Hanoi Hilton, o futuro senador (e candidato à presidência em 2008) John McCain.

Uma coisa na história dos ocupantes do Hanoi Hilton que espantava os espectadores era como esses homens que haviam regressado com olhos turvos, pele descorada e braços e pernas enrijecidos tinham sido tão resistentes. Como foi que aguentaram? Como qualquer um de nós lida com dores insuportáveis, com diagnósticos demolidores, com traumas e lutos e abandonos, com traições e perdas e, às vezes, com o mais puro horror de ser uma alma vulnerável abrigada em um corpo humano? A resistência de Stockdale não se deveu apenas ao desapego, mas também à esperança. Ele disse ao escritor James C. Collins que sobreviveu porque "nunca perdi a fé no final da história, nunca duvidei não só de que sairia dali, mas também de que triunfaria e transformaria aquela experiência num acontecimento definidor da minha vida, que, em retrospecto, eu não trocaria por nada".[11] Porém, ele tampouco se iludiu. Foram os otimistas sonhadores, declarou, que não escaparam do Vietnã.

> Ah, tinha aqueles que diziam: "Até o Natal a gente sai". E aí o Natal chegava, o Natal passava. Então eles diziam: "Até a Páscoa a gente sai". E a Páscoa chegava e a Páscoa passava. E então o Dia de Ação de Graças, depois o Natal outra vez. Esses morreram de coração partido.[12]

O otimismo, segundo Stockdale, tinha que ser acompanhado de pragmatismo, de vigília. Ele disse a Collins: "Essa é uma lição muito importante. Nunca devemos confundir a fé na vitória — que jamais podemos nos dar ao luxo de perder — com a disciplina para enfrentar os fatos mais brutais da realidade presente, seja ela qual for".[13] Collins chamou isso de Paradoxo de Stockdale: uma fé que você não pode se dar ao luxo de perder, no âmago do que quer que esteja enfrentando. Algo que os vietnamitas sem dúvida teriam lutado para manter depois que milhões de baixas civis e militares dizimaram o país.

Não acredito que sempre que adoecemos ou tropeçamos estamos enfrentando batalhas, tampouco gosto do linguajar que insinua tal coisa. Mas sei o que é uma guerra contra o corpo. E sei o que é ter perfeita ciência dos riscos e perigos da situação em que você se encontra e ao mesmo tempo estar consciente de que existe uma chance de que a supere. Também sei como é difícil e importante fazer o que Wendell Berry disse: "Seja feliz mesmo tendo levado em consideração todos os fatos".[14]

"Sim, pode acontecer o pior", minha amiga Briony me disse quando comecei a me preocupar com o futuro, enquanto observava o meu cachorro Charlie saltitar por uma colina verdejante cheia de tocas de coelho, "mas também pode ser que não aconteça."

Quando estava vivendo como monge trapista na abadia de Getsêmani, no Kentucky, na década de 1940, Thomas Merton passou um breve período alojado em uma cela com uma janelinha minúscula através da qual observava o mundo. O poeta e místico católico escreveu:

> Deus fala por meio das árvores. Como há vento, é agradável sentar-se ao ar livre. Esta manhã, às quatro horas, no céu claro da aurora, havia algumas nuvens especiais no oeste, acima da floresta, de um rosa perfeito e delicado contra o fundo azul. Um falcão sobrevoava as árvores.
> A cada minuto a vida recomeça. Amém.[15]

18. Incursões no indizível

Pratique a justiça, ame a misericórdia e ande humildemente.
Miqueias, 6,8

Certa vez, um jornalista perguntou a George Coker, prisioneiro de guerra em Hỏa Lò assim como James Stockdale, como ele foi capaz de manter a sanidade durante os dois meses em que todos os dias era obrigado a ficar de pé contra a parede com os braços levantados das cinco e meia da manhã às dez da noite. George respondeu que, em sua cabeça, construía casas do zero, planejava cardápios e rezava repetidamente, sem pensar. Décadas após a libertação, ainda apresentava sinais de transtorno de estresse pós-traumático: sua esposa contou a um repórter da *Virginian-Pilot* que acordava à noite e se deparava com Coker murmurando e se revirando, as mãos acima da cabeça: "Enquanto dorme, ele fica 'contra a parede'".[1] A fé o manteve vivo, ele declarou, observando que a religião é uma "coisa muito, muito poderosa. [...] Perceber que existe algo melhor e maior que você. [...] Isso para nós era real". Mas, como também disse ao jornalista, não queria "dar sermão sobre isso".

Eu tampouco. Fico tremendamente incomodada com pregações. Mas pensei muito no assunto e acho que há algumas razões para que pessoas como Coker e eu se consolem na certeza de que há algo muito maior que todos nós, algo de que podemos ver "apenas um reflexo obscuro, como num espelho", algo que não entendemos plenamente, algo que por vezes questionamos, algo que talvez seja mais fácil de encontrar em uma onda ameaçadora do que em uma instituição religiosa, mas algo que instintivamente sempre procuramos. Algo capaz de proporcionar um pavio para uma luz interior.

Afinal, misturar fé e poder raramente dá certo. Jesus não veio à Terra e disse aos líderes da Igreja para juntarem um grande número de adeptos e conseguirem patrocínio de empresas e influência política; ele chamava de traiçoeiros e hipócritas aqueles que apenas repetiam as leis sem praticar o amor. Condenava líderes falsos e com sede de poder. Dividia a mesa com trabalhadoras do sexo, não com executivos. Nas belas palavras da autora americana Rachel Held Evans:

> O reino, Jesus ensinava, [...] é dos pobres, dos mansos, dos pacificadores, dos misericordiosos, e dos que têm fome e sede de Deus. Avança não por meio do poder e da força, mas de missões de clemência, bondade e humildade. [...] Geralmente os ricos não entendem, disse Jesus, mas as crianças sim. Esse é um reino cujo salvador chega não em um cavalo de batalha, mas em um jumento.[2]

Se pudesse dar um conselho aos líderes religiosos, eu diria que parassem com os sermões sobre pecado, abrissem mão da postura defensiva e passassem uma década, ou um século, apenas ouvindo. Então, depois de realmente ouvir e entender, que arregaçassem as mangas e continuassem a amar as pessoas. Então, que apenas escutassem. O estrago causado pelos escândalos de abuso sexual de crianças e pelas revelações de casos acobertados de violência doméstica em comunidades de fé, assim como a intolerância e a ignorância em relação à comunidade LGBTQIA+ e a cumplicidade na colonização e exclusão de povos indígenas, gerou um ceticismo profundo e racional a respeito da Igreja. Os líderes católicos têm sido, na melhor das hipóteses, lentos na compreensão de que a Igreja deve ser um santuário para os que sofreram abusos, não um refúgio para abusadores. No pior dos casos, eles perpetraram, toleraram e ignoraram abusos (tanto sistêmicos como individuais), traumatizando ainda mais as vítimas, cujas vidas foram reduzidas a cinzas por estupradores e pedófilos. Como está escrito em João 3,20: "Pois quem faz o mal odeia a luz e não vem para a luz, para que suas obras não sejam demonstradas como culpáveis".

Segundo a Bíblia, Deus *é* luz, a suprema fonte de fosforescência, a luz que podemos absorver para depois emitir:

Deus disse: "Haja luz" e houve luz. (Gênesis 1,3)

Tua palavra é lâmpada para os meus pés, e luz para o meu caminho. (Salmos 119,105)

O povo que jazia nas trevas viu uma grande luz; aos que jaziam na região sombria da morte, surgiu uma luz. (Mateus 4,16)

Eu sou a luz do mundo. (João 8,12)

A luz brilha nas trevas, mas as trevas não a apreenderam. (João 1,5)

Doce é a luz, e agradável aos olhos ver o sol. (Eclesiastes 11,7)

Mas como encontrar essa luz se os debates públicos sobre fé — e liberdade religiosa — com frequência incluem comentários aviltantes, abomináveis até, sobre os marginalizados? Não é fácil, sobretudo para mulheres e membros da comunidade LGBTQIA+, manter algo parecido com uma fé em meio a politicagens horrorosas e opiniões detestáveis. Isso faz a fé parecer lúgubre e opressiva, em vez de libertadora e fonte de força e alegria. Tantos cristãos julgam e são incoerentes, tantos líderes se recusam a entender, são hostis a visões diferentes das deles, não se dispõem a admitir a destruição que o poder institucional pode causar. E no entanto tantas pessoas de fé, como minha mãe, brilham em silêncio e cuidam daqueles que as cercam.

Nos Estados Unidos, dois terços da população ainda se declaram cristãos, embora o número esteja em queda; o interesse em práticas espirituais como meditação e ioga vem crescendo bastante.[3] Segundo o Pew Research Center, 22% dos americanos disseram não ter religião no final da década de 2010, em contraste com os 7% do final da década de 1970, mas com "maior tendência a relatar um profundo senso de paz espiritual e bem-estar ou um sentimento de fascínio pelo universo do que alguns anos antes".

Portanto, o abandono da Igreja não necessariamente se traduz no abandono total da fé. Um estudo nacional sobre religião na Austrália publicado em 2017 revelou que duas em cada três pessoas se declaram espiritualizadas ou religiosas. Para as que não se denominam assim, "o que mais os incita a investigar a espiritualidade e a religião é observar pessoas que encarnam uma fé genuína".[4] Um dos momentos em que isso se torna mais óbvio, por estranho que pareça, é durante funerais.

O funeral da minha tia-avó foi um evento pacato, com apenas um punhado de pessoas espalhadas pelos bancos. O padre cuja igreja ela frequentou ao longo de décadas se esforçou para lhe fazer jus, e parecia mal conhecê-la.
"Ela era muito boa em dobrar guardanapos", disse, pigarreando e olhando ao redor.
A isso se seguiu uma longa pausa.
Não marcamos muito bem a morte no Ocidente. Em geral, fazemos os acontecimentos mais tristes caberem em fórmulas: a homilia, o hino, um discurso lacrimoso, às vezes nem isso. Funerais, no entanto, podem ser eventos magníficos, se realizados da forma certa. É justamente nesses momentos que deveríamos avaliar o que importa, o que queremos que nossas vidas signifiquem, e enxergar, com um alívio feroz, tudo o que é exagero ou bobagem.
Um bom exemplo foi o funeral, em Redfern, de um querido amigo meu, o bispo John McIntyre, à frente da paróquia anglicana de St. Saviour. O serviço estava abarrotado de enlutados de olhos vermelhos: mães com bebês, padres de batina, casais gays, aborígenes e indígenas do estreito de Torres, arcebispos espremendo-se ao lado de esfarrapados. Fora da igreja, pediam-se doações em dinheiro para o ministério indígena. Lá dentro, as janelas tinham manchas amarelas, vermelhas e pretas.
John teve uma vida digna de nota. Não só porque estava às margens da ultraconservadora diocese de Sydney, dadas suas ideias progressistas, mas também porque acabou virando bispo de Gippsland, Vitória, onde era celebrado por essas ideias. Também era extraordinário por ser um padre que lutava pelos desamparados, os marginalizados e os rejeitados. Destinava seu ordenado de bispo à contratação de ministros indígenas. Defendia com contundência a ordenação de mulheres no sínodo conservador de Sydney e ria do status de pária que obteve com isso. Tomava instintivamente o partido dos excluídos e humilhados.
Quando a hierarquia da Igreja o condenou por nomear um padre assumidamente gay para uma paróquia local, ele virou, em suas próprias palavras, um

"ativista acidental" da comunidade LGBTQIA+. Mais tarde, em seu discurso no sínodo de Gippsland, em 2012, ele defendeu a igualdade e a inclusão. "Todos sabemos que aqueles que sentem atração por pessoas do mesmo sexo não são heterossexuais que fizeram uma escolha irracional quanto à forma de expressar a própria sexualidade", disse. "Eles simplesmente são como são."[5]

Não ouvimos falar muito de pessoas como McIntyre — aquelas que, nas palavras de um amigo dele, o reverendo Bill Lawton, "vivem a arte da persuasão sutil". Ouvimos falar de quem enfrenta os políticos e usa a religião em prol de causas conservadoras, em especial as causas ligadas a sexo e moralidade em vez de pobreza, bondade e justiça.

Desafiar a miséria não era uma questão marginal para McIntyre, era a essência de sua fé. O pastor Ray Minniecon, que em seu funeral falou em nome dos aborígenes e indígenas do estreito de Torres, declarou: "Ele não era condescendente com o meu povo ou comigo. Me tratava como um semelhante. [...] Ao caminhar pela comunidade que foi chamado a servir, interessava-se sobretudo pelas necessidades e preocupações dos marginalizados, dos excluídos, dos indesejados e dos inválidos".[6]

O cristianismo é mais potente quando está nas margens ou na periferia, não no centro do poder, e quando se identifica com os excluídos e não com os clubinhos exclusivos, com a ação e não com os dedos em riste. Como disse Minniecon, McIntyre "sabia vestir o macacão da fé".

Minha própria fé tem a teimosia de ser alegre e duradoura. Não sei explicar por quê, mas ela não é abalada por dogmas. Adoro o mistério, a poesia, até mesmo a incerteza da religião. Rixas entre ateus e eruditos religiosos me entediam: em geral são abstratas, coalhadas de lugares-comuns e conduzidas por homens. Minha fé é baseada no regozijo e confirmada pelo amor e a experiência da vida. É como o pássaro que Charles Bukowski tinha no coração, sobre o qual fala no poema "O pássaro azul"; embora o sufoque e se recuse a deixá-lo sair, ele faz um "pacto secreto" com a ave, a quem concede cantar um pouquinho, só "o bastante para fazer um homem chorar".

Minha fé sobreviveu apesar de todas as besteiras que ouvi sobre as mulheres e meus amigos queer, apesar de todas as cartas abomináveis e mensagens ofensivas que recebi de cristãos conservadores que detestam o meu feminismo.

Minha fé continua existindo porque entendo que a humanidade está perturbada, que as instituições lideradas por homens são tacanhas — estão cegas de misoginia e às vezes são perigosas para os vulneráveis —, e percebo Deus como uma enormidade, uma vastidão, um ser clemente e infinito, e ao mesmo tempo incompreensível e íntimo.

Quanto mais velha vou ficando, mais discreta se torna a minha fé. É uma forma de procurar o silêncio, uma tentativa de bondade, um repouso na paz que "ultrapassa qualquer entendimento". É o desejo de aprender como amar melhor apesar dos meus incontáveis defeitos e constantes fracassos. O desejo de praticar a justiça, amar a misericórdia e andar com humildade. Um desejo que muitos ateus, agnósticos, hindus, judeus, siques, muçulmanos, budistas e outros têm em comum. Estamos todos juntos nesta Terra louca, atabalhoados, tentando entender. Há tanta coisa que desconhecemos. Meu problema com grande parte dos líderes religiosos é que em geral eles excluem e julgam, defendem manifestações nocivas do patriarcado, complicam Deus e fazem com que expressar a fé seja algo mais parecido com cavar uma trincheira do que com baixar as armas ou estender os braços.

Quando abandonei as igrejas fundamentalistas nas quais cresci, logo me senti atraída por uma situada em Kings Cross, um bairro de prostituição de Sydney, encabeçada pelo reverendo Bill Lawton. Ele era um homem com gostos literários que foi condenado ao ostracismo pelos colegas de Sydney porque via as mulheres como seres iguais aos homens. As mulheres iam aos montes para a sua paróquia, assim como os moradores de rua e da periferia da cidade, vagabundos e artistas, desajustados que almejavam ensinamentos sem preconceitos e repletos de discernimento, justiça e poesia. Todo mundo era bem-vindo, sem julgamento.

Para o meu deleite, Helen Garner, a melhor escritora de sua geração, era presença frequente nas primeiras fileiras. Eu estava assombrada com ela. Tinha comprado seu primeiro livro, *Monkey Grip*, em uma venda de garagem aos vinte anos: comecei a lê-lo depois de chegar em casa de uma festa, tarde da noite, e terminei quando o céu estava clareando, o bule de chá frio na mesinha. Fechei o livro, me levantei, tomei banho e me vesti, depois fui de carro até a biblioteca, onde peguei emprestados todos os livros que ela já tinha escrito. Os dias seguintes são um borrão: devorei sua escrita magnífica com tanta avidez que perdi a noção do tempo.

Então, quando vi seu porte miúdo na missa matinal, a cabeça baixa, escrevendo num caderninho, tentei não ficar olhando. Mas entendia por que ela estava ali. Bill era um pensador original e cada vez mais radical, e um talentoso orador que proferia sermões sem ler anotações. À medida que falava, os sem-teto entravam e saíam da igreja; um camarada malandro vez por outra entrava na fila da comunhão, tomava o cálice inteiro de vinho e saía correndo com ele, derramando o líquido vermelho ao avançar porta afora.

Garner escreve com leveza sobre a fé. Um dos ensaios dela de que mais gosto fala de sua amizade com Tim Winton, outro escritor lacônico, talentoso e, assim como ela, um cristão mais interessado na decência do que em dogmas. No texto, ela conta um incidente ocorrido em meados dos anos 1980, quando o amigo com quem morava, um evangélico recém-convertido, salivava com a possibilidade de que Winton ficasse na casa deles:

> A alma que fora salva estava muito animada para conhecer Tim, e havia planejado uma discussão teológica de peso: a Bíblia grande de capa preta ficou em cima da mesa de jantar enquanto tomávamos chá e comíamos bolo. Eu não aguentei e saí para dar uma volta na praça. Quando cheguei em casa, uma hora depois, Tim e a Bíblia continuavam na mesa.[7]

O amigo tinha subido para tirar um cochilo. Winton explicou a Garner: "Nós conversamos. E no final das contas eu disse a ele: 'Por que você não dá um descanso ao livro? Por que não deixa que sua vida sirva de testemunho?'".

Que sua vida sirva de testemunho.

Em 2017, quando estava em Melbourne para o festival de literatura, mandei um e-mail para Helen perguntando se ela não gostaria de visitar uma igreja local. Ela me respondeu com entusiasmo, dizendo que aquilo era como ser chamada para um coquetel. Me pegou na porta do hotel às sete em ponto, o carro cantando no meio-fio e ela pedindo mil desculpas: "Não estou acostumada a dirigir na cidade grande".

Entramos de fininho na capela, onde a santa comunhão matinal era oferecida a um punhado de pessoas. Uma mulher de cabelo vermelho chegou com um cachorro de casaco vermelho, e logo depois chegou outro cachorro, que se sentou ao lado do órgão, fechou os olhos e ignorou todo mundo.

Havia um coração com as cores do arco-íris na frente da igreja, e, como esse episódio aconteceu durante os meses quentes e muitas vezes brutais que antecederam a votação do referendo nacional sobre o casamento entre pessoas do mesmo sexo, o padre rezou fervorosamente pelas pessoas prejudicadas pelos debates políticos em curso. Falou de Cristo como modelo tanto de humanidade como de divindade, e do fato de que o sofrimento faz parte da vida humana. Ao meu lado, uma mulher de muleta prateada ajudava outra com um andador a se acomodar na cadeira. Afixado à barra do andador, lia-se o aviso: ATENÇÃO: ENXERGO POUCO.

Depois fomos a uma cafeteria, onde comemos croissants e passamos três horas falando sem parar. E, entre papos sobre palavras, livros, amores, filhos, netos, homens horríveis e a natureza turbulenta do casamento, falamos de religião e da fé silenciosa. Eu lhe disse que muitos líderes religiosos tinham me atacado publicamente porque eu havia divulgado casos de violência doméstica na igreja, e que eles tinham desviado do assunto entabulando um debate desproposidado sobre estatísticas que não existiam. Helen balançou a cabeça: "Eles consideram a fé um argumento".

Ela se calou por um instante, olhando para o ar. Em seguida, perguntou: "O que você acha que é a bênção?".

"É uma lembrança do divino, e do divino que existe dentro de nós. E *você*, o que acha?"

"Tem a ver com a mãe e o filho", ela respondeu. Em seguida, falou dos versos de um hino que nos diz para "olharmos diretamente" para o "rosto maravilhoso" de Jesus, e disse que devia ser assim que a criança se sentia ao olhar para a mãe. Que pensamento luminoso!

"Sim", concordei, "e assim você também se ilumina."

"É, acho que é exatamente isso", ela confirmou.

A fé pode ser uma forma de luz viva, mas não é ordenada nem regular. Existe na confusão, no caos, na dúvida e no desespero. Aprendi isso com Nadia Bolz-Weber, uma das minhas sacerdotisas e pensadoras preferidas. Ela tem mais de 1,80 metro e é uma ex-lutadora cheia de tatuagens que sabe como, segundo ela própria, encontrar Deus em todas as pessoas erradas. É uma pastora luterana extremamente talentosa — talvez, em parte, por ter feito comédia stand-up — que confia muito na poesia e criou uma congregação de "desajustados" que vai de vento em popa em Denver, no Colorado, chamada House of All Sinners and Saints [Casa de Todos os Pecadores e Santos]. Depois de alguns anos trocando tuítes e e-mails, finalmente nos conhecemos em Sydney. Fui buscá-la no aeroporto e enfrentamos o congestionamento a caminho de Bondi, onde caminhamos na praia e tomamos sorvete enquanto a lua surgia no céu. Na época, ela estava escrevendo um novo livro sobre sexo, *Shameless: A Sexual Reformation*.[8] Adorei Nadia, e sua simpatia e brilhantismo.

A fé de Nadia se baseia na humildade. Sua prece mais comum, ela conta, é "Deus, por favor me ajude a não ser babaca". Seu ponto de partida é que todos somos vulneráveis e imperfeitos. Precisamos aprender a confiar, ela escreveu, que "Deus cria belas coisas até mesmo a partir da minha própria merda". O maior exercício espiritual, declara, é "simplesmente dar as caras", estar presente e atento.

Ela vive questionando a associação do cristianismo com os ricos, os convencionalistas e os poderosos:

> Nunca entendi direito como o cristianismo se tornou tão dócil e respeitável, dada sua origem entre beberrões, prostitutas e cobradores de impostos. [...] Jesus poderia ter participado da cena religiosa mais sofisticada de sua época, mas em vez disso ridicularizava essa turma, preferindo rir dos poderosos, fazer amizade com prostitutas, beijar pecadores e dividir a mesa com as pessoas erradas. Passava o tempo com pessoas para as quais a vida não era fácil. E ali, em meio aos sofridos, era a encarnação do amor perfeito.[9]

Jesus não só passava o tempo com as pessoas erradas como as usava como mensageiras. Conforme Nadia escreve, "Jesus nunca esquadrinhou o ambiente em busca do melhor exemplo de vida consagrada e pediu a esse exemplo que contasse às pessoas sobre ele. Sempre fazia esse pedido aos atrapalhados e pecadores. Acho isso reconfortante".[10]

A Igreja precisa retomar seu negócio principal: pregar e praticar o evangelho do amor. Quando nos deixamos absorver pelos debates morais, esquecemos que a Igreja pode ser uma comunidade de pessoas próximas, e o bálsamo que isso pode ser. A igreja que eu frequento gerencia a produção de sopa e estende as mãos para os sem-teto e as vítimas de violência doméstica e abraça aqueles que precisam de comida, amparo e companhia. Para os idosos, os enfermos, os solitários e os jovens, essas comunidades são cruciais. Doar esse tipo de amor não se restringe de modo algum à igreja, mas com frequência está concentrada nela. Perdemos algo importante quando essas comunidades minguam e desaparecem. Muitos párocos agem como vigilantes silenciosos da graça, cuidando dos abandonados, dos feridos, dos solitários e dos carentes. Minha mãe se senta na ponta do banco da igreja, já que hoje em dia usa cadeira de rodas; a comunhão lhe é trazida na forma de suco de uva em um copinho de plástico. Observo o semblante do sacerdote — com quem tenho sérias divergências teológicas — no momento em que se curva para sussurrar os sacramentos no ouvido da minha mãe, e não raro me espanto com sua gentileza para com ela.

Crescer em comunidades de fé, mesmo aquelas que acabam nos sufocando, pode ainda assim nos trazer coisas boas. Tim Winton ecoou boa parte das minhas experiências ao narrar, em *The Boy Behind the Curtain*, sua criação em uma comunidade evangélica fundamentalista, onde de início encontrou felicidade. Ele adorava cantar os hinos mais animados — "uma série de refrões que salvavam as almas inquietas, como se fossem uma massagem musical"[11] —, as histórias das escrituras que eram "o pão com manteiga da imaginação", a força imediata das metáforas, os dias passados ruminando "dilemas éticos e cósmicos", o fascínio exercido por alguns dos sermões líricos que "continham anedotas de degradação e coragem [e também] momentos de pungente iluminação".

A Igreja foi sua "introdução à vida consciente":

> Em nenhum outro lugar fui tão exposto ao tipo de autoanálise e disciplina reflexiva que a fé da minha infância exigia. Ficaria surpreso se soubesse que alguém da igreja leu uma página sequer de Tolstói, mas me parece que a questão que o corroía no final da vida era um tema central também para nós. Então, o que devemos fazer? [...] Estamos tentando ir além do ordinário.

Era nisso que eu também acreditava.

Winton aprendeu o que era a vida civilizada e como cultivar o desinteresse e evitar o tribalismo no que era uma comunidade coesa, próxima e dinâmica. Eram "pessoas de ação", ele diz. "Se defendíamos algum ponto de vista, era o do 'amor de mangas arregaçadas'." Mas, com o tempo, os que faziam perguntas eram marginalizados e expulsos, e adolescentes cheios de ideias e questões e madureza ouviam que deviam apenas receber, não dissecar, os ensinamentos. Muitas igrejas conservadoras são poluídas por uma mentalidade generalizada de cerco que pode levar a um anti-intelectualismo opressivo e, nas palavras de Winton, à crença de que "o espírito questionador é uma ameaça à higiene moral".

Certa firmeza, no entanto, pode advir de anos a fio no exercício diário de silêncio e reza; de reflexão acerca de como amar, como perdoar, como ser mais forte e mais calmo, como interpretar as escrituras antigas no mundo moderno; e de respeitar a existência de uma dimensão espiritual na vida, que agora percebo nitidamente em nossa ânsia de assombro e de compreender a nossa pequenez.

Em 2012, durante o Brisbane Writers Festival, Germaine Greer declarou a Bíblia um livro "bobo", uma "grande ilusão", mas acrescentou que, como literatura, era um testemunho do anseio — se você não a lesse, "não saberia como é forte a ânsia humana por Deus, por justiça social, por paz e transcendência".[12]

A fé pode ser um enorme consolo, e a prece uma fonte de serenidade. Pesquisadores descobriram que fazer parte de uma comunidade de fé resulta em uma ampla gama de benefícios para a saúde. Ainda que você não se encaixe, ou não queira se encaixar, existem sempre cantinhos do mundo e várias comunidades nos quais é possível encontrar almas afins, com as quais podemos discutir os caminhos antigos e o que é sofrer ao olhar milhares de estrelas cintilantes, como achar a graça, e mesmo se é possível o "tranquilizai-vos e reconhecei: eu sou Deus". (É uma vergonha que seja muito mais difícil encontrar essas comunidades quando se é mulher ou LGBTQIA+, e esse é um problema com o qual a Igreja terá que lidar nas próximas décadas, dado o sofrimento que pode gerar.)

A teologia é bastante parecida com a viagem espacial: uma ponderação sobre o infinito. O padre e colunista britânico Giles Fraser disse ao jornal *The Guardian* certa vez: "Acho que o que você tem com o cristianismo é a impressão de que há algo mais, algo que ainda desconhecemos".[13] Utilizando-se das palavras de Thomas Merton, Fraser prosseguiu, afirmando que a teologia tem a ver com "'fazer incursões no indizível'. É o que a poesia e a boa música fazem, e acredito que a teologia seja dessa mesma magnitude. Não é uma tentativa de descrever o mundo em termos científicos. É uma ponderação sobre a natureza das coisas". Para mim, esse é um belo resumo: uma ponderação sobre a natureza das coisas, e um amor à natureza, que é o melhor lugar para se encontrar Deus. Às vezes, o único lugar. No mar, nas pedras, no silêncio.

A fé é uma incursão no indizível. A graça é perdoar os que não merecem. É uma espécie de mágica insondável. E, apesar de tudo, se de alguma forma você conseguir deixar que sua vida sirva de testemunho daquilo em que acredita, a graça sempre passará pelas frestas e fissuras.

19. Aceite a dúvida

Com bastante frequência, a certeza é superestimada. Acontece especialmente quando se trata da fé, ou de outras coisas imponderáveis.

Há pouco tempo, quando o reverendíssimo Justin Welby, arcebispo da Cantuária, disse que de vez em quando questionava a existência de Deus, muitas das reações foram pueris, como seria de se imaginar: nem o emissário de Deus na Terra tem certeza se aquela história toda não é ficção! O *International Business Times* disse que era "a dúvida do século":[1] a confissão do arcebispo Welby não só "espantou alguns", declarou o jornal, mas "ensejou preocupação com a possibilidade de o líder da Igreja da Inglaterra um dia renunciar ao cristianismo ou à espiritualidade como um todo". Outro jornalista escreveu, animado: "O ateísmo está em alta, e parece que até os figurões da Igreja estão começando a ter suas dúvidas".[2]

Apesar do sobressalto, os comentários do arcebispo foram bastante comedidos. Ele disse aos presentes na catedral de Bristol que em certos momentos se perguntava: "Existe um Deus? Onde Deus está?". Então, quando lhe perguntaram se tinha dúvidas, ele reagiu:

> É uma ótima pergunta. [...] Outro dia, eu estava rezando por alguma coisa enquanto corria, e acabei dizendo a Deus: "Escuta, está tudo muito bem, mas não era hora de você tomar uma atitude, se está aí mesmo?". Coisa que seria melhor um arcebispo de Canterbury não dizer.

Ainda assim, o pesquisador muçulmano Mufti Abdur-Rahman, que mora em Londres, foi logo disparando no Twitter: "Não estou acreditando nisso". O colunista ateu australiano Peter FitzSimons, um querido amigo meu, tuitou: "VITÓRIA!". A conta do *Daily Show* brincou: "Arcebispo da Cantuária admite dúvida sobre a existência de Deus. Acrescenta: 'Mas já que o ateísmo não paga os boletos...'".

Porém, a franqueza do arcebispo Welby o torna apenas humano. Ele pode até ser o líder de 80 milhões de anglicanos mundo afora, mas também é um homem que conhece a angústia, a raiva, a incompreensão e o sofrimento. Ele perdeu a filha mais velha, Johanna, em um acidente de trânsito em 1983, quando ela tinha apenas sete meses, e sentiu "uma agonia profunda". Quando adolescente, cuidou do pai alcoólatra. Ao explicar suas ideias quanto à dúvida, fez referência ao fúnebre salmo 88, que narra o desespero de um homem que perde todos os amigos e berra: "Senhor, por que me rejeitas e escondes tua face longe de mim?". O salmo declara friamente: "A treva é a minha companhia".

A fé não pode evitar a escuridão ou a dúvida. Na cruz, Jesus não bradou "Aí vou eu!", mas "Deus meu, por que me abandonaste?". Seus discípulos estavam cheios de dúvidas e receios.

Assim como a coragem é persistir diante do medo, a fé é persistir apesar da dúvida. A fé então se torna um compromisso, um exercício e um pacto, geralmente sustentado pela crença. Mas a dúvida não é apenas uma turbulência ou uma vulnerabilidade: ela também pode ser um ponto forte. A dúvida é o reconhecimento das nossas limitações e comprova — ou põe à prova — crenças fundamentais: não é detratora da crença, mas parte essencial dela.

Conforme argumenta Christopher Lane em *The Age of Doubt*, a explosão de questionamentos entre pensadores da era vitoriana fez com que a ideia da dúvida passasse de pecado ou lapso a uma sondagem necessária. Muitos escritores cristãos influentes, como Calvino e C. S. Lewis, confessaram momentos de incerteza. Flannery O'Connor, escritora do Sul dos Estados Unidos, declarou que "não há sofrimento maior do que aquele causado pelas dúvidas dos que desejam crer",[3] mas, para ela, esse tormento era "o processo por meio do qual a fé se aprofunda".

A madre Teresa de Calcutá também espantou o mundo quando seus diários foram revelados postumamente e ficamos sabendo que ela era atordoada por uma desesperança constante e um forte desejo de ver, ou sentir, Deus. Em 1953, ela escreveu:

> Por favor, reze sobretudo para que eu não atrapalhe a obra Dele e que o Nosso Senhor se mostre a mim — pois existe uma treva terrível dentro de mim, como se tudo estivesse morto. Tem sido assim mais ou menos desde o momento em que comecei "a obra".[4]

No entanto, com esse trabalho ela ajudou milhares de pessoas.

Alguns vivem muito contentes com uma colcha de retalhos feita de dúvidas: nem sempre isso é um tormento. Quem tem a esperança de entender tudo e de pesquisar a fundo todas as áreas nebulosas? Como esmagar o infinito e enfiá-lo nos nossos cérebros minúsculos? É por isso que podemos encontrar tamanho conforto no mistério.

Pouco mais de um mês antes de morrer, Benjamin Franklin escreveu que achava que o "sistema moral"[5] e a religião de Jesus de Nazaré eram "os melhores que o mundo já viu". Mas acrescentou que tinha, junto

> com a maioria dos hereges atuais da Inglaterra, certas dúvidas quanto à sua divindade: porém essa é uma questão sobre a qual não dogmatizo, não a tendo estudado, e considero inútil me ocupar dela agora, pois espero em breve ter a oportunidade de conhecer a verdade sem muita dificuldade.

Que pragmatismo mais lógico!

Se não aceitamos nem a normalidade nem a relevância da dúvida, não nos damos a possibilidade de cometer erros ou injustiças. Embora a certeza muitas vezes se calcifique em rigidez, intolerância e falso moralismo, a dúvida pode aprofundar, esclarecer e explicar. Essa é uma questão mais ampla do que a crença em Deus. O filósofo Bertrand Russell foi quem a exprimiu da melhor forma. O problema do mundo, ele disse, é que "os idiotas estão cheios de certezas, e as pessoas inteligentes estão cheias de dúvidas".[6]

É claro que a dúvida vai muito além da existência de Deus, chegando à existência de tudo e de qualquer coisa. A rebeldia intelectual, o espaço para a heterodoxia e um robusto questionamento devem fazer parte de qualquer sociedade liberal; e, em uma época de confiança corroída e mentiras descaradas, a necessidade do ceticismo vigoroso se torna ainda mais crucial. Esse é o caso sobretudo da ciência. Um amigo meu, o dr. Darren Saunders — biólogo estudioso do câncer e professor adjunto de medicina na Universidade de Nova Gales do Sul — afirma que a maior lição que tirou do término do doutorado foi "aceitar a dúvida, e enxergar em tons de cinza em vez de preto e branco". Cientistas já se enganaram no passado, assim como políticos, professores, padres, diretores, executivos e todo tipo de autoridade, sem falar em especialistas e verborreicos cujos trabalhos, nos últimos anos, foram marcados por uma série de previsões eleitorais equivocadas. Pense só em todas as idiotices que você ouviu ao longo do tempo, da boca de uma penca de tolos desorientados e bem-intencionados. (Mas, falando sério, se você não consegue aceitar o que a maioria dos cientistas têm a dizer sobre as mudanças climáticas, seu problema não é de "dúvida".)

Também devemos duvidar de nós mesmos e questionar o que formou nossas ideias, quais parcialidades inconscientes nutrimos, e questionar se não estamos errados. (E poucas coisas são mais passíveis de provocar dúvida, é claro, do que um acidente horrível, um diagnóstico de câncer, uma tragédia sem sentido e cruel.)

Todos nós temos uma compreensão limitada da maioria das coisas, sobretudo das experiências alheias. Me parece uma obviedade declarar que os homens não são capazes de entender o sexismo como as mulheres entendem, os heterossexuais não entendem a homofobia como gays e lésbicas, e pessoas brancas são péssimas para julgar o que é ou não é racismo. Por mais que gostemos de nos achar livres-pensadores, todos trazemos o passado nas nossas opiniões: os pais, bairros e escolas que nos criaram; as lições que nos ensinaram e confirmaram a nossa convencionalidade ou geraram rebeldia. Precisamos saber o quanto não sabemos.

Muitos dos grandes pensadores do cânone ocidental apregoam a importância do questionamento. Se partimos de dúvidas, acabamos com certezas, dizia Francis Bacon. Ou talvez acabemos, pelo menos. Quando René Descartes descobriu que algumas de suas crenças eram falsas, decidiu se livrar de todas as opiniões que tinha adotado e recomeçar "o trabalho de construção desde os alicerces".[7] Oliver Wendell Holmes Jr., juiz associado da Suprema Corte dos Estados Unidos de 1902 a 1932, conhecido como "o Grande Dissidente", acreditava que a certeza era uma "ilusão". "Ter duvidado dos próprios princípios básicos", ele disse, "é a marca do homem civilizado."[8]

A marca da mulher civilizada também é duvidar do conhecimento que há tanto tempo recebe dos homens. É incrível como a interpretação de textos antigos e modernos é diferente quando feita por mulheres. A marca da pessoa civilizada é reconhecer que durante muito tempo o que entendíamos como história — e teologia — era a história de poucos escrita por poucos, e que as vozes e experiências das mulheres, dos deficientes, dos pobres, dos discriminados, das pessoas queer, dos negros, dos colonizados e dos "outros" foi interpretada por pessoas que nunca entenderam o que era estar na pele deles ou lutar contra o preconceito. Mitos e ideologias permearam cada milímetro de nossas histórias escritas, e há uma necessidade constante de reconsiderar, revisitar e rever essas histórias para abandonar estereótipos do passado e possibilitar que uma experiência plena, vibrante e diversa da história seja ouvida. Precisamos sempre duvidar do que nos ensinam e do que lemos.

E o princípio norteador é o mesmo: quando estiver em dúvida, busque os especialistas, bem como aqueles que têm experiência de vida e os que não foram ouvidos; pergunte de quem é a história e a verdade que está sendo contada; cavouque as lacunas dos fatos; vá às fontes originais; escave as notas de rodapé; traga as sombras à luz; e quem sabe até valha a pena "seguir o conhecimento como se fosse uma estrela cadente, para além de todos os limites do pensamento humano",[9] como Alfred Tennyson tentou fazer.

"Que sua vida sirva de testemunho." Este é o único lugar de fé onde me sinto realmente à vontade hoje em dia: acompanhada de quem deseja ser uma testemunha silenciosa do amor. Os pecados odiosos e as brigas de foice dentro da Igreja macularam sua faceta pública e fizeram mal a inúmeras pessoas; é muito fácil esquecer que a verdadeira Igreja se baseia no amor, e é vivida em milhares de paróquias, onde as pessoas cuidam umas das outras.

Muitos encontram mais consolo no que não é dito do que no que é dito. No coração da história de Natal há um bebê — Deus como um refugiado recém-nascido, nu, pobre; Deus como a absoluta ausência de poder terreno. Não se trata de um patriarca barbudo obcecado por doutrinas e direito canônico, mas de uma criança que cresceu e ensinou as parábolas, e depois de um jovem revolucionário assassinado por sedição. Que disse às pessoas que amassem, que treinassem o coração para ser bondoso, que deixassem suas vidas servirem de testemunho.

Muitas das pessoas que não frequentam templos ou seguem uma religião se reúnem em praias, florestas ou no alto de montanhas — para viver o assombro e o fascínio, para sentir "uma paz que ultrapassa qualquer entendimento", os "suspiros que não contêm palavras", e procurar formas de trazer a luz viva para suas vidas. Esses lugares são as catedrais de assombro da natureza, lugares onde podemos nos reunir com desconhecidos em silêncio e compreender o que partilhamos; onde podemos pasmar diante do vaga-lume ou do brilho do mar ou dos cefalópodes, pois são evidências do milagre e provocam a reverência pelo fantástico, o improvável e o maravilhoso, as coisas que nem acreditamos que sejam de verdade, ao nosso lado, aqui na Terra, onde a terra encontra o mar.

Conclusão: Flutuando no bardo

A principal coisa, a mais selvagem e mais sensata que sei: a alma existe e é toda feita de atenção.[1]
Mary Oliver, "Low Tide"

Nos muitos meses que passei doente e me recuperando das cirurgias, uma imagem frequentemente me voltava à cabeça: a de uma mulher submersa debaixo d'água. Não na horizontal, mas na vertical, os braços e pernas imóveis, o rosto voltado para o sol distante, embaçado.

Fazia muito tempo que a sensação de estar viva porém suspensa era condensada, para mim, na sensação de sacralidade silenciosa, de espera paciente, de paz sombria no limiar entre a superfície da água e a profundeza do mar. Em que estamos sós, mas não sentimos medo.

Ali, chega-se a um ponto sereno.

Senti-me assim na minha primeira gravidez. Eu mergulhava na água, atravessando as ondas que arrebentavam, e ficava lá, flutuando. Mas foi só quando ouvi o mergulhador Michael Adams no rádio que comecei a entender por que me sentia tão confortável ali. Era algo semelhante ao que os tibetanos chamam de "bardo" — o estado de transição entre a morte e o renascimento.

Quanto mais fundo você mergulha, Adam disse ao radialista Richard Fidler, da Australian Broadcasting Corporation, mais deixa para trás:

As bobagens do cotidiano desaparecem. Todas as convenções com que perdemos tempo desaparecem, e acho que é isso que o mergulho representa para mim, a ideia de que você é um grãozinho entre todos os organismos vivos do planeta. [...] Ele nos dá noção da nossa irrelevância. Botamos os seres humanos no alto da pirâmide, somos os chefões — [mas] lá embaixo você não manda em nada.[2]

É a pequenez do assombro: flutuando sob a superfície você se recolhe, fica quieto, minúsculo na vastidão da água. "Isso abre as suas costuras de várias formas", Adams complementou.

Ele também fez referências a Simone Weil, que falava da possibilidade da morte a qualquer momento, e disse que

> todos nós, seres vivos, estamos sujeitos a vários riscos e perigos dia após dia. Nós [...] nos distanciamos disso [...] mas para a maioria das coisas do planeta a vida é incerta, e para os seres humanos também. E é isso o que me vem à cabeça. Essa ideia de fragilidade. E ela não mete medo, o que eu acho muito interessante.

Adams considera o tempo nas profundezas similar ao tempo não entre a vida e a morte, mas entre a vida e o renascimento. Alguns intelectuais budistas argumentam que isso faz parte de todos os momentos da vida: todos os instantes estão entre o passado e o futuro.

É essa a sensação de se estar suspenso no oceano, cercado de feixes de luz cintilante que penetram a água vindos da superfície. As criaturinhas do mar iluminadas pelas colunas de luz dourada parecem partículas de poeira à luz numa biblioteca, flutuando entre uma prateleira e outra, ou partículas à luz numa catedral, dançando acima dos bancos.

Em *Nanette*, seu brilhante especial disponível na Netflix, a comediante australiana Hannah Gadsby fala sobre ser uma lésbica cujo som predileto é o de uma xícara de chá pousando no pires, diz achar a bandeira do arco-íris muito batida, conta de seu desdém pela misoginia de Picasso, de ter sido estuprada, agredida e violentada, da vergonha incutida na adolescente criada numa região da Tasmânia onde 70% da população votou contra a descriminalização da homossexualidade. Histórias como a dela, declarou ao reviver e relatar seu trauma todas as noites por meses a fio, precisam ser narradas. Mas ela afirma estar deixando a comédia, por estar cansada do tipo de autodepreciação cujas raízes são não a humildade, mas a humilhação. A ovação ao seu trabalho aumentou exatamente no instante em que ela ia sair de cena; os críticos concordaram: sua raiva, firmeza e franqueza "quebraram a comédia", quebraram convenções. A saída planejada virou uma reentrada dramática.

A doença quebra ossos e rouba órgãos, mas a reconstrução é possível. Encarar a morte nos transforma para sempre. Uma das mudanças que isso me causou é que agora não tenho nenhuma paciência com problemas de primeiro mundo, com as queixas recorrentes dos privilegiados e afortunados e com a afetação de posts do Instagram em que as pessoas se congratulam pelas próprias vidas, parceiros e rostos, em vez de olharem ao redor. As pessoas reclamam de coisas muito bobas. (Uma amiga americana me garantiu que a preocupação com bobagens é um sinal da saúde recuperada, e até certo ponto isso é correto: quando voltei do submundo dos adoecidos, eu desejava avidamente leveza e gargalhadas.)

A perspectiva é crucial. Como afirma o escritor americano Robert Fulghum,

> se você quebra o pescoço, se não tem o que comer, se sua casa está pegando fogo — aí sim você tem um problema. Todo o resto é um inconveniente. A vida é inconveniente. A vida é irregular. [...] Um caroço na aveia, um caroço na garganta e um caroço no seio não são a mesma coisa. É preciso perceber a diferença.[3]

É verdade: temos que resistir às reclamações sobre inconveniências. É esse o sentido de estarmos vivos.

Às vezes, quando infeccionadas, feridas podem se tornar luminescentes. Em 1862, durante a Guerra de Secessão nos Estados Unidos, observadores repararam que as feridas de alguns soldados atingidos na Batalha de Shiloh brilhavam; essas feridas se fechavam mais rápido do que as outras. Também na Primeira Guerra Mundial, segundo o jornalista James Byrne, muitos soldados tinham "feridas que brilham no escuro. Não só isso, mas o tecido fluorescente parece sarar mais depressa e mais perfeitamente do que as feridas não iluminadas de seus pares".[4] Ao que parece, esse efeito foi causado por uma bactéria luminescente que vive no solo chamada *Photorhabdus luminescens*. Mas, "logicamente, os soldados afetados não faziam ideia de que o brilho era provocado por uma infecção bacteriana benéfica, e o interpretaram como o dom da sobrevivência concedido por Deus e entregue por anjos". Daí veio o nome do fenômeno: Angel's Glow, brilho dos anjos.

Somos todos vulneráveis. Nos damos conta disso quando já não podemos mais fingir ser imortais. A doença é fortuita e chocante como um relâmpago. Depois que escrevi uma coluna sobre o câncer para o *New York Times*, recebi um telefonema de um homem chamado Jamie Dimon, de Manhattan. Eu não sabia muito bem quem ele era, o que de certa maneira me constrangia, mas ele queria conversar sobre meu texto, sobre a ideia de vivermos deliberadamente. O formidável presidente e diretor do JPMorgan Chase, que já entrou algumas vezes na lista das cem pessoas mais influentes do mundo feita pela revista *Time*, me contou ter sobrevivido a um câncer de garganta e ter ficado sensibilizado com o meu artigo. Ele havia decidido viver deliberadamente, se concentrar na família e cortar reuniões desnecessárias. Foi gentil, encorajador e atencioso. Pediu que eu o procurasse da próxima vez que estivesse em Manhattan.

Naquelas férias de Natal, me vi atrasada para o encontro com ele, enquanto tentava manter a calma no congestionamento de Midtown. O táxi me deixou do lado errado da rua, e precisei me enfiar entre arbustos no meio da Park Avenue para chegar ao escritório dele. Quando entrei no JPMorgan Chase, me deparei com uma fileira de seguranças de braços esticados. E foi então que a minha ficha caiu: Dimon era um imperador do mundo financeiro, com dois quarteirões de escritórios cheios de funcionários nova-iorquinos, e um andar inteiro de assistentes pessoais. Nós nos sentamos numa salinha atrás do escritório dele, abarrotada de fotos de família, e conversamos sobre tudo o que importava. Seus olhos marejaram quando ele falou de como contou às filhas que tinha câncer.

Então ali estávamos nós, um executivo bilionário de Nova York com sapatos engraxados e uma escritora australiana afogada em hipotecas com galhinhos ainda presos ao cabelo por ter se arrastado entre os arbustos, assentindo um para o outro, entendendo totalmente o que era ter seu mundo espoliado de tudo, menos do amor e da fome de viver.

Poucos meses depois, ao voltar a Manhattan, mandei um e-mail para ele contando que meu câncer tinha voltado. Ele me respondeu logo depois, pedindo que eu passasse no escritório para que ele pudesse me dar um abraço. Agora encontro-o sempre que estou na cidade.

Escrevi este livro na esperança de que seja um bálsamo para os cansados, bem como um lembrete das jangadas mentais que podemos construir para nos mantermos à tona, os retalhos de beleza que podem nos confortar, as práticas que podem nos sustentar, sobretudo em momentos de luto, doença, dor e escuridão. Entendo, no entanto, que o silêncio, a bondade, o mar e as árvores ancestrais não serão uma panaceia universal para todos os sofredores do planeta.

São muitas as coisas que não entendemos uns sobre os outros, homens, mulheres e não binários; negros, pardos e brancos; indígenas e imigrantes; LGBTQIA+, heterossexuais e cis; deficientes ou não; e existem muitas, muitas histórias que precisamos ouvir das pessoas que foram oprimidas, controladas, silenciadas ou empurradas para os cantos, onde foram trancafiadas. Não somos igualmente vulneráveis se os índices de encarceramento, suicídio e mortalidade são sempre decididos pela cor da pele. Tenho plena consciência de que, como Maxine Beneba Clark, autora de *The Hate Race*, ressaltou para mim, se ela fosse escrever uma carta para os filhos após passar a vida inteira sobrevivendo a abusos e intimidações racistas, em uma sociedade em que o racismo está entranhado nos sistemas e instituições, a carta seria extremamente diferente das que escrevi para meus filhos. A cada dia que caminhamos pelo mundo, temos que tentar entender melhor os outros e agir de forma a garantir que todos se sintam humanos, iguais e livres. E precisamos nos lembrar do que temos em comum: nascemos nus e continuamos nus perante o destino, que pode ser cruel e insensível. Mas também podemos crescer à luz da lua.

E precisamos nos lembrar igualmente de que, mesmo quando estamos partidos, temos a chance de nos reconstruir. Não há nada mais forte, afirma Hannah Gadsby, "do que uma mulher partida que se reconstruiu".[5] No Japão, ceramistas usam ouro, prata ou platina para consertar peças partidas, em um processo chamado *kintsugi* ou *kintsukuroi*. Fazem isso para tornar o objeto fraturado mais bonito do que antes, para honrar as rachaduras e enobrecer as cicatrizes, em vez de escondê-las. A possibilidade da morte pode estar guardada em todos os momentos, mas a possibilidade do renascimento também. Ou pelo menos de renovação.

O que sei eu sobre renascimento ou renovação, ou sobre o que quer que seja? Não muita coisa. Morei em algumas cidades, criei dois filhos, escrevi alguns livros, passei por várias cirurgias, cometi milhões de erros. Só tenho a oferecer alguns pensamentos. E, no meio de toda essa investigação, não concordo totalmente com T. S. Eliot, que diz que chegamos ao início para nos encontrarmos de novo. Depois de todas essas investigações, devemos olhar fixamente para fora de nós, começar a reencontrar os outros e o brilhantismo do mundo além das nossas portas.

Tudo se resume, para mim, na atenção. Simone Weil escreveu que "a atenção absolutamente pura é uma prece",[6] e ela tem razão. Uma prece de cuidado, intenção, afeto e presença.

Muito do que atualmente é chamado de bem-estar implica um tipo dispendioso de mergulho em si mesmo, que faz a tábua bambolear entre o autocuidado e a obsessão consigo mesmo. Muitos se perdem no labirinto da observação interna, um ciclo interminável de manutenção de músculos, humores e automedicação.

O mais importante para a serenidade não é apenas a capacidade de esvaziar a mente de bobagens, mas também de enchê-la de coisas benéficas e maravilhosas, de cuidado com os outros. Existe um motivo para as grandes tradições filosóficas nos mandarem cultivar a atenção aos fardos e lutas de nossos vizinhos. "Quando a tragédia ou a desventura vem em nossa direção, como há de acontecer, [...] se pudermos desviar nosso foco de nós mesmos para os outros, experimentaremos um efeito libertador", disse o Dalai Lama.[7]

Temos que prestar atenção não apenas aos que sofrem ao nosso redor, mas à bondade e à beleza. (Como no meu verso bíblico preferido, Filipenses 4,8: "Finalmente, irmãos, ocupai-vos com tudo o que é verdadeiro, nobre, justo, puro, amável, honroso, virtuoso ou que de qualquer modo mereça louvor".) E se pudéssemos lutar contra as distrações não esvaziando a mente, mas nos concentrando nelas, para que a mente se torne atenção pura e possamos encontrar o foco, o interesse, a imersão em algo que não nós mesmos?

A atenção é o grande produto da era digital. Pagamos para que os outros liberem nossa atenção — para que congelem nossas telas, retirem nossos aparelhos, evaporem com nossas nuvens, obriguem nossas mentes a se concentrarem no presente. Empregamos pessoas para que nos ajudem a prestar atenção nos nossos filhos, nas árvores que vemos da janela, para que nos mandem parar e respirar, olhar para cima e não para baixo. Nos tornamos bebês em termos de atenção.

Podemos aprender muito com os artistas. Afinal, o que poetas, pintores, escritores e outras pessoas que exercem a criatividade fazem é prestar atenção. Simone Weil considerava o gesto de prestar atenção "a forma mais rara e mais pura de generosidade";[8] Iris Murdoch o considerava um ato moral. Helen Garner, muito observadora, é quase rigorosa no que diz respeito à atenção; disse a Richard Fidler que a vida é "extremamente interessante", e que observar o que está à nossa volta pode ser um antídoto contra a depressão. "Como não querer estar por aí, em meio a todas essas coisas? É tão estimulante, comovente e divertido."[9] É mais difícil, diz ela, quando a pessoa já não liga mais para nada disso, quando está presa dentro da própria mente.

Mary Oliver, no poema "O dia de verão" (também conhecido como "O gafanhoto"), observa um gafanhoto comendo açúcar de suas mãos, em um momento de contemplação serena, aguçada, do tipo que faz o mundo ao redor desacelerar enquanto você devota toda a sua atenção para uma só coisa. Nesse instante, ela de fato enxerga o gafanhoto, mastigando e fazendo suas abluções com os membros pequeninos. Ao observá-lo, testemunha algo que a milhões de pessoas passaria despercebido. Em seguida, ela escreve que, apesar de não saber exatamente o que é uma prece, sabe o que é prestar atenção:

> Quem criou o mundo?
> Quem fez o cisne, e o urso-negro?
> Quem fez o gafanhoto?
> Falo deste gafanhoto aqui —
> o que se lançou para fora do gramado,
> o que está comendo açúcar na minha mão,
> que está mexendo as mandíbulas para a frente e para trás e não para cima e para baixo —
> que está olhando ao redor com seus olhos enormes e confusos.

Agora ele levanta os antebraços e limpa o rosto inteiro.
Agora ele abre as asas e sai voando.
Não sei muito bem o que é uma prece.
Mas sei prestar atenção, cair no gramado, me ajoelhar no gramado,
ficar quieta e ser abençoada, sei caminhar pelo campo,
foi o que fiz o dia inteiro.
Me diga, o que mais eu devia ter feito?
Não é verdade que tudo morre no fim, e cedo demais?
Me diga, o que você pretende fazer
com a sua selvagem e preciosa vida?[10]

Fiquei obcecada com a fosforescência durante a escrita deste livro, e resolvi que nadaria nela ou pelo menos a veria, que de alguma forma iria atrás dela. No entanto, ela é extremamente rara: é impossível prever quando vai ocorrer no oceano, e geralmente dura apenas algumas horas ou dias — apesar de, por incrível que pareça, três quartos dos animais marinhos terem "potencial para a bioluminescência".[11] Pus minha roupa de mergulho na mala quando fui a Hobart, na esperança de que Lisa-ann Gershwin, minha amiga adoradora de águas-vivas, conseguisse me mostrar alguns lugares escondidos. Ela até tentou, mas não demos sorte, e ficamos no escuro, desconsoladas, jogando pedrinhas no mar. Só vimos pilhas enormes de esquisitíssimas estrelas-do-mar com espinhos longos, uma praga que infesta as águas da Tasmânia e asfixia partes da Grande Barreira de Coral. Lisa-ann me levou ao aeroporto e prometeu me ligar assim que ficasse sabendo de alguma ocorrência local, para que eu largasse tudo e fosse voando para lá.

Em vão, lancei um chamado no Twitter. Entrei para o grupo de Bioluminescência na Austrália no Facebook e me peguei vasculhando imagens de cogumelos iluminados em florestas distantes, larvas de vaga-lumes no Camboja e ondas de água azul neon na baía de Jervis, noite adentro. Assisti ao documentário de David Attenborough, *Life That Glows*, inúmeras vezes. Sonhava com a fosforescência. Ansiava por ela. Mas não conseguia encontrá-la. O litoral estava pacato.

Então, um dia, eu estava indo a pé rumo às barcas, arrastando minhas malas de rodinhas, a caminho do Festival Garma, no noroeste da Terra de Arnhem, quando meu passo se ajustou ao de uma mulher chamada Clair, cujo rosto reconheci do meu clube de natação. Ela faz parte de um grupinho apelidado de "os Maluquetes", que nadam no escuro, antes do amanhecer, partindo da costa às cinco e meia. Nos acomodamos na barca e ela virou para mim e disse: "Esta semana foi incrível. Teve fosforescência e eu nunca tinha visto nada parecido, apesar de nadar na baía há muitos anos".

Eu me vi sentada feito um suricato.

No dia seguinte à minha volta do Garma, eu já estava no clube, no sul de Manly Beach, pestanejando na escuridão, às cinco e vinte, enquanto Clair e a irmã dela se alongavam e conversavam. Clair me emprestou uma luz para acoplar à parte de trás dos meus óculos de natação. Todos os Maluquetes usam a luz, para evitar que caiaques batam em suas cabeças; ela emite feixes vermelhos, verdes e brancos, feito luzes de Natal.

O mar e o céu estavam pretos, e eu um pouco tensa: tubarões se alimentam no escuro. Mas, depois de nos afastarmos alguns metros da costa, as faíscas apareceram. Fiquei hipnotizada. Meus dedos agitavam punhados de lantejoulas a cada braçada. Uma galáxia de estrelas passava diante dos meus óculos. Era como se eu estivesse voando pelo espaço, como na cena de abertura dos filmes de *Guerra nas estrelas*, deslizando rapidamente por um universo que só eu enxergava.

Paramos a certa altura do promontório e nos entreolhamos: estávamos brilhando, iluminadas de baixo para cima por um tom azul vívido. Rimos, abrindo os braços no ar e vendo as lantejoulas caírem, chutando e criando nuvens fluorescentes sob os pés. Mergulhei e atravessei outra galáxia, girando os braços e vendo as centelhas acompanharem meus movimentos e ritmos.

Quando chegamos a Shelly Beach, brincamos nas ondas rendadas de azul e deixamos pegadas cintilantes na areia. Ao nadarmos de volta, pouco a pouco o horizonte começou a arder, e à medida que o céu clareava as faíscas esmaeciam. Regressamos ao mundo e as luzes se apagaram. Andamos costa acima, espantadas com a beleza, o encanto e o milagre de tudo aquilo.

Passei dias com a cabeça na lua. Voltei ao mar três vezes, e nas três fiquei pasma.

E tudo isso aconteceu na baía ao pé da colina onde vivo.

Também as respostas para as questões que inspiraram este livro — Como aguentar quando o sofrimento se torna insuportável e nossos obstáculos parecem monstruosos? Como continuar brilhando quando nossas luzes se apagam? — estão aqui, diante do nosso nariz, o tempo inteiro. Tudo o que podemos fazer, na verdade, é seguir botando os pés na terra, um depois do outro, para buscar caminhos e florestas milenares, na certeza de que outros já aguentaram antes de nós. Precisamos amar. Precisamos olhar sempre para fora e para cima, cuidar dos outros, procurar o fascínio e caçar o assombro, todo dia, a fim de encontrar a magia que vai nos manter e alimentar nossa luz interior — nossa própria fosforescência. E precisamos sempre, sempre, prestar atenção ao mundo enquanto vivemos nossa vida única, selvagem e preciosa, mesmo quando estivermos flutuando no bardo, prestes a voltar à tona, desesperados para respirar.

Agradecimentos

Consta que Winston Churchill teria dito: "Somos todos insetos, mas acredito ser um vaga-lume". Este livro foi escrito com o apoio dos muitos vaga-lumes que tenho na vida. Primeiro, da minha editora australiana, Catherine Milne, cujos olhos brilharam a primeira vez que mencionei este livro, e que desde então é incansável em sua divulgação. Minha sensacional agente, Binky Urban, cuja tenacidade, instinto e lealdade mereciam ser considerados lendários. Minhas editoras americanas, a sagaz e notável Kate Medina e a talentosa Erica Gonzalez, da Random House.

Devo muito ao incrível professor Peter Kanowski, da University House, em Camberra, por me ter permitido escrever na residência durante duas semanas, em um lugar tão pacato e sossegado junto ao lago que tive surtos alarmantes de produtividade.

Venho pensando e desenvolvendo algumas das ideias deste livro há anos. Eu as debati com alguns dos meus excepcionais editores, como Trish Hall e Julie Lewis, mas sobretudo com Matt Seaton. Versões preliminares ou fragmentos de alguns dos capítulos apareceram em minhas colunas no *New York Times*, entre elas "Women, Own Your 'Dr.' Titles", de 28 de junho de 2018; "Forget Calories. Exercise for Awe", de 6 de maio de 2017; "Don't Dress Your Age", de 21 de outubro de 2016; "Being Dishonest About Ugliness", de 9 de novembro de 2015; "Was It Cancer? Getting the Diagnosis", de 2 de setembro de 2015;

"How We Misread Renée's Face", de 28 de outubro de 2014; e "Doubt as a Sign of Faith", de 25 de setembro de 2014.

Versões mais curtas ou fiapos de alguns destes capítulos também foram publicados em minhas colunas no *Sydney Morning Herald* — "What I Really Want to Teach My Son — and What He Is Teaching Me", de 1º de junho de 2018; "Christianity Most Powerful at the Margins of Power", de 20 de junho de 2014; e "How to Keep a BFF for, Well, Ever", de 1º de fevereiro de 2014 –, bem como no website da Australian Broadcasting Corporation, abc.net.au, no caso do artigo "'It's About Loss': The Transient Beauty of Rone", de 18 de outubro de 2016. Alguns excertos também apareceram na *Newsweek*: "Why We Need Silence (Not Cell Phones)", de 21 de outubro de 2009, e "America's Vanishing Spaces", de 27 de janeiro de 2010.

Eu gostaria de parabenizar meus excelentes colegas na Australian Broadcasting Corporation, que toleraram tanto minha ausência como minha presença, sobretudo a talentosa e diligente equipe de *The Drum*: Annie White, Emily Smith, Jamie Cummins, Ellen Fanning, Margie Smithurst, Dale Drinkwater, Ghada Ali, Melanie Lobendahn, Lillian Radulova, Sam Bold e a cativante Steph Boltje. Agradeço muito a camaradagem da minha excepcional colega de trabalho Hayley Gleeson, e pelo incentivo constante de Tim Ayliffe, Gaven Morris e Grant Sherlock. Também agradeço àqueles que leram os primeiros rascunhos e me deram feedbacks incisivos, entre os quais Darren Saunders, Catherine Keenan, Tim Dick, James Woodford, Leigh Sales, Naomi Priest, Martha Sear e Shane Clifton. Obrigada também a Marcia Langton e Ali Alizadeh, que me ajudaram com opiniões e conhecimento sobre assuntos específicos. O olhar afiado e as sacadas literárias do meu editor australiano, Scott Forbes, sempre me fizeram avançar na direção certa. E o entusiasmo de Alice Woods foi meu motor em momentos de paralisia.

Agradeço ainda a todas as pessoas maravilhosas que de alguma forma me ajudaram a escrever este livro: Candy Royalle, Maureen Dowd, Jamie Dimon, Lisa-ann Gershwin, Richard Fidler, Helen Garner, Nick Dawkins, Paul Austin e Carl Adams, Nadia Bolz-Weber, minha parceira de escrita Jacqui Maley, Annabel Crabb, Lucie Beaman, Mia Freedman, Sacha Molitorisz, Jo Dalton, Joel Gibson, Peter FitzSimons e Lisa Wilkinson, Megan Fraser, Jeremy Travers, Kate Zarifeh, Sarah Steed, Anna Leavy, e todos os meus colegas do grupo de natação Os Bravos e os Belos.

Como menciono no livro, tive momentos agudos de doença nos últimos anos. A bondade dos amigos que não saíram do meu lado quando o mundo se reduziu a um pontinho de alfinete é inexplicável, e agradeço sobretudo a Jo Chichester, Briony Scott, Caitlin McGee, Cath Keenan, Geoff Broughton, Woody, Zab, Josie Grech, Sarah Macdonald e Jo Fox. E, é claro, Jock: você, minha amiga, é singular e espetacular.

Uma área muito relevante da vida que não abordei neste livro é a família. Todos os membros da minha me ensinaram muito sobre a luz interior. Para mim, meus dois irmãos, Mike e Steve, são exemplos de honestidade. Eles, além das minhas cunhadas, das minhas sobrinhas, Cate e Laura, e meus sobrinhos, Luke, Elijah, Oscar e Sebastian, são uma fonte constante de amor e comédia.

Meus pais foram as pessoas que mais me ensinaram na vida — meu pai, sobre integridade, generosidade, sobre dizer o que penso, lutar pelos vulneráveis e também sobre a importância de nadar diariamente. Minha mãe — uma mulher genuinamente fosforescente — me ensinou sobre graciosidade, fé, devoção silenciosa e alegrias sutis. Foi a luz que iluminou nossa família, e continua sendo.

Meus filhos, Poppy e Sam, viraram meu coração do avesso no dia em que nasceram. Eles me fazem gargalhar, e amo vê-los crescer, ver seus cérebros se assustarem, estalarem e pegarem fogo. Acho uma sorte imensa ser mãe deles.

Escrevi este livro para eles — e para os meus lindos e amados afilhados, Archie, Ollie, Hugo, Ava, Saskia e Florence. Todos eles são pequenos vaga-lumes para mim, e vão acabar iluminando o mundo.

Notas

EPÍGRAFE [p. 7]

1. Conforme paráfrase de William Luce em sua peça teatral sobre Dickinson, *The Belle of Armhest*, que estreou no Longacre Theatre, na Broadway, em 1976. Em uma nota na versão impressa da peça, Luce diz que os poemas e as cartas de Dickinson "irradiam uma luz invisível", e que a experiência de os ler foi "como olhar uma estrela indiretamente a fim de enxergá-la". William Luce, *The Belle of Armhest*. Nova York: Dramatists Play Services, 2015, p. 3.

PRELÚDIO [pp. 11-8]

1. Masaki Kobayashi, Daisuke Kikuchi e Hitoshi Okamura, "Imaging of Ultraweak Spontaneous Photon Emission from Human Body Displaying Diurnal Rhythm", *PLOS One*, v. 4, n. 7, p. 6256, 16 jul. 2009.
2. Dorothy Freeman e Martha E. Freeman (Orgs.), *Always, Rachel: The Letters of Rachel Carson and Dorothy Freeman, 1952-1964*. Boston: Beacon Press, 1995, pp. 186-7.
3. Ibid.
4. "A History of Bioluminescence According to E. N. Harvey". Scripps Institution of Oceanography, 14 abr. 2016.
5. Charles Darwin, *The Voyage of the Beagle*. Londres: J. M. Dent & Sons, 1936, p. 496. [Citado em tradução de Pedro Gonzaga para Charles Darwin, *Viagem de um naturalista ao redor do mundo*. Porto Alegre: L&PM, 2013, p. 169.]
6. Ferris Jabr, "The Secret History of Bioluminescence", *Hakai Magazine*, 10 maio 2016.
7. Exceto quando indicado, as citações das páginas 15-6 são todas tiradas de Robert F. Staples, *The Distribution and Characteristics of Surface Bioluminescence in the Oceans*. Washington, DC: US Naval Oceanographic Office, mar. 1966. Disponível em: <https://apps.dtic.mil/sti/pdfs/

AD0630903.pdf>. Cada exemplar do estudo seminal de Staples sobre esses organismos "tristemente negligenciados" era vendido por noventa centavos. Ele havia analisado cerca de 3 mil relatos de mares iluminados, a maior parte em rotas marítimas, bem como relatórios da guarda costeira e naval dos Estados Unidos e da Grã-Bretanha e registros de cruzeiros científicos.

8. Ferris Jabr, op. cit. Esse fenômeno, diz Jabr, foi descrito pelo médico Georg Eberhard Rumphius no final dos anos 1600.

9. Andrew Watson, "Miners Lamp History from Flame to 'the Davy Lamp' to Electric". *Health and Safety International*, set. 2018.

10. Rachel Nuwer, "One Day We'll Light Our Homes with Bacteria". Smithsonian.com, 15 ago. 2013.

11. Citado em Pico Iyer, "The Joy of Quiet". *The New York Times*, 29 dez. 2011.

PARTE I: ASSOMBRO, FASCÍNIO E SILÊNCIO [pp. 19-23]

1. Albert Einstein, *Living Philosophies*. Nova York: Simon & Schuster, 1931. Citado em David E. Rowe e Robert J. Schulmann (Orgs.), *Einstein on Politics: His Private Thoughts and Public Stands on Nationalism, Zionism, War, Peace, and the Bomb*. Princeton, NJ: Princeton University Press, 2007, p. 229.

2. Adam Smith, *The Essential Adam Smith*. Nova York: W. W. Norton, 1987, pp. 25-6.

3. Oscar Wilde, *The Harlot's House*. Citado em Frank Harris, *Oscar Wilde*. Ware, Hertfordshire, Reino Unido: Wordsworth Editions, 2007, p. 52.

1. LIÇÕES DOS CHOCOS [pp. 25-34]

1. Rachel L. Carson, *The Sense of Wonder*. Nova York: Harper and Row, 1956.

2. Peter Godfrey-Smith, *Other Minds: The Octopus and the Evolution of Intelligent Life*. Londres: HarperCollins, 2017, p. 200. [Citado em tradução de Paulo Geiger para Peter Godfrey-Smith, *Outras mentes: O polvo e a origem da consciência*. São Paulo: Todavia, 2019, pp. 107, 209.]

3. Melanie Rudd, Kathleen Vohs e Jennifer Lynn Aaker, "Awe Expands People's Perception of Time, Alters Decision-Making, and Enhances Well-Being". *Psychological Science*, 1 jan. 2012.

4. Paul Piff et al., "Awe, the Small Self, and Prosocial Behavior". *Journal of Personality and Social Psychology*, v. 108, n. 6, pp. 883-99, jun. 2015.

5. Wallace J. Nichols, *Blue Mind: The Surprising Science That Shows How Being Near, In, On, or Under Water Can Make You Happier, Healthier, More Connected, and Better at What You Do*. Nova York: Little, Brown, 2014.

6. Christoffer van Tulleken et al., "Open Water Swimming as a Treatment for Major Depressive Disorder". *BMJ Case Reports*, 2018-225007, 21 ago. 2018.

7. Citado em Layal Liverpool, "Could Cold Water Swimming Help Treat Depression?". *The Guardian*, 13 set. 2018.

8. Harvard Study of Adult Development. Disponível em: <adultdevelopmentstudy.org>. Ver também o TED Talk de Robert Waldinger, "O que torna uma vida boa? Lições do estudo mais longo sobre a felicidade", nov. 2015.

9. Liz Mineo, "Good Genes Are Nice, but Joy Is Better". *The Harvard Gazette*, 11 abr. 2017.

10. Alexander K. Saeri et al., "Social Connectedness Improves Public Mental Health: Investigating Bidirectional Relationships in the New Zealand Attitudes and Values Survey". *Australian & New Zealand Journal of Psychiatry*, 12 ago. 2017.

11. G. M. Sandstrom e E. W. Dunn, "Social Interactions and Well-Being: The Surprising Power of Weak Ties". *Personality and Social Psychology Bulletin*, v. 40, n. 7, pp. 910-92, jul. 2014.

12. Dacher Keltner e Jonathan Haidt, "Approaching Awe, a Moral, Spiritual, and Aesthetic Emotion". *Cognition and Emotion*, p. 126, 18 ago. 2010.

13. Paul Piff et al., "Awe, the Small Self, and Prosocial Behavior". *Journal of Personality and Social Psychology*, v. 108, n. 6, pp. 883-99, jun. 2015.

14. Dacher Keltner, citado em Jo Marchant, "Awesome Awe: The Emotion That Gives Us Superpowers". *New Scientist*, 26 jul. 2017.

15. Emma Stone, "The Emerging Science of Awe and Its Benefits". *Psychology Today*, 27 abr. 2017.

2. "UM ESPETÁCULO MELHOR LÁ FORA" [pp. 35-42]

1. Nick Moir, "'Like Looking at a God': Chasing the Storms Roiling Tornado Alley". *The Sydney Morning Herald*, 19 maio 2019.

2. Stephen Smit, "Storm Photographer Nick Moir Describes the Beauty of the Weather". *Vice*, 27 jul. 2018.

3. *Chasing Monsters*. Direção: Krystle Wright. Filme e entrevista disponíveis em: <monsterchildren.com/90056/chasing-storms-for-a-living-canon-krystle-wright>.

4. David Hoadley, "Commentary: Why Chase Tornadoes?". *Storm Track*, p. 1, mar. 1982.

5. Tim Marshall, "An Evening with Dr. Jensen". *Storm Track*, nov./dez. 1996. Disponível em: <stormtrack.org/library/archives/20anniv.htm#jensen>. Hoadley afirma que foi dois anos antes, em Minnesota, mas a *Storm Track* diz que foi no final da década de 1940, no Meio-Oeste. O próprio Jensen afirma que foi no verão de 1953.

6. Ibid.

7. Roger Edwards e Tim Vasquez, "The Online Storm Chasing FAQ". *Storm Track*, 13 ago. 2002.

8. "Weather from Hell Is Heaven on Earth for Storm Troops". *The Age*, 4 jul. 2004.

9. A. C. Grayling, "Descartes". *The New York Times*, 4 fev. 2007.

10. Robert C. Fuller, *Wonder: From Emotion to Spirituality*. Chapel Hill: University of North Carolina Press, 2006.

11. Jesse Prinz, "How Wonder Works". Aeon.co, 21 jun. 2013.

12. Rachel Carson, *Silent Spring*. Nova York: Houghton Mifflin, 1962, p. 220. [Citado em tradução de Claudia Sant'Anna Martins para Rachel Carson, *Primavera silenciosa*. São Paulo: Gaia, 2013, p. 230.]

13. Martha Craven Nussbaum, *Cultivating Humanity: A Classical Defense of Reform in Liberal Education*. Cambridge, Mass.: Harvard University Press, 1997, p. 89.

14. Daniel Burke, "A Rock Star Was Asked What God's Voice Sounds Like. His Answer Is Beautiful". CNN.com, 30 jun. 2019.

15. Perfil de David Hoadley na revista *Storm Track*. Disponível em: <stormtrack.org>.

3. O EFEITO PANORÂMICO [pp. 43-7]

1. "The Earth Behind a Man's Thumb". *Newsweek*, 11 out. 2007. Lovell também ficou perplexo com a vitalidade da Terra em comparação com a Lua: "A Lua não é nada além de tons de cinza e escuridão. Mas a Terra... dava para ver o azul profundo dos mares, o branco das nuvens, o rosa-salmão e o marrom da terra firme".

2. "Right Here, Right Now". Website do NASA Earth Observatory, 2 out. 2017. Disponível em: <earthobservatory.nasa.gov/images/91494/right-here-right-now>.

3. Christian Davenport e Julie Vitkovskaya, "50 Astronauts, in Their Own Words". *The Washington Post*, 19 jun. 2019.

4. Os astronautas retornaram como cristão renascido (Charlie Duke, da Apollo 16), poeta (Al Worden, da Apollo 14), evangelista (Jim Irwin, da Apollo 15) e fundador de um instituto dedicado à compreensão da ciência da sabedoria interior (Edgar Mitchell, da Apollo 14).

5. David B. Yaden et al., "The Overview Effect: Awe and Self-Transcendent Experience in Space Flight". *Psychology of Consciousness: Theory, Research, and Practice*, v. 3, n. 1, pp. 1-11, 2016. Ver também L. Reinerman-Jones e B. Sollinsa, "Neurophenomenology: An Integrated Approach to Exploring Awe and Wonder". *South African Journal of Philosophy*, v. 32, n. 4, pp. 295-309, 2013.

6. Stacy Shaw, "The Overview Effect". *Psychology in Action*, 1 jan. 2017.

7. Ibid.

8. Mick Brady, "Star Explorer Mae Jamison: The Sky Connects Us". *TechNewsWorld*, 13 nov. 2018.

9. Amy McCaig, "Jemison: 'Life Is Best When You Live Deeply and Look Up'". Rice University, 13 maio 2017.

10. Benito Ortolani, *The Japanese Theatre: From Shamanistic Ritual to Contemporary Pluralism*. Princeton, NJ: Princeton University Press, 1995, p. 325.

11. Zeami Motokiyo, citado em Yury Lobo, *In the Wake of Basho: Bestiary in the Rock Garden*. Autopublicação, 2016.

12. Christopher Chase, "Yūgen". Traditional Kyoto. Disponível em: <traditionalkyoto.com/culture/yugen>.

13. Stacy Shaw, op. cit.

14. Yasmin Tayag, "Six NASA Astronauts Describe the Moment in Space 'When Everything Changed'". *Inverse*, 27 mar. 2018.

15. Richard Feloni, "NASA Astronaut Scott Kelly Explains How Seeing Planet Earth from Space Changed His Perspective on Life". *Business Insider*, 27 fev. 2018.

16. Ibid.

17. Chris Hadfield, "How Space Travel Expands Your Mind". Bigthink.com, 23 mar. 2018.

18. Carl Sagan, *Pale Blue Dot: A Vision of the Human Future in Space*. Nova York: Ballantine, 1994. [Citado em tradução de Rosaura Eichenberg para Carl Sagan, *Pálido ponto azul: Uma visão do futuro da humanidade no espaço*. São Paulo: Companhia das Letras, 2019.]

4. TRANSTORNO DO DÉFICIT DE NATUREZA: A BIOFILIA [pp. 48-61]

1. Iris Murdoch, *A Fairly Honourable Defeat*. Nova York: Viking Press, 1970, p. 162.
2. Theodore Roosevelt, "The Words of Theodore Roosevelt: African Game Trails". Urbana-Champaign: Charles Scribner's Sons, University of Illinois, p. IX.
3. Jonathan Rosen, "Natural Man". *The New York Times*, 6 ago. 2009. Disponível em: <nytimes.com/2009/08/09/books/review/Rosen-t.html>.
4. Florence Williams, *The Nature Fix: Why Nature Makes Us Happier, Healthier, and More Creative*. Nova York: W. W. Norton, 2017, p. 4.
5. Johann Hari, *Lost Connections: Uncovering the Real Causes of Depression — and the Unexpected Solutions*. Nova York: Bloomsbury, 2018, p. 126.
6. Universidade de Plymouth, "Seeing Greenery Linked to Less Intense and Frequent Unhealthy Cravings". *Science Daily*, 12 jul. 2019.
7. Kristine Engemann et al., "Residential Green Space in Childhood Is Associated with Lower Risk of Psychiatric Disorders from Adolescence into Adulthood". *Proceedings of the National Academy of Sciences*, v. 116, n. 11, pp. 5188-93, mar. 2019.
8. Frances E. "Ming" Kuo, "Coping with Poverty: Impacts of Environment and Attention in the Inner City". *Environment & Behavior*, v. 33, n. 1, pp. 5-34, 2001.
9. E. O. Moore, "A Prison Environment's Effect on Health Care Service Demands". *Journal of Environmental Systems*, v. 11, pp. 17-34, 1981-2. Ver também Howard Frumkin, "Beyond Toxicity: Human Health and the Natural Environment". *American Journal of Preventive Medicine*, v. 20, n. 3, p. 237, 2001.
10. R. Ulrich, "View Through a Window May Influence Recovery from Surgery". *Science*, v. 224, n. 4647, pp. 420-1, 27 abr. 1984.
11. Omid Kardan et al., "Neighborhood Greenspace and Health in a Large Urban Center". *Scientific Reports*, v. 5, n. 11610, 2015.
12. C. Song, H. Ikei e Y. Miyazaki, "Physiological Effects of Nature Therapy: A Review of the Research in Japan". *International Journal of Environmental Research and Public Health*, v. 13, p. 781, 2016.
13. Florence Williams, op. cit.
14. Florence Nightingale, *Notes on Nursing: What It Is and What It Is Not*. Londres: Harrison, 1860, pp. 83-4.
15. Dr. Qing Li, *Shinrin-Yoku: The Art and Science of Forest-Bathing*. Londres: Penguin, 2018.
16. O termo foi cunhado pelo escritor americano Richard Louv em *Last Child in the Woods: Saving Our Children from Nature Deficit Disorder*. Chapel Hill, N.C.: Algonquin, 2005. [Citado em tradução de Alyne Azuma e Claudia Mello Belhassof para Richard Louv, *A última criança na natureza: Resgatando nossas crianças do transtorno do déficit de natureza*. São Paulo: Aquariana, 2016.]
17. Gregory N. Bratman et al., "Nature Experience Reduces Rumination and Subgenual Prefrontal Cortex Activation". *Proceedings of the National Academy of Sciences of the United States of America*, v. 112, n. 28, pp. 8567-72, 14 jul. 2015.
18. Margaret M. Hansen, Reo Jones e Kirsten Tocchini, "Shinrin-yoku (Forest Bathing) and Nature Therapy: A State-of-the-Art Review". *International Journal of Environmental Research and Public Health*, v. 4, p. 851, 2017.

19. T. Takano, K. Nakamura e M. Watanabe, "Urban Residential Environments and Senior Citizens' Longevity in Megacity Areas: The Importance of Walkable Green Spaces". *Journal of Epidemiology & Community Health*, v. 56, n. 12, pp. 913-8, dez. 2002. Citado em Frances E. "Ming" Kuo, "Nature-Deficit Disorder: Evidence, Dosage, and Treatment". *Journal of Policy Research in Tourism, Leisure and Events*, v. 5, n. 2, pp. 172-86, 2013.

20. Margaret M. Hansen, Reo Jones e Kirsten Tocchini, op. cit., pp. 43-4.

21. Frances E. "Ming" Kuo, "Nature-Deficit Disorder", pp. 172-86.

22. Gregory N. Bratman et al., op. cit., pp. 8567-72.

23. Citado em Sarah L. Bell et al., "From Therapeutic Landscapes to Healthy Spaces, Places and Practices: A Scoping Review". *Social Science and Medicine*, v. 196, pp. 123-30, 2018.

24. Frances E. "Ming" Kuo, "How Might Contact with Nature Promote Human Health? Promising Mechanisms and a Possible Central Pathway", *Frontiers in Psychology*, p. 1093, 25 ago. 2015.

25. Frances E. "Ming" Kuo, "Nature-Deficit Disorder", p. 178.

26. J. Barton e J. Pretty, "What Is the Best Dose of Nature and Green Exercise for Improving Mental Health? A Multistudy Analysis". *Environmental Science & Technology*, v. 44, n. 10, pp. 3947-55, 15 maio 2010.

27. Daniel Nutsford et al., "Residential Exposure to Visible Blue Space (but Not Green Space) Associated with Lower Psychological Distress in a Capital City". *Health & Place*, pp. 70-8, maio 2016.

28. Doris Lessing, *The Golden Notebook*. Nova York: Harper Perennial, 1994, p. 573. [Ed. bras.: *O carnê dourado*. Trad. Sonia Coutinho e Ebreia de Castro Alves. Rio de Janeiro: Record, 1972.]

29. Ambelin Kwaymullina, "Seeing the Light: Aboriginal Law, Learning and Sustainable Living in Country". *Indigenous Law Bulletin*, v. 6, n. 11, maio/jun. 2005.

5. POR QUE PRECISAMOS DE SILÊNCIO [pp. 62-9]

1. Reflexão de Miriam Rose Ungunmerr Baumann, "Dadirri: Inner Deep Listening and Quiet Still Awareness". Cópia particular da autora, reproduzida com a permissão da mesma.

2. C. S. Lewis, *Five Best Books in One Volume* (publicado pela primeira vez em 1969 pela Iversen Associates; digitalizado em 2008 pela Universidade de Indiana), p. 80.

3. Ibid.

4. Sara Maitland, *A Book of Silence*. Berkeley, Califórnia: Counterpoint, 2010, pp. 39-40.

5. Florence Nightingale, *Notes on Nursing: What It Is and What It Is Not*. Londres: Harrison, 1860, p. 47.

6. Ver Gordon Hempton e John Grossman, *One Square Inch of Silence: One Man's Search for Natural Silence in a Noisy World*. Nova York: Simon & Schuster, 2009; Julia Baird, "America's Vanishing Silent Spaces". *Newsweek*, 27 out. 2010; e o website de Hempton, <soundtracker.com>.

7. Gordon Hempton e John Grossman, op. cit., pp. 2-3.

8. Julia Baird, op. cit.

9. Miriam Rose Ungunmerr Baumann, op. cit.

PARTE II: SOMOS TODOS SINUOSOS [pp. 71-5]

1. Dan McAdams, "The Redemptive Self: Generativity and the Stories Americans Live By". *Research in Human Development*, v. 3, n. 2-3, pp. 81-100, 2006.
2. Christopher Peterson, Martin E. Seligman e George E. Vaillant, "Pessimistic Explanatory Style Is a Risk Factor for Physical Illness: A Thirty-Five-Year Longitudinal Study". *Journal of Personality and Social Psychology*, v. 55, n. 1, pp. 23-7, jul. 1988.
3. Brady K. Jones e Dan P. McAdams, "Becoming Generative: Socializing Influences Recalled in Life Stories in Late Midlife". *Journal of Adult Development*, v. 20, n. 3, pp. 158-72, set. 2013.
4. Oliver Sacks, *The Man Who Mistook His Wife for a Hat and Other Clinical Tales*. Londres: Simon & Schuster, 1988, p. 110. [Citado em tradução de Laura Teixeira Motta para Oliver Sacks, *O homem que confundiu sua mulher com um chapéu e outras histórias clínicas*. São Paulo: Companhia das Letras, 2016, p. 137.]
5. Dan Wootton, "Madge's War on Social Media". *The Sun*, 14 jun. 2019.
6. Young Health Movement, *#StatusOfMind: Social Media and Young People's Mental Health and Wellbeing*. Royal Society for Public Health, maio de 2017.
7. Oliver Sacks, op. cit., p. 111. [Citado em tradução de Laura Teixeira Motta para Oliver Sacks, op. cit., p. 137.]
8. Esta citação parece ter sido publicada pela primeira vez na revista *Reader's Digest* em setembro de 1940. Segundo o site Quote Investigator, trata-se provavelmente de uma síntese de comentários que Eleanor Roosevelt fez após ser esnobada em um evento da Universidade da Califórnia em 1935, quando definiu o esnobismo como "o esforço de alguém que se sente superior para fazer com que outra pessoa se sinta inferior". Ver <quoteinvestigator.com/2012/04/30/no-one-inferior>.

6. O SÓTÃO DO ATIVISTA [pp. 77-87]

1. Algumas das mulheres consideradas histéricas por contestarem o papel que lhes cabia na era vitoriana eram mandadas a psicólogos, recebiam eletrochoques ou eram tratadas com sanguessugas na esperança de se "aplacar sua inquietude"; nos Estados Unidos, mulheres "raivosas" eram obrigadas a usar "rédeas de bruxa", máscaras de ferro que lhes cobriam o rosto e imobilizavam a língua.
2. A esposa de um clérigo anglicano de Sydney, Lesley Ramsey, escreveu em 1996: "Ao longo dos últimos trinta anos de ministério em igrejas anglicanas de Sydney, lutei com Deus por meu status como mulher, e não conheço nenhuma mulher que não tenha travado essa batalha, pois isso faz parte da nossa natureza rebelde". *Southern Cross*, p. 18, inverno 1996.
3. *MOW National Magazine*, p. 6, abr. 1992.
4. Adam Hochschild, *Bury the Chains: The British Struggle to Abolish Slavery*. Londres: Pan Macmillan, 2012. [Citado em tradução de Wanda Nogueira Caldeira Brant para Adam Hochschild, *Enterrem as correntes: Profetas e rebeldes na luta pela libertação dos escravos*. Rio de Janeiro: Record, 2007.]
5. Ibid.

6. Joan M. Schwartz e Terry Cook, "Archives, Records, and Power: The Making of Modern History". *Archival Science*, v. 2, pp. 1-19, 2002. Para uma análise de como isso funcionava nos arquivos nacionais do regime de apartheid na África do Sul, ver Verne Harris, "Redefining Archives in South Africa: Public Archives and Society in Transition, 1990-1996", *Archivaria*, p. 42, outono 1996; e "Claiming Less, Delivering More: A Critique of Positivist Formulations on Archives in South Africa". *Archivaria*, p. 44, outono 1997.

7. Rebecca Solnit, "Every Protest Shifts the World's Balance". *The Guardian*, 1 jun. 2019.

7. VALORIZE O TEMPORÁRIO [pp. 88-92]

1. Anne Lamott, *Almost Everything: Notes on Hope*. Nova York: Riverhead Books, 2018, p. 132.

8. ACEITE A IMPERFEIÇÃO [pp. 93-101]

1. Alan Watts, *The Tao of Philosophy*. Clarendon, Vt.: Tuttle Publishing, 1999.
2. Zadie Smith, *On Beauty*. Londres: Hamish Hamilton, 2005, pp. 197-8. [Ed. bras.: *Sobre a beleza*. Trad. Daniel Galera. São Paulo: Companhia das Letras, 2007.]
3. Daphne Merkin, "The Unfairest of Them All". *The New York Times*, 16 out. 2005.
4. Jonathan Jones, "Who Says David Cameron's No Oil Painting?". *The Guardian*, 18 dez. 2013.
5. Palestra de W. M. H. Herndoe citada no *New York Times*, 31 dez. 1865.
6. George Bernard Shaw, "The Ugliest Statues in London". *Arts Gazette*, 31 maio 1919, p. 273. Citado em Stanley Weintraub, "Exasperated Admiration: Bernard Shaw on Queen Victoria". *Victorian Poetry*, v. 25, n. 3/4, p. 131, outono/inverno 1987.
7. Plutarco, "Antony and Cleopatra". *Lives of Illustrious Men*. Trad. [para o inglês] de John Dryden e Arthur Hugh Clough. Disponível em: <bartleby.com/library/prose/4099.html>.
8. Elizabeth Jolley, *The Orchard Thieves*. Nova York: Viking, 1995.
9. Carolyn Mahaney e Nicole Mahaney, *True Beauty*. Wheaton, Ill.: Crossway, 2014, p. 19.
10. Meredith F. Small, "Mummy Reveals Egyptian Queen Was Fat, Balding and Bearded". *Live Science*, 6 jul. 2007.
11. Andrew Juniper, *Wabi Sabi: The Japanese Art of Impermanence*. Boston: Tuttle, 2003, p. 51.
12. Junichiro Tanizaki, *In Praise of Shadows*, tradução para o inglês de Thomas J. Harper e Edward G. Seidensticker. Londres: Vintage, 1991, pp. 11-2. [Citado em tradução de Leiko Gotoda para Junichiro Tanizaki, *Em louvor da sombra*. São Paulo: Companhia das Letras, 2007, pp. 22-3.]
13. Fala do personagem Willy em Iris Murdoch, *The Nice and the Good*. Nova York: Random House, 2009, p. 179.
14. Alexander Mallin, "Obama Says He's Not Worried About His Daughters Dating: 'They Have Secret Service'". Abcnews.go.com, 4 nov. 2016.

9. PARE DE SE COBRAR [pp. 102-6]

1. Ver "The Meaning and Origin of the Expression: Mutton Dressed as Lamb". Phrase Finder. Disponível em: <phrases.org.uk/meanings/mutton-dressed-as-lamb.html>.
2. Cynthia Nellis com Kim Johnson Gross, "The Best Fashion Tips for Women Over 40". Liveabout.com, 10 jan. 2018.
3. Bianca London, "Carol Vorderman Dishes Out Style Advice for Older Women as It Is Revealed That Most Females Change Their Wardrobes When They Hit 50". *Daily Mail*, 4 jul. 2013.
4. Shane Watson, "The 40 Things Every Woman Should Know About Fashion Over 40". *The Telegraph*, 4 set. 2018.
5. "Top 10 Items You're Too Old to Wear". *Everyday Health*, 15 nov. 2017.
6. Shane Watson, op. cit.
7. Lisa Armstrong, "How to Dress Your Age for Spring 2015". *Harper's Bazaar*, abr. 2015.
8. Matthew Schneier, "Bill Cunningham Left Behind a Secret Memoir". *The New York Times*, 21 mar. 2018.
9. Hilton Als, "Bill Cunningham Was So Alive". *The New Yorker*, 5 set. 2018.

PARTE III: ACOMPANHANDO UNS AOS OUTROS ATÉ EM CASA [pp. 113-6]

1. Ram Dass e Mirabai Bush, *Walking Each Other Home: Conversations on Loving and Dying*. Boulder, Colorado: Sounds True, 2018.
2. Hannah Kent, *Burial Rites*. Londres: Pan Macmillan, 2013. [Citado em tradução de Alexandre Martins para Hannah Kent, *Ritos de adeus*. São Paulo: Globo Livros, 2013.]

11. *FREUDENFREUDE*: COMPARTILHANDO A ALEGRIA [pp. 117-23]

1. Rachael Oakes-Ash, *Anything She Can Do, I Can Do Better: The Truth About Female Competition*. Sydney: Random House, 2011.
2. Catherine Chambliss e Amy C. Hartl (Orgs.), *Empathy Rules: Depression, Schadenfreude, and Freudenfreude: Research on Depression Risk Factors and Treatment*. Nova York: Nova Science Publishers, 2017, pp. XIII-XIV.
3. Ibid.
4. Catherine Chambliss et al., "Reducing Depression via Brie Interpersonal Mutuality Training (IMT): A Randomized Control Trial". *International Journal of Health Sciences*, v. 2, n. 1, p. 26, mar. 2014.
5. Roxane Gay, *Bad Feminist: Essays*. Londres: Constable & Robinson, 2014. [Citado em tradução de Raquel de Souza para Roxane Gay, *Má feminista*. Rio de Janeiro: Globo Livros, 2021.] Um trecho do livro também foi publicado no *Guardian*, sob o título "Roxane Gay: The Bad Feminist Manifesto", 2 ago. 2014.

12. ELA DESTRUIU AS MADEIXAS DOURADAS [pp. 124-34]

1. Tim Winton, *Cloudstreet*. Ringwood, Austrália: Penguin, 1998, p. 231.
2. Anaïs Nin, *Ladders to Fire*. Nova York: E. P. Dutton, 1946, p. 108. [Ed. port.: *Escadas de incêndio*. Lisboa: Bertrand, 1983.]
3. Também é verdade que, quando voltou a usar roupas masculinas, depois de prometer não mais fazê-lo, ela foi considerada reincidente. Como me explicou Ali Alizadeh, autora do romance *The Last Days of Jeanne d'Arc*, quando os juízes perguntaram por que tinha tomado tal atitude, Joana disse que "suas Vozes" tinham mandado, e "como em sua abjuração ela havia explicitamente (sob forte coação) negado ter ouvido Vozes, o fato de declarar agora que (ainda) as escutava significava uma retratação absoluta. Foi então que essa retratação, em outra sessão do julgamento, foi considerada um crime de Recaída (isto é, de outra recaída na heresia). E o castigo por Recaída era ser queimada viva".
4. Conforme sugere Ali Alizadeh em *The Last Days of Jeanne d'Arc*. Sydney: Giramondo, 2017.
5. A história foi tirada de um depoimento dado em 12 de maio de 1456 por Guillaume Manchon, tabelião-chefe do julgamento de Joana d'Arc; o texto é citado em Robert Wirth (Org.), "Primary Sources and Context Concerning Joan of Arc's Male Clothing". *Joan of Arc: Primary Sources Series*. St. Cloud, Minn.: Historical Association for Joan of Arc Studies, 2006, p. 5.
6. Juliet Barker, *Conquest*. Cambridge, Mass.: Harvard University Press, 2012, p. 148.

13. CHAMA RADIANTE: CANDY ROYALLE [pp. 135-40]

1. Candy Royalle, "Birthing the Sky, Birthing the Sea". *A Trillion Awakenings*. Perth, Austrália: UWA, 2018. Reproduzido com permissão.
2. Candy Royalle, "Here, Queer and Arabic: On the Road to Belonging". *Overland*, 11 maio 2016.
3. Ibid.
4. Daniel Burke, "A Rock Star Was Asked What God's Voice Sounds Like. His Answer Is Beautiful". CNN.com, 30 jun. 2019.

PARTE IV: VERÃO INVENCÍVEL [pp. 141-4]

1. Albert Camus, "Retour to Tipasa". *Œuvres complètes*, v. III, 1954, p. 613. [Citada em tradução de Sérgio Milliet para Albert Camus, *Bodas em Tipasa*. Rio de Janeiro: Record, 2021, p. 128.]
2. Colette, *Earthly Paradise: An Autobiography*. Londres: Secker & Warburg, 1966, p. 28.
3. Judith Thurman, *A Life of Colette: Secrets of the Flesh*. Londres: Bloomsbury, 2000, p. 497.
4. Ibid., p. 498.

14. REFLEXÕES PARA O MEU FILHO: A ARTE DO DELEITE [pp. 145-52]

1. Paul Hiller, *Arvo Pärt*. Oxford: Oxford University Press, 1997, p. 87.
2. Do poema de Jack Gilbert, "A Brief for the Defense", em que ele diz: "Precisamos ser teimosos/ para aceitar nosso contentamento na implacável/ fornalha deste mundo".
3. Fred Bryant, *Savoring: A New Model of Positive Experience*. Filadélfia: Routledge, 2006.
4. Aaron S. Heller et al., "The Neurodynamics of Affect in the Laboratory Predicts Persistence of Real-World Emotional Responses". *The Journal of Neuroscience*, v. 35, n. 29, pp. 10503-9, jul. 2015.
5. Barry Schwartz, "Are We Happier When We Have More Options?". TED Radio Hour, NPR, 15 nov. 2013.
6. Robb B. Rutledge et al., "A Computational and Neural Model of Momentary Subjective Well-Being". *PNAS*, v. 111, n. 33, pp. 12252-7, ago. 2014.
7. Kaare Christensen, Anne Maria Herskind e James W. Vaupel, "Why Danes Are Smug: Comparative Study of Life Satisfaction in the European Union". *BMJ*, v. 333, p. 1289, 2006.
8. Fred B. Bryant e Paul R. Yarnold, "Type A Behavior and Savoring Among College Undergraduates: Enjoy Achievements Now — Not Later". *Optimal Data Analysis*, v. 3, pp. 25-7, 4 abr. 2014. Ver também J. L. Smith e F. B. Bryant, "Are We Having Fun Yet?: Savoring, Type A Behavior, and Vacation Enjoyment". *International Journal of Wellbeing*, v. 3, n. 1, pp. 1-19, 2012.
9. Jordi Quoidbach e Elizabeth W. Dunn, "Give It Up: A Strategy for Combating Hedonic Adaptation". *Social Psychological and Personality Science*, v. 4, n. 5, pp. 1-6, jan. 2013. Em outro estudo, feito pelo psicólogo Ed O'Brien, da Universidade de Michigan, 52 pessoas foram informadas de que participariam de uma degustação de chocolate Hershey's. Os pesquisadores pediram que elas pegassem cinco chocolates de sabores diferentes — ao leite, amargo, com caramelo, com amêndoas, cremoso — de uma sacola e lhes dessem uma nota de 0 a 10. Antes de pegarem o quinto chocolate, alguns participantes foram informados de que aquele seria o último. Todos eles atribuíram a melhor nota a esse último chocolate, e declararam a experiência como um todo como mais prazerosa. Ver Ed O'Brien e Phoebe C. Ellsworth, "Saving the Last for Best: A Positivity Bias for End Experiences". *Psychological Science*, v. 23, n. 2, pp. 163-5, 2012.
10. Case Western Reserve University, "Entitlement May Lead to Chronic Disappointment". *Science Daily*, 13 set. 2016. Para o documento que serviu de fonte, ver J. B. Grubbs e J. J. Exline, "Trait Entitlement: A Cognitive-Personality Source of Vulnerability to Psychological Distress". *Psychological Bulletin*, v. 142, n. 11, pp. 1204-26, 2016.
11. Jordi Quoidbach et al., "Money Giveth, Money Taketh Away: The Dual Effect of Wealth on Happiness". *Psychological Science*, v. 21, n. 6, pp. 759-63, 2010. Como disseram Quoidbach e Dunn, o elo entre riqueza e felicidade é "surpreendentemente fraco".
12. Daniel Gilbert, *Stumbling on Happiness*. Nova York: Knopf Doubleday, 2006. [Citado em tradução de Renato Marques para Daniel Gilbert, *Felicidade por acaso*. Rio de Janeiro: Objetiva, 2021.]
13. Jordi Quoidbach et al., op. cit., pp. 759-63. Quoidbach alega que sua pesquisa de 2010 foi a primeira comprovação de que o dinheiro afeta a capacidade de se apreciar experiências do dia a dia.
14. Michel Pireu, "How Money Can Detract from the Simple Pleasures of Daily Life". *Business Day*, 23 jul. 2010.

15. *ERT*, OU O SENSO DE PROPÓSITO [pp. 153-9]

1. *Conversations*, ABC Radio National, 2 maio 2017.
2. Ibid.
3. Para milhões de pessoas, a *ert* é uma prática espiritual. Conforme escreveu a professora Vicki Grieves, as crenças e práticas das culturas indígenas seculares da Austrália podem propiciar "comunidade e conexão com a terra e a natureza, inclusive uma nutrição adequada e um teto". Para ilustrar mais uma vez o quanto temos a aprender com essa cultura tão antiga, Grieves, que é de ascendência warrimay e tasmaniana, diz que isso também acarreta "sentir-se bem consigo mesmo, orgulhar-se de ser uma pessoa aborígene. É um estado de espírito que inclui conhecimento, calma, aceitação e tolerância, equilíbrio e foco, força interior, limpeza e paz interior, sentir-se inteiro." Vicky Grieves, "Aboriginal Spirituality: Aboriginal Philosophy — the Basis of Aboriginal Social and Emotional Wellbeing" (artigo n. 9, Cooperative Research Centre for Aboriginal Health, 2009), p. 7.
4. Michael McCarthy, *The Moth Snowstorm: Nature and Joy*. Londres: John Murray, 2016, p. 5.
5. Hilton Als, "Bill Cunningham Was So Alive", *The New Yorker*, 5 set. 2018.
6. Hilton Als, "Bill Cunningham on Bill Cunningham", *The New York Times*, 25 jun. 2016.
7. Hilton Als, "Bill Cunningham Was So Alive".
8. Rachel Cooke, "Claire Tomalin: 'Writing Induces Melancholy. You're Alone, a Hermit'". *The Guardian*, 24 set. 2011.

16. CRESCENDO AO LUAR [pp. 160-5]

1. Frank Crisp et al. (Orgs.)., *Journal of the Royal Microscopical Society, Containing Its Transactions and Proceedings and a Summary of Current Researches Relating to Zoology and Botany* (*Principally Invertebrata and Cryptogamia*), *Microscopy, &c*, v. 2. Londres, Royal Microscopical Society, p. 534, 1883. Ver também Jacob Aron, "Moon's Gravity Could Govern Plant Movement Like the Tides". *New Scientist*, 17 ago. 2015; Peter W. Barlow, "Leaf Movements and Their Relationship with the Lunisolar Gravitational Force". *Annals of Botany*, v. 116, n. 2, pp. 149-87, ago. 2015; Marissa Fessenden, "Plants Might Move with the Moon Just as the Oceans Do with the Tides". Smithsonian.com, 19 ago. 2015.
2. Rainer Maria Rilke, *Selected Poems of Rainer Maria Rilke*. Nova York: Harper & Row, 1981, p. 55.
3. Elie Wiesel, "The Art of Fiction No. 79". *Paris Review*, n. 91, primavera 1984.
4. Viktor E. Frankl, *Man's Search for Meaning*. Nova York: Pocket Books, 1984, p. 88. [Citado em tradução de Walter O. Schlupp e Carlos C. Aveline para Viktor Frankl, *Em busca de sentido: Um psicólogo no campo de concentração*. Petrópolis: Vozes, 2017.]

17. LIÇÕES DE ESPERANÇA TIRADAS DO HANOI HILTON [pp. 166-72]

1. John Donne, *The Complete Poetry and Selected Prose of John Donne*. Org. de Charles M. Coffin. Nova York: Modern Library, 1952, p. 415.

2. Anton Wildgans, "Helldunkle Stunde" ("Hora do crepúsculo"), escrito em 1916 e citado por Viktor E. Frankl em *The Doctor and the Soul: From Psychotherapy to Logotherapy* (Londres: Souvenir Press, 2012), em tradução que reproduzo neste livro [e que serviu de base para a tradução para o português da presente edição]. Às vezes, a frase é traduzida como "Aquilo que brilha deve tolerar as chamas". Note-se também que essa citação muitas vezes é falsamente atribuída a Frankl.

3. James Stockdale, "Courage Under Fire: Testing Epictetus's Doctrines in a Laboratory of Human Behavior". *Hoover Essays*, n. 6, p. 6, 1993. Hoover Institution on War, Revolution and Peace.

4. Ibid., p. 7. Stockdale estava citando *A arte de viver*, de Epicteto.

5. "Admiral James B. Stockdale". Academy of Achievement, 26 jun. 2019.

6. James Stockdale, op. cit., p. 7.

7. Ibid.

8. Stockdale escreveu também: "Assegure-se de que no fundo do coração, no seu âmago, você trate sua posição na vida com *indiferença*; não com desprezo, apenas com *indiferença*". Ibid., p. 9.

9. "Admiral James B. Stockdale", op. cit.

10. Ibid.

11. Jim Collins, *Good to Great: Why Some Companies Make the Leap and Others Don't*. Nova York: HarperBusiness, 2001, pp. 83-5.

12. Ibid. Também citado no website de Collins. Disponível em: <jimcollins.com/media_topics/TheStockdaleParadox.html>.

13. Ibid.

14. Wendell Berry, "Manifesto: The Mad Farmer Liberation Front". *The Mad Farmer Poems*. Canadá: ReadHowYouWant.com, edição limitada, 2010.

15. Trecho de Thomas Merton, *The Sign of Jonas*. Nova York: Harcourt, Brace, 1953.

18. INCURSÕES NO INDIZÍVEL [pp. 173-84]

1. Joanne Kimberlin, "Our POWs: Locked Up for 6 Years, He Unlocked a Spirit Inside". *The Virginian-Pilot*, 11 nov. 2008.

2. Rachel Held Evans, *Inspired: Slaying Giants, Walking on Water, and Loving the Bible Again*. Nashville, Tenn.: Nelson Books, 2018, pp. 153-4.

3. Art Raney, Daniel Cox e Robert P. Jones, "Searching for Spirituality in the US: A New Look at the Spiritual but Not Religious". Public Religion Research Institute, 11 jun. 2017. Disponível em: <prri.org/research/religiosity-and-spirituality-in-america>.

4. Mark McCrindle, *Faith and Belief in Australia: A National Study into Religion, Spirituality and Worldview Trends*. Sydney: McCrindle Research, 2017. O que mais repelia ou desestimulava alguém a entrar para uma igreja era "ficar sabendo de figuras públicas e celebridades que eram exemplos da fé". O estudo foi conduzido depois de anos de oposição ao casamento entre pessoas do mesmo sexo no país, na qual muitas igrejas investiram pesadamente, e durante esse período coisas horrendas sobre gays e lésbicas foram ditas por políticos e líderes cristãos ilustres. Era como se essa fosse a única mensagem vinda da Igreja.

5. "Anglican Bishop Enters Gay Marriage Debate". *Gippsland Times*, 18 maio 2012.

6. Minniecon relutou quando, décadas atrás, McIntyre perguntou se ele trabalharia junto com a Igreja Anglicana de Redfern: "Sob a direção da Coroa, a Igreja Anglicana da Austrália representou a expropriação e a destruição do meu povo". Porém, ele confiava em McIntyre, que "se tornou nosso maior defensor e apoiador, além do nosso maior protetor".

7. Helen Garner, *Everywhere I Look*. Melbourne, Vitória: Text Publishing, 2016, pp. 36-7.

8. Em *Shameless* (Nova York: Crown, 2019), Nadia Bolz-Weber nos diz para pegarmos nossas ideias antiquadas sobre sexo e "jogá-las na porra do fogo". Ela observa que ideias conservadoras sobre sexualidade podem estragar o cérebro das pessoas, e sugere que as mulheres lhe enviem seus anéis de pureza para que ela e uma amiga artista os derretam e os transformem numa escultura em forma de vagina. Com isso, não angariou aclamação pública. Mas, ao largar a paróquia de Denver dez anos depois de se tornar uma teóloga pública, a congregação lhe deu uma estola com a imagem da Mulher-Maravilha.

9. Nadia Bolz-Weber, *Accidental Saints: Finding God in All the Wrong People*. Nova York: Convergent, 2015. Reproduzido com permissão.

10. Nadia Bolz-Weber, *Pastrix: The Cranky, Beautiful Faith of a Sinner and Saint*. Nova York: Jericho Books, 2013. Reproduzido com permissão. Quando a muito benquista escritora Rachel Held Evans morreu inesperadamente, aos 37 anos, Bolz-Weber, grande amiga dela, fez a seguinte bênção no funeral:

> Abençoados sejam os agnósticos.
> Abençoados sejam os céticos.
> Abençoados sejam os que não têm nada a oferecer.
> Abençoados sejam as criancinhas que furam a fila da comunhão.
> Abençoados sejam os pobres de espírito.
> Vocês são do céu e Jesus os abençoa.
>
> Abençoados sejam os que passam despercebidos.
> As crianças que se sentam sozinhas na mesa do refeitório.
> As lavadeiras dos hospitais.
> As trabalhadoras do sexo e os garis que trabalham à noite.
> Os que estão no armário. Os adolescentes que precisam descobrir formas de esconder
> [os cortes nos braços.
> Abençoados sejam os mansos.
> Vocês são do céu e Jesus os abençoa.
>
> Abençoados sejam os que amaram a ponto de conhecer a sensação da perda.
> Abençoadas sejam as mães que sofreram abortos espontâneos.
> Abençoados sejam os que não podem desabar porque têm que ser centrados em prol
> [dos outros.
> Abençoados sejam os que "ainda não superaram".
> Abençoados sejam os enlutados.
> Vocês são do céu e Jesus os abençoa.

11. Tim Winton, *The Boy Behind the Curtain: Notes from an Australian Life*. Londres: Pan Macmillan, 2017.

12. Citado em Meredith Lake, *The Bible in Australia: A Cultural History*. Sydney: New South Publishing, 2018, p. 308.

13. Susanna Rustin, "What Is the Meaning of Christmas?". *The Guardian*, 21 dez. 2012.

19. ACEITE A DÚVIDA [pp. 185-90]

1. Gopi Chandra Kharel, "The Doubt of the Century? 'I Doubt If There Is God,' Says Church of England Head". *International Business Times*, 20 set. 2014.

2. Richard Hartley-Parkinson, "Divine Disintervention: Archbishop of Canterbury Admits His Doubts About God's Existence". *Metro*, 18 set. 2014.

3. Sally Fitzgerald (Org.), *The Habit of Being: Letters of Flannery O'Connor*. Nova York: Farrar, Straus and Giroux, 1979, p. 353.

4. Brian Kolodiejchuk (Org.), *Mother Teresa: Come Be My Light: The Revealing Private Writings of the Nobel Peace Prize Winner*. Londres: Rider, 2008, p. 149.

5. Benjamin Franklin, *The Private Correspondence of Benjamin Franklin, Comprising a Series of Letters on Miscellaneous, Literary, and Political Subjects, Written Between the Years 1753 and 1790, Illustrating the Memoirs of His Public and Private Life, and Developing the Secret History of His Political Transactions and Negociations* [sic], *Now First Published from the Originals*. Org. de William Temple Franklin. Londres: Henry Colburn, 1817, p. 278.

6. Bertrand Russell, *The Philosophical Totems of Bertrand Russell*. E-book. UB Tech, 2018.

7. René Descartes, *The Meditations, and Selections from the Principles of Philosophy, of Descartes*. Trad. [para o inglês] e org. de John Veitch. Reino Unido: Sutherland & Knox, 1853, p. 17.

8. Oliver Wendell Holmes Jr., "Ideals and Doubts". *Illinois Law Review*, v. 10, n. 3, 1915.

9. Alfred, Lord Tennyson, "Ulysses". Citado em W. E. Williams (Org.), *Tennyson*. Londres: Penguin, London, 1986, p. 58.

CONCLUSÃO [pp. 191-200]

1. Mary Oliver, "Low Tide". *Amicus Journal*, v. 18, n. 4, pp. 32-43, inverno 1997.

2. *Conversations*. ABC Radio National, 13 dez. 2017.

3. Robert Fulghum, *Uh-Oh: Some Observations from Both Sides of the Refrigerator Door*. Nova York: Random House, 1993, p. 146.

4. James Byrne, "Photorhabdus luminescens: The Angel's Glow". *The Naked Scientists* (thenakedscientists.com), 25 fev. 2011.

5. Hannah Gadsby, *Nanette*. Netflix, 2018.

6. Simone Weil, *Gravity and Grace*. Nova York: Routledge, 2004, p. 117.

7. Dalai Lama, *Ethics for the New Millennium*. Nova York: Riverhead Books, 1999, p. 139. [Ed. bras.: *Uma ética para o novo milênio*. Rio de Janeiro: Sextante, 2006.]

8. Miklos Vetö, *The Religious Metaphysics of Simone Weil*. Albany: State University of New York Press, 1994, p. 45.

9. *Conversations*, ABC Radio National, 23 nov. 2017.

10. Mary Oliver, *House of Light*. Boston: Beacon Press, 1990. [Citado em tradução livre dos seguintes versos originais: "*Who made the world?/ Who made the swan, and the black bear?/ Who made the grasshopper?/ This grasshopper, I mean —/ the one who has flung herself out of the grass,/ the one who is eating sugar out of my hand,/ who is moving her jaws back and forth instead of up and down —/ who is gazing around with her enormous and complicated eyes./ Now she lifts her pale forearms and thoroughly washes her face./ Now she snaps her wings open, and floats away./ I don't know exactly what a prayer is./ I do know how to pay attention, how to fall down/ into the grass, how to kneel down in the grass,/ how to be idle and blessed, how to stroll through the fields,/ which is what I have been doing all day./ Tell me, what else should I have done?/ Doesn't everything die at last, and too soon?/ Tell me, what is it you plan to do/ with your one wild and precious life?*".]

11. Séverine Martini e Steven H. D. Haddock, "Quantification of Bioluminescence from the Surface to the Deep Sea Demonstrates Its Predominance as an Ecological Trait". *Scientific Reports*, v. 7, n. 45750, 2017.

Créditos de texto

Agradeço grandemente aos nomes abaixo pela permissão de citar nesta obra materiais já publicados:

Nadia Bolz-Weber: Benção no funeral de Rachel Held Evans por Nadia Bolz--Weber e breves citações dos escritos de Nadia Bolz-Weber. Publicado com a permissão da autora.

Charlotte Sheedy Literary Agency, Inc.: "The Summer Day" by Mary Oliver. Reimpresso com a permissão de The Charlotte Sheedy Literary Agency como agente da autora. Copyright © NW Orchard LLC 1990, usado aqui com a permissão de Bill Reichblum.

Frances Collin, Literary Agent: Trecho de *Silent Spring*, de Rachel Carson, copyright © 1962 by Rachel L. Carson e copyright renovado © 1990 by Roger Christie; trecho de *Always, Rachel: The Letters of Rachel Carson and Dorothy Freeman 1952-1964*, copyright © 1995 by Roger Allen Christie; trecho de *The Sense of Wonder*, de Rachel Carson, copyright © 1956 by Rachel L. Carson. Publicado com a permissão de Frances Collin, Trustee.

Miriam Rose Foundation: escritos de Miriam Rose sobre *dadirri*. *Dadirri* é uma palavra do idioma Ngangikurungkurr. Miriam Rose é uma anciã da comunidade Nauiyu, Daly River, Território do Norte. <miriamrosefoundation.org.au>.

UWA Publishing, The University of Western Australia: Trechos da performance de Candy Royalle no Red Rattler, trechos do poema "Birthing the Sky, Birthing the Sea", de Candy Royalle, e escritos de "Overland", de Candy Royalle. Publicado com permissão.

ESTA OBRA FOI COMPOSTA PELA ABREU'S SYSTEM EM INES
E IMPRESSA EM OFSETE PELA LIS GRÁFICA SOBRE PAPEL PÓLEN SOFT DA
SUZANO S.A. PARA A EDITORA SCHWARCZ EM MAIO DE 2022

A marca FSC® é a garantia de que a madeira utilizada na fabricação do papel deste livro provém de florestas que foram gerenciadas de maneira ambientalmente correta, socialmente justa e economicamente viável, além de outras fontes de origem controlada.